EL ASEDIO INÚTIL

COLECCIÓN HOGUERAS

69

Edición exclusiva impresa bajo demanda por CreateSpace, Charleston SC.

© **Editorial Alfa, 2016**
© **@alfadigital.es, 2016**

Editorial Alfa
Apartado postal 50304, Caracas 1050, Venezuela
Telf.: [+58 212] 762.30.36 / Fax: [+58 212] 762.02.10
e-mail: contacto@editorial-alfa.com
www.editorial-alfa.com

ISBN: 978-980-354-405-8

Diseño de colección
Ulises Milla Lacurcia

Diagramación
Yessica L. Soto González

Corrección
Henry Arrayago

Fotografía de portada
Efrén Hernández

Fotografía de solapa
Guillermo Suárez

Printed by CreateSpace, An Amazon.com Company

EL ASEDIO INÚTIL

Conversación
con Germán Carrera Damas

Ramón Hernández

EDITORIAL
ALFA

ÍNDICE

A MODO DE PRÓLOGO, OCHO AÑOS DESPUÉS

El 19 de noviembre de 2008 los supermercados limitaban la venta de azúcar y café a dos paquetes por persona. Todavía no había sido decretada la expropiación de las torrefactoras ni de los centrales azucareros, pero se habían reducido drásticamente las divisas para las importaciones. Hubo una caída extraordinaria en los precios del petróleo: pasó de 130 dólares el barril a 30, pero tercamente el gobierno se negaba a hacer ajustes para compensar el bajón de los ingresos, excepto acelerar y profundizar los impuestos. Le metía la mano en el bolsillo al venezolano mientras mantenía las ayudas solidarias al exterior y no frenaba el derroche ni paraba la improvisación. La escasez de productos básicos no se le achacó a la poca producción por falta de materia prima, sino a los consumidores, a las compras nerviosas o compulsivas. «Compran más de lo que necesitan».

Tres días después se realizaron las elecciones de gobernadores y alcaldes. El mapa político dejó de ser «rojo rojito». La oposición ganó en cinco estados –Zulia, Carabobo, Miranda, Nueva Esparta y Táchira–, los de mayor población, y la Alcaldía Metropolitana. En términos netos el gobierno sacó menos votos a nivel nacional, pero mantenía el control unipartidista y férreo de la Asamblea Nacional y de los demás poderes e instituciones públicas. Ese año coincidió con el alejamiento momentáneo de Jorge Giordani de sus funciones como gran zar de la economía y la planificación socialista. Por causa de su gestión, el premio Nobel de Economía Joseph Stiglitz pronosticó tiempos negros:

> Los efectos de la crisis global le serán muy dañinos a Venezuela. Será el país que más sufrirá debido a la dependencia petrolera y a la política expansiva del gasto público. Los precios se han derrumbado a casi 30

dólares el barril y el déficit fiscal es muy grande. Lo peor es que la dependencia del único producto –petróleo– se complicó con decisiones inadecuadas o inmovilismo. Hasta ahora la única estrategia económica ha sido esperar que suban los precios del crudo. Chávez siempre dijo que iba a diversificar la economía, pero no ocurrió. La política del gobierno para propiciar crecimiento se ha basado en el consumo y el endeudamiento, no en la inversión.

Fue en esos días de turbulencia y desasosiego cuando el doctor en Historia Germán Carrera Damas accedió a mantener conversaciones con el periodista. No hubo un plan de vuelo ni trazaron una estrategia de batalla. El país estaba ahí y la idea era compartir una comprensión de los avatares que comenzaron con el ascenso de Hugo Chávez al poder y tratar de entender el momento histórico con las perspectivas del académico, sin la camisa de fuerza de la metodología historiográfica y sin exageraciones ni destemplanzas en los predios de la pasión, esa sal de la vida.

Con puntualidad y rigor se reunían dos o tres veces a la semana, en la mañana. No fueron cientos de sesiones ni cada conversación resultó un capítulo. No es tan fácil ni tan casual, pero sí hubo uno que otro inconveniente y casi ningún malentendido, pero siempre de buena fe y con la mayor transparencia posible. Carrera Damas es un gran conversador y sabe mantener el interés, y el hilo. Nunca hubo la intención de hacer una biografía ni mucho menos un libro de memorias o recuerdos, aunque era inevitable el trazo personal, la coincidencia con la cotidianidad y el asedio a que era sometido el sistema democrático venezolano.

El fracaso del modelo estaba a la vista y las advertencias de los expertos eran constantes, pero los oficiales y suboficiales de la Fuerza Armada seguían ascendiendo y ocupando puestos de importancia en la administración pública y al frente de empresas y organismos del Estado, aunque no mejoraran sus resultados, emborronaban los libros contables y eludían las auditorías. Con prepotencia y alevosía, en las transmisiones oficiales se insistía en que Venezuela iba a salir sana y salva de la crisis terminal que atravesaba justo en ese momento el capitalismo mundial. En una de sus interminables cadenas, el teniente coronel Hugo Chávez, el presidente que había jurado sobre una constitución moribunda, perdió toda sindéresis y su reto a la razón tuvo dimensiones pantagruélicas: «Aun con el precio del petróleo en cero, Venezuela no entrará en crisis».

Creía a pie juntillas –aquí vale el lugar común– que bastaba la voluntad y la pronta disposición de los revolucionarios y bolivarianos para que la producción se duplicara en las fábricas. En todos sus discursos y apariciones repetía que el país estaba fortalecido: «Mientras el capitalismo agoniza y en Estados Unidos se han perdido casi cinco millones de puestos de trabajo desde febrero de 2008, las cifras del Instituto Nacional de Estadísticas indican que el desempleo en Venezuela bajó casi tres puntos entre enero y febrero. Se han creado casi 270 000 puestos de trabajo». Falso. Ni el capitalismo estaba herido de muerte ni Venezuela lo iba a enterrar para dar paso a un exitoso socialismo del siglo XXI.

Pasados cinco meses, Chávez insistía en realizar una asamblea mundial de gobiernos para atender la crisis económica y financiera, y se aplicaran en el resto del mundo las medidas que habían «salvado» a Venezuela: «Desde hace años los más famosos expertos económicos estadounidenses hablan del hundimiento de nuestra economía, pero en Venezuela hemos logrado desengancharnos del sistema capitalista mundial y empezamos a construir una sólida economía, un modelo económico propio». Remachaba que el país estaba blindado contra los vaivenes del capitalismo, que «las sabias y previsivas políticas» de su régimen se habían anticipado a los avatares y que la nación saldría airosa de la crisis. En un gesto de histrionismo afirmó: «No estoy preocupado por Venezuela, pero sí por el resto del mundo». Los hechos lo desmintieron. El país entró en recesión en el tercer trimestre de 2008.

Cuando la primera edición de *El asedio inútil* entró en circulación, en mayo de 2009, Jorge Giordani se había reincorporado al gabinete y anunciado una devaluación «que no era devaluación», y unas medidas económicas que no eran un «paquetazo», sino algo muy parecido y con el mismo paso: redujo al mínimo la cantidad de productos que se podían adquirir con dólares preferenciales y empezó su guerra sorda contra las casas de bolsa y las empresas aseguradoras: «el cáncer del capitalismo»; mientras, Elías Jaua acababa con la producción agropecuaria mediante una política de arrase en el campo. Jugaban con flores al borde del precipicio.

Fue en febrero de 2009 cuando el gobierno anunció que tomaría medidas para afrontar los efectos de la crisis mundial. Ya ningún funcionario se atrevía a decir que Venezuela era «inmune a la crisis mundial». Chávez culpó a los opositores y al sector privado de que el país hubiese entrado en recesión. Como no ofreció un plan económico coherente y creíble, generó más incertidumbre en materia cambiaria, creó más desconfianza y la crisis se profundizó. Giordani afirmaba que las regulaciones aplicadas protegían al país de la debacle financiera mundial, aunque sospechosamente recomendaba –con su críptica manera de hablar– austeridad y disciplina.

Las pocas medidas que presentó Chávez el 21 de marzo de 2009 fueron catastróficas: subió el IVA a 12 %; redujo el gasto público en 11 millardos de bolívares, ensanchó el endeudamiento interno a 37,32 millardos de bolívares y subió 20 % el salario mínimo. «Un paquete humanista», dijo, porque no incluía el aumento de la gasolina ni modificaba el tipo de cambio: «Hemos trasformado la estructura del sistema cambiario y reorientamos el uso de las divisas. No habrá importaciones de bienes suntuarios, lujos ni exquisiteces». En un gesto de austeridad, «suspendió» los recursos para la adquisición de vehículos ejecutivos, remodelaciones, mobiliario, construcción de nuevas sedes, publicidad, regalos corporativos, agasajos, inversión en plataformas tecnológicas y misiones al exterior, entre otros. También anunció que serían rebajados los sueldos de los altos burócratas. Una cortina de humo. Ordenó reducir el salario básico de los jerarcas, pero sin tocar bonificaciones y privilegios. El fin era decirles a los trabajadores: «Ya a los altos funcionarios les rebajamos los sueldos, ahora les toca a ustedes. No hay contratos colectivos ni aumentos salariales».

Chávez se ufanaba diciendo que Venezuela tenía el salario mínimo más alto de América Latina, pero callaba que era insuficiente para cubrir la canasta alimentaria y que 68 % de los trabajadores (7 470 572 personas) ganaba entre menos del salario mínimo y dos salarios; que la remuneración mensual de 18 % de los trabajadores formales (1 978 812 personas) estaba por debajo del salario mínimo.

Muerto Chávez e instalado en el poder Nicolás Maduro, Germán Carrera Damas no ha abandonado su confianza en que vienen tiempos mejores, y pronto. Es optimista por historiador, no por simple actitud, y de ahí que afirme que el futuro será luminoso y democrático, sin condicionantes, aunque padece la penuria del presente igual que el resto de los venezolanos. La certidumbre histórica le indica que la crisis humanitaria y profunda que vivimos es transitoria. Insiste en que se trata de una muy mala indigestión, molesta y difícil de sobrellevar, pero pasajera como todo malestar estomacal.

—La democracia venezolana cada día es más fuerte. Se consolida en el exilio, en la cárcel, en el martirio, en las calles y en las colas. Soy profundamente optimista. Mi confianza en la democracia como una realidad insoslayable es estrictamente historicista. Tiene que ver con una visión de mediano y largo plazo. No es circunstancial. Se basa, particularmente, en los jóvenes y en la mujer venezolana. En las jornadas del 23 de enero de 1958 quedó demostrado que la democracia tiene inadvertidas y profundas raíces en el cuerpo social. El despertar de la conciencia ciudadana obligó entonces a los militares golpistas a cederle protagonismo histórico a la civilidad, que se impuso sobre las camarillas de uniforme que pretendían controlar el proceso. Nadie esperaba ese despertar ciudadano. Todos nos asombramos de ver a tantos jóvenes y a tantas mujeres que exigían democracia. Han pasado casi cincuenta años y ahora ese despertar es memoria activa. Entre nosotros, la democracia está en la memoria. Es parte de la genética nacional; el venezolano no necesita imaginarla. Se acerca, indefectiblemente, el desenlace de esta larga historia monárquica y militarista, y no será un desenlace infeliz: Venezuela se inclinará por el poder civil y una vuelta a su primer origen, ese origen que el mismísimo Bolívar desechó: la República liberal democrática. Si algo está vivo hoy en la sociedad venezolana, no estoy hablando de mayorías ni de encuestas, sino de la sociedad entendida como un organismo plural, es justamente la posibilidad de recordar la democracia. A diferencia de otras edades de América Latina que pueden imaginarla o anhelarla, la sociedad venezolana puede recordarla. Lo más sorprendente es que los nacidos durante esta indigestión mantienen clara su aspiración a la democracia, como un recuerdo adquirido por la vida, no por la experiencia directa de haberla vivido, sino por haberla tenido como herencia. Puedo decir que mi certidumbre histórica en el futuro, en el futuro democrático de la sociedad venezolana, procede fundamentalmente de la presencia reciente de varios actores —la juventud, la mujer— lo que alguien asomó entre bastidores, según el propio gobierno, el ciudadano soldado: ese que es acusado de conspirar, etc. Lejos de sentirse, digámosle así, abandonada a su suerte, la conciencia democrática de la sociedad venezolana tiene la certidumbre, la vivencia, mejor dicho, de que los nuevos actores harán realidad ese recuerdo de la democracia.

Ramón Hernández
Junio de 2016

I

Germán Carrera Damas es corpulento y amigo del buen comer. Doctor en Historia, se formó en el humanismo marxista, pero rechaza que sea un marxista historiador; quizás es lo contrario, pero solo cuando coincide con el barbudo de Tréveris, como le gusta llamar a Carlos Marx. Dueño de un humor cáustico, y tan cortante como una espada toledana, no reniega de haber militado en el Partido Comunista, del que se distanció porque ninguna de las cuatro derivaciones básicas del marxismo —fascismo, nacionalsocialismo, leninismo y estalinismo— coincidía con su definición del hombre nuevo, al que imagina como un ser libre en tres aspectos fundamentales: en lo económico, en lo intelectual y en lo espiritual. Se reprocha no haber sido más militante activo en la difusión de las ideas a favor de la formación de una sociedad democrática y liberal, pero está dispuesto a defender la libertad, a todo riesgo y sin restricciones.

—Venezuela vive un momento crucial. La República está bajo asedio.

—*¿Está en peligro el sistema republicano?*

—Sí, no la democracia. El tipo de régimen que intentan establecer en Venezuela no puede perfeccionarse si existe una estructura institucional republicana que obligue a consultar la soberanía popular, aunque sea una simulación, porque en ese momento aflora la esencia democrática, los condicionantes sociales que crean conflictos y dificultades. No les basta con mediatizar la democracia, eliminar la separación de poderes, borrar el Estado de Derecho, abolir el derecho de información y de expresión; necesitan abolir la República.

—*Todavía tenemos democracia.*

—Pero ha sido desvirtuada. Se conserva la opción de hablar y de decir cosas, pero dentro de la intrascendencia. El gran problema del régimen es que persiste una estructura republicana que lo obliga a consultas en las que la soberanía popular debe expresarse con libertad, un escollo que es más fuerte con la descentralización. Quieren remover ese escollo, pero sin pasar por la fase odiosa de declarar, por ejemplo, el Estado nuevo, y tienen dos vías: desvirtuar la república trivializándola (la cuarta república, el puntofijismo, la republiqueta, todas esas cosas al estilo cubano) o convencernos de que la república no es un logro de doscientos años de esfuerzo, sino un error, algo de lo que más vale olvidarse, que no se le presta atención en los programas escolares y que se banaliza, se le endilga que fue un régimen opresivo que, felizmente, desapareció. Pero les falta hacer algo, que es lo más difícil: poner de lado las formas republicanas que implican el ejercicio de la soberanía popular: las elecciones. Mientras existan hay que llenarlas de alguna manera, lo que los obliga al ventajismo, a todo un gran esfuerzo, sobre todo cuando tienen el propósito de crear el nuevo, pero arcaico, Estado. Cuando no pueden vencer las dificultades, montan estructuras paralelas, como la ocupación militar del país con un sistema de proconsulados en los que los jefes militares sustituyen, anulan o marginan la potestad civil, y que puede llevar al esquema «Elecciones para qué», en el que dirán que para conocer la voluntad popular basta la inspiración del líder. Ese esquema ha sido probado y fue exitosísimo, aunque de consecuencias terribles: Hitler y Mussolini, Stalin padre de los pueblos, Fidel. Hombres que no necesitan que se ejerza la soberanía popular porque ellos son el pueblo. No es «el Estado soy yo», de Luis XIV, sino «el pueblo soy yo». Fórmulas derivadas de la monarquía absoluta y en total contradicción con la república. Se intenta instaurar una parodia de lo que llamaríamos la voluntad divina, que era de donde procedía la legalidad y la potestad de los monarcas absolutos, por una invocación deificada del pueblo. El pueblo convertido en una abstracción, en Dios. Es particularmente grave que la voluntad popular sea desechada. A diferencia de la monarquía, que se derivaba de una voluntad divina, la legitimidad de la república emana de la soberanía nacional, que es una abstracción que se expresa y gana concreción en la soberanía popular. En consecuencia, la república es el ciudadano, no la Constitución ni el tribunal supremo. El ciudadano es el depositario del poder real, auténtico y originario. Se intenta suprimir al ciudadano, y la mejor manera es privándolo de la posibilidad de expresarse, de votar, el libre ejercicio de la soberanía popular.

—*La intención no garantiza los resultados...*

—La República es una creación histórica, no es de origen divino. El origen del poder en una república es la soberanía popular. Ahí se da la batalla, no solo electoralmente, sino también en la toma de conciencia de la ciudadanía. Es la dificultad que han encontrado y tienen que vencer. Las regiones militares son la forma alterna de decir: «Sigan con su carnaval, elijan gobernadores y alcaldes, pero el poder real reposa en otra estructura, en un paraestado que se sobrepone al Estado republicano».

—*¿Intentan secuestrar otra vez la soberanía popular, volver al rey y los virreyes?*

—Sí. La soberanía popular estuvo secuestrada desde 1828, cuando Simón Bolívar estableció una dictadura muy cuestionable en sus orígenes, pero no en el fin: consolidar y proteger la independencia. No emanó de un cuerpo que representara la voluntad de la soberanía popular. El Congreso estaba disuelto, la Convención de Ocaña no funcionó. Bolívar consultó a los jefes militares y de allí sacó el mandato del pueblo, de dudosa o cuestionable legitimidad. Sin embargo, Bolívar cumplió, a los dos años entregó el poder al Congreso. En Venezuela, este esquema se mantuvo hasta después de la separación de Colombia. El gobernante elegía al sucesor o lo imponía. La soberanía popular estaba secuestrada. Se simulaba una elección, pero era el gobernante el que elegía al sucesor, el acto básico y primordial del ejercicio de la soberanía popular. Eso se mantuvo, con altibajos y pequeñas diferencias, hasta que un grupito de alucinados rescató la soberanía popular con el estatuto electoral de 1946, justo cuando se cumplía un siglo del reconocimiento de la independencia por la corona española. La soberanía popular entra en ejercicio –que es difícil, laborioso, con todos los problemas que hemos vivido desde 1945 hasta ahora– y permanece sobre una base que nadie se ha atrevido a abolir: el sufragio directo, universal y secreto. Convertir súbditos en ciudadanos es extremadamente difícil, prolongado y complicado. En ninguna sociedad procedente de la monarquía absoluta la formación de ciudadanos ha requerido menos de doscientos años. Desde el punto de vista jurídico, fuimos reconocidos independientes y dejamos de ser súbditos rebeldes en 1845. No es una simple formalidad legal. Éramos una sociedad monárquica. Nacimos y fuimos monárquicos convencidos, practicantes, y hasta entusiastas, diría yo. El venezolano que comenzó a aceptarse ciudadano a mediados del siglo XIX entró en una fase especialmente importante en 1945, que es cuando se intenta poner en práctica el principio de soberanía popular, que es reconocerle a la sociedad no solo capacidad y aptitud, sino también derecho de manifestarse sobre el régimen político y sociopolítico. Un siglo después de haber sido reconocida la independencia comenzamos a constituirnos, genuina y jurídicamente, como sociedad republicana. Hicimos un gran esfuerzo. El camino no fue fácil: guerras civiles, hambre, enfermedades, analfabetismo, miseria profunda, un país desarticulado, caudillismo. Lo más grave es que el absolutismo, que era símbolo de arbitrariedad, de injusticia, de indefensión, y contra el que habíamos destinado todo el esfuerzo constitucional para dejarlo atrás, nos asediaba en la vida cotidiana, en la vida política y en la vida social. Los caudillos, bien fuese que gobernaran o que quisieran gobernar, eran casi reyezuelos que poseían la misma vocación absolutista que intentábamos romper desde comienzos del siglo XIX. Un hombre acompañado de un pequeño grupo de acólitos, militares y civiles, asumía la soberanía popular, que incluía la posibilidad de intuir las aspiraciones de la sociedad y dirigirlas a su manera. Un absolutismo autoritario. La gran tarea de construir ciudadanos cuenta apenas con sesenta años. Tenemos todavía un atavismo fuerte y condicionante, heredado de aquella monarquía absoluta que abolimos y que nos hemos esforzado en sustituir por un régimen republicano. El balance es positivo, pero muy preocupante.

—*¿Preocupante por qué?*

—La porción fundamental de la sociedad venezolana atraviesa una tremenda prueba. Cuando digo fundamental no me refiero solo a número, sino, sobre todo, a la función que desempeña en los niveles más complejos y significativos de la sociedad, sin que signifique desdén por las labores elementales. Los países los conducen quienes manejan ideas y proyectos, los que formulan políticas y proposiciones. El porcentaje de venezolanos convertidos en genuinos ciudadanos es predominante. No me sorprende este brete actual, lo digo con toda franqueza. No conozco una sola sociedad republicana, moderna y democrática que haya tenido una vida tranquila. Lo novedoso del sistema republicano y la escasa experiencia de los pueblos en vivirlo explican la existencia de fragilidades, inconsecuencias y hasta crisis más o menos profundas o muy profundas. Vivimos, básicamente, la gran prueba a que es sometida la naciente condición de ciudadano. Ocurre en momentos cuando las fuerzas que habíamos formado y orientado le daban a la sociedad un ritmo acelerado de crecimiento y, en no pocos aspectos, de desarrollo. Hay quienes contrastan desarrollo y crecimiento, pero en todo acontecimiento social ambos se confunden, se vinculan o están orgánicamente relacionados. La Venezuela de mediados del siglo XX –incapacitada para proporcionarse un mínimo de supervivencia, incapaz de desarrollar verdaderas aspiraciones de modernización, de regularización de su vida– no guarda paralelo con la Venezuela de 1990 que era un ejemplo no solo para América, sino también para el mundo de cómo es posible utilizar los recursos naturales de una manera racional, hasta el punto de lograr transformaciones estructurales que en otras sociedades son todavía aspiraciones o programas. Hablo tanto del desarrollo infraestructural como de la formación misma de la sociedad. Yo no acudo a estadísticas. Basta con visualizar la sociedad. En 1948, éramos cuarenta estudiantes en el último año de bachillerato en el glorioso y muy bien recordado liceo Fermín Toro. Entre esos estudiantes no había más de siete muchachas. Es tan exacto que todavía recuerdo el nombre de todas ellas. Hoy, en cambio, cuando voy a cualquier centro educativo, las mujeres representan más de 50 %. Y no solo es la presencia numérica, sino también la calidad de la presencia. Me siento realmente feliz cuando las veo inquietas, preguntonas, osadas y, a veces, más atrevidas que los varones. Hacen preguntas, rebaten, discuten. Una Venezuela inimaginable a mediados del siglo XX. Tomo ese ejemplo por una razón evidente. La mujer representa más de 50 % de la población. El acontecimiento histórico más importante de nuestra historia republicana es que en 1946 la sociedad venezolana se completó. Hasta ese momento, la sociedad venezolana, en cuanto a posibilidad de contribuir a la determinación de los objetivos sociales o a la marcha general de la sociedad, estaba reducida a un pequeño grupo de varones, mayores de 21 años que supieran leer y escribir. Un grupo pequeñísimo. Algunos pensaban, como una gran concesión de avanzada, que posiblemente se le podría dar a la mujer participación en la elección municipal. Es decir, una incorporación mínima, pero que consideraban un gran logro. A partir de 1946, el destino de la nación, el destino de la República, la marcha de la sociedad, quedó en manos de quienes eran consideradas «no capacitadas» para tomar decisiones conscientes y significativas: las mujeres, a las que se les reconocieron sus derechos políticos. Nadie podía afirmar que las mujeres, los analfabetas (negados por definición de conocer hasta la diferencia entre el bien y el mal), y los mayores de 18 años, que no pasaban de ser «niñitos» más o menos bien tratados o mal tratados, según el rasgo familiar, tenían experiencia en materia política. De un golpe, el estatuto electoral de 1946 puso el destino de la nación, de la República, de la sociedad, en manos de los que eran considerados menos capacitados o no capacitados para tomar decisiones trascendentales. Nadie tenía siquiera un poco de conocimiento de lo que podría suceder. Nadie. No había modo de auscultar la opinión pública. Los medios de comunicación eran primitivos y muy limitados en su alcance. El analfabetismo era una barrera: 86 % de la población no sabía leer ni escribir, con el agravante de que en las mujeres el porcentaje era muy superior. No cabía la posibilidad de diagnosticar la voluntad ni la capacidad de la mayoría de la población para decidir sobre los destinos del país. Fue presunción, esperanza o el sexto sentido de los políticos, esa estirpe muy particular que dice tener el don de sentir la voluntad del pueblo. La decisión se tomó y Venezuela cambió. Es el acontecimiento social más importante desde la ruptura con la monarquía. No se podía emprender el desarrollo de la ciudadanía practicando una especie de *apartheid* en el que la mayoría de la población permanecía al margen, porque era mantener secuestrada la soberanía popular. Ese progreso fundamental de la sociedad venezolana está sometido hoy a una dura prueba, que no es otra cosa que el examen cúspide de la democracia. El paso acelerado hacia la conversión en una sociedad genuinamente democrática y moderna significó entrar en contradicción con los procesos evolutivos normales. Marchamos aceleradamente, con todos los riesgos que implica, que no es resolver obstáculos sino salvarlos; con la circunstancia de que, avanzado el camino, los obstáculos pueden reaparecer con más fuerza y comprometer la marcha. El desarrollo social, moderno y democrático amplió la inadecuación entre la capacidad de preservar los logros y la de afrontar el resurgimiento de los obstáculos que fueron salvados y no resueltos. Vemos una sociedad que es moderna por su esfuerzo y por su determinación, pero con rebrotes de situaciones y trabas que se consideraban erróneamente superadas.

—*En 1998, muchos escogieron el cambio a la «democracia verdadera» con la certeza de que jamás iban a estar peor de lo que estaban. Se equivocaban: siempre es posible estar peor, no importa cuán mal se viva.*

—Los pueblos sí se equivocan, con la circunstancia de que cuando lo hacen las consecuencias son tan terribles y onerosas que toma más de una generación saldarlas. El término «pueblo» lo uso de una manera genérica. No me refiero a un sector de la sociedad. Incluyo desde los niveles más altos –intelectuales, universitarios, etc.– hasta gente de la condición social más elemental. Los venezolanos –ofuscados, chocados, por lo que consideraban la ineficacia de un régimen político o de un régimen sociopolítico, porque confundieron régimen sociopolítico con administración pública– buscaron salidas, atajos, a problemas que eran reales, no fingidos ni aparentes, sino relacionados con el desarrollo de la sociedad. Recurrieron a una memoria histórica en la que sobreviven mitos, como que el desarrollo de la sociedad requiere orden y eficiencia. Una idea que es elemental y básica, pero con la suposición errada de que esas cualidades son inherentes a la condición militar. Es lo contrario. Los más grandes desórdenes de la humanidad han sido generados, justamente, por el estamento militar. Hablo de las actitudes belicosas, de las guerras y todo lo demás. Esta idea anclada en el venezolano lo llevó a equivocarse. Juzgó que mediante una buena dosis de orden y de eficiencia podría compensar o rectificar los defectos de orden político-administrativo que, por inexperiencia y falta de conocimiento, atribuía erróneamente al régimen sociopolítico. El régimen sociopolítico tiene que ver con la concepción, la fundamentación y la estructuración del Estado; la administración pública es la forma como los objetivos, principios y finalidades del régimen sociopolítico son convertidos en formulaciones políticas, en determinaciones administrativas y en capacidades de realización. Son dos niveles interrelacionados, pero no deben ser confundidos. Cada uno tiene su dinámica y requerimientos. Por ejemplo, en el orden del régimen sociopolítico, se completa la sociedad venezolana cuando se incorpora a la mujer, que significa lanzar a la vida social un contingente que es tres o cuatro veces superior al que estaba presente en la vida política, social y elemental. Los requerimientos para que ese contingente gigantesco pudiera funcionar dentro de un sistema democrático eran muy grandes, implicaban actitudes y medidas político-administrativas que no se podían generar sino en el ejercicio mismo de la administración pública, de la dirección política de la sociedad. La sociedad, lanzada por el régimen sociopolítico a una vía de expansión y desarrollo, le crea al sistema político-administrativo problemas que no es capaz de manejar ni de resolver eficientemente. Por ejemplo, con el fenómeno de la urbanización estalla la matrícula estudiantil, crece la demanda social por el aumento de la expectativa de vida y aparece un gran sector de personas de avanzada edad, etc. Problemas inéditos en la sociedad venezolana. Para entender la magnitud del reto digamos que nos referimos a apenas sesenta años, las dos terceras partes de la expectativa de vida de un venezolano. Lo que había que resolver era de gran complejidad, mientras que las personas llamadas a aportar las soluciones carecían no solo de experiencia, sino también de la formación requerida. Sin embargo, hubo áreas en las que los problemas se resolvieron eficazmente, y merecen toda la comprensión y el elogio. La campaña de erradicación del paludismo fue ejemplar, y ejemplar en el mundo. Un gran esfuerzo de tenacidad. Se logró. El sistema hidroeléctrico de Guri es una obra realmente extraordinaria de la que cualquier cultura, cualquier civilización, estaría orgullosa, por lo que significó como audacia en la concepción, organización social, continuidad de propósito y realización. La concreción del fantasma de los venezolanos hasta finales de la década de los años sesenta y principios de la década de los setenta: la nacionalización del petróleo. Rómulo Betancourt hablaba del Ayacucho que habría que librarse para que fuéramos dueños del petróleo, y que todo el mundo veía como una catástrofe, en el sentido de que implicaría un esfuerzo semejante al de la independencia. Sin embargo, se ejecuta como un simple acto administrativo que, además, inauguró una etapa de eficiencia de la industria petrolera en manos de venezolanos. Son signos de una enorme importancia. No es nada extraño que en la transición de la monarquía a la república se confundan las ineficiencias del sistema de salud pública o del sistema educacional con el régimen sociopolítico.

—*No se trata solo de incomprensión, sino que también se manejó ex profeso la confusión en función de las luchas políticas. Se habla de las deficiencias de la democracia para prestar servicios de salud y se alaba la supuesta eficiencia del socialismo, con el ejemplo de Cuba...*

—En las sociedades que han logrado desarrollar el concepto de ciudadanía, la discusión sobre los sistemas sociopolíticos se libra mediante los elementos normales de la política: la persuasión, la convicción, etc. En cambio, en el caso nuestro, tenemos un rebrote de la dictadura liberal en que devino la república liberal a comienzos del siglo XX, cuando se abandonaron las formas de la república y se estableció otro estilo de conducción de la sociedad. En el régimen de Juan Vicente Gómez, el más representativo, la usurpación de la soberanía popular fue total. El último acto fue que un hombre en su casa tomó la decisión de que Ángel Biaggini fuese el próximo presidente de Venezuela. Es grave que en el cambio institucional ahora en marcha no se respeten ni se preserven las formas de la república liberal que los venezolanos transitábamos. Se utilizaron para acceder al poder, pero una vez en el poder se destruyeron e impusieron rancias fórmulas autocráticas, totalitarias, que se venían superando. Chávez llegó al poder por la vía establecida por el régimen liberal, pero convirtió el poder en una fórmula de carácter absolutista, autoritaria, que niega los fundamentos de la sociedad.

—La revolución no es solo pasar de la monarquía a la república, también puede ser pasar de la república al socialismo. Con la Revolución soviética se divide la historia: los regímenes que existen y los que pueden existir...

—En aquel momento la humanidad creyó que la historia se dividía, pero no era así. La Revolución soviética le cerró el camino a la inserción de valores republicanos a una monarquía absoluta que intentaba ser constitucional, que está más cerca de la república que de la monarquía absoluta. Alexander Kerenski y otros trataron de establecer en Rusia la monarquía constitucional, el camino transitado por otros países europeos, pero aquel proceso se interrumpió de manera violenta, que se llamó revolucionaria. Muchos creímos que en verdad era revolucionaria. El siglo XX fue un cementerio de revoluciones. Vivió y enterró las más notables, las más universales y las más firmes revoluciones de la humanidad. La idea de que la Revolución bolchevique partió la historia de la humanidad queda para John Reed, para quienes lo escribieron y para quienes lo creímos, entre ellos yo. Hay sobradas razones para poner en duda y también rechazar la idea de que la revolución puede lograr rupturas radicales y determinantes, definitivas. Basta que veamos lo que ocurre en China, en Vietnam y en la llamada Revolución cubana.

—*Que se presentaron como la gran esperanza de los oprimidos...*

—Lo que voy a decir puede sonar un poco brutal. Quizás la denominación de revolución se debe más a la ansiedad que sentían los hombres de tener un orden de cosas que les permitiera disfrutar de valores fundamentales, que les eran limitados o usurpados por el absolutismo monárquico, que a la realidad. Visto históricamente, y desde el presente, la Revolución soviética aparece como un episodio de la primera y más perdurable revolución que ha vivido la humanidad: la Revolución estadounidense. Pasar de la monarquía a la república es una revolución, pero pasar de la monarquía a una república que se define como moderna y liberal, y que entra en una aspiración de formación democrática, es todavía más revolución. La Revolución norteamericana, que comenzó a finales del siglo XVIII y ha vivido episodios tan terribles como la Guerra de Secesión, y se perfeccionó en 1963 cuando superó la discriminación racial, ha pasado las más duras pruebas: Primera Guerra Mundial, Segunda Guerra Mundial, la Guerra del Pacífico (llevadas casi 100 % sobre sus hombros por la sociedad estadounidense), la Guerra Fría. No hay otro ejemplo de un sistema sociopolítico que haya afrontado problemas tan severos, tan exigentes, tan masivos, tan extendidos. La Revolución norteamericana ha tenido un proceso ascendente de desarrollo, no solo sociopolítico sino también político-administrativo. Al lado de esa revolución, de su perduración y eficacia, todos los otros intentos revolucionarios aparecen como fugaces.

—*¿Cuál es la diferencia entre estas dos concepciones de la revolución?*

—La norteamericana nace y se funda en el individuo como agente de su realización vital; la otra, la socialista, se fundamenta en el Estado como realizador de las condiciones vitales del individuo. Dos puntos de vista absolutamente diferentes, contrapuestos, con la circunstancia de que lo que parecía debilidad en la norteamericana, los individuos, ha revelado tener mayor fortaleza que los regímenes que heredaban de la monarquía su carácter absolutista, siempre inevitablemente autocráticos, a los que no los anima la voluntad divina, sino la razón, la racionalidad, esas cosas que uno lee en la sección que dirige Rigoberto Lanz en *El Nacional*, en la que malabaristas de la historia se figuran mundos de racionalidad y perfección y decretan que lo existente carece de racionalidad, que lo imaginario es la racionalidad, y conducen a los pueblos al despeñadero. Ahora a los venezolanos nos corresponde curarnos de aventuras y no sustituir la racionalidad de lo real por una racionalidad imaginaria. No hay atajos para el desarrollo de la sociedad. La fuerza más poderosa del desarrollo de la sociedad es la continuidad del esfuerzo constructivo, que no significa estancamiento ni fijismo, sino determinar la forma eficaz de cooperar con lo existente para llegar a un nivel más alto de desarrollo y de eficiencia.

II

Carrera Damas ha sido profesor universitario, propulsor de la renovación académica, director de la Escuela de Historia de la Universidad Central de Venezuela, comisionado para la reforma del Estado y embajador en México, Suiza, Colombia y República Checa, cargo que abandonó el mismo día que el teniente coronel retirado Hugo Chávez Frías desconoció la soberanía popular y se negó a jurar como presidente de la República sobre la Constitución vigente. Como historiador, aplica un precepto: «Dime quién eres y sabré quién no eres; dime quién no eres y sabré quién eres». Lo considera muy útil cuando se trata de personajes históricos, pero también cuando, como historiador, se mira en el espejo.

—Valoro por encima de todo el espíritu crítico; y no solo para exportación, sino también para uso interno. La historia no se sabe, se estudia; la labor del historiador consiste en aprender a estudiar la historia.

Nació en Cumaná, el 28 de mayo de 1930. Un gran acontecimiento despertó su interés por la sociedad: el comienzo de la Segunda Guerra Mundial en septiembre de 1939, cuando Alemania invadió Polonia. En su casa oían las noticias por Radio Moscú, Radio Berlín y la BBC de Londres.

—Estaba muy metido en lo que sucedía. Por supuesto, con el nivel de comprensión que corresponde a un niño. No estaba fuera del mundo sino todo lo contrario. Mi padre era un hombre muy inquieto intelectualmente. Nunca estudió, pero era un gran lector. Tenía mucho interés por la historia y por la literatura. Era admirador de Rubén Darío, el modernista, tanto que su tienda se llamaba el Salón Azul, lo que dice mucho, y tenía por costumbre discutir los temas de carácter político en la casa. Siempre fue un decidido partidario de la democracia y adversario firme del régimen autoritario y dictatorial de Juan Vicente Gómez, y subsiguientes. Mi inquietud histórico-política fue muy temprana. Era una persona despierta políticamente a los 15 años, cuando comenzó el proceso de democratización de Venezuela, desde el punto de vista organizativo y político, con los movimientos capitaneados por Rómulo Betancourt. Yo iba a los mítines de los partidos. Asistí al del Nuevo Circo la víspera del 18 de Octubre, que no me tomó de sorpresa.

—*¿Pertenecía a la Juventud de* AD?

—Nunca he sido miembro de AD. Iba a los mítines por curiosidad. Deseaba oír y saber. Yo viví el 18 de Octubre de 1945 con más intensidad que la de un simple espectador. No fui actor, pero sí sentía, y creía comprender, que lo que sucedía se correspondía con una aspiración de vida sobre patrones que no eran los heredados de Gómez, que todavía sobrevivían. Yo leía los decretos y documentos de la Junta Revolucionaria de Gobierno. Fui un escucha decidido y animoso de las transmisiones radiales de la Asamblea Constituyente; de las salidas de Andrés Eloy Blanco y también las de Ambrosio Perera del otro lado. Estaba inmerso en aquello. A partir de 1946, Venezuela entró en una fase de crecimiento y de desarrollo. Con el millón y medio de inmigrantes que llegaron en los años siguientes, se generaron demandas sociales de una magnitud y de una intensidad tan grandes que desbordaron la capacidad de la administración pública para afrontarlas, analizarlas, encauzarlas, satisfacerlas. No había capacidad gerencial en la sociedad para manejar esa erupción de demandas. Caracas tenía 225000 habitantes en 1948. Era una aldea grande y nada más. La urbanización requería de conocimientos y destrezas de administración pública de los que carecíamos. Éramos un país sin estructuras mínimas. Los hombres capaces de dirigir instituciones complejas, de alcance nacional y de vida prolongada, eran contados con los dedos de una mano. Muy pocos habían demostrado capacidad para manejar, administrar, grupos numerosos y de extensión nacional, por ejemplo, de cinco mil personas, una cantidad mínima. Ese fue el primer gran escollo que encontró la democracia. Nuestros militares no eran capaces de dirigir un batallón. Cuando se retiraban de las Fuerzas Armadas, los oficiales pasaban a ser capataces de hacienda. Betancourt al finalizar su período de presidente, primero de hecho y luego designado por la junta, confiesa que fue una ilusión creer que con decisión política, fondos suficientes y apoyo institucional se podrían encarar los grandes problemas de la sociedad venezolana, y que se había dado cuenta de dos cosas: primero, que había que despejar el terreno en lo político, que se hizo; y segundo, que había que contar con los hombres y sobre todo con los conocimientos para que aquello funcionara eficazmente. Y eso no lo había, porque eso no se improvisa, sino que se forma sobre la base de una experiencia social compleja, rica y prolongada. Venezuela comenzó a marchar como una sociedad agigantada, mucho más compleja que antes, sin la capacidad de conducción requerida para que las nuevas fuerzas mantuvieran una línea de desarrollo positivo. Surgieron, entonces, las grandes contradicciones, las grandes insatisfacciones. Justas y motivadas. Si de dos universidades se salta a tener treinta, no existen las estructuras para manejarlas ni los profesores preparados. En salubridad lo mismo, se carecía de los medios organizativos. En el período de Pérez Jiménez, entre 1948 y 1958, la sociedad se estancó en su participación en la toma de decisiones. Con el dinero del petróleo, italianos y portugueses construyeron edificios, como lo hacen ahora Dubái y otras naciones del Medio Oriente, con arquitectos franceses y electricistas alemanes. Los inmigrantes y el petróleo crearon un falso clima de progreso. Se desarrollaron algunos sectores sociales, en cuanto a bienestar económico, pero eso sucede en cualquier régimen en el que exista un margen de iniciativa privada.

—*Ahora se persigue la iniciativa privada, mientras que algunos pocos afectos al régimen, que no son precisamente los más pobres, mejoran su posición económica.*

—La aspiración que tenían algunos venezolanos de más orden y eficiencia, para que el país siguiera adelante, ha devenido en un fenómeno que yo denomino de destrucción de la República. No se trata de mediatizar ni de adulterar la democracia. No. Lo que está en marcha es la demolición de la República por la vía de la instauración de una modalidad de Estado que es la peor combinación del atavismo monárquico absolutista (el atavismo caudillista, representado en el asalto al poder por el hombre armado) y un grotesco proceso de mediatización y de adoctrinamiento ideológico, dirigido a lograr una sociedad en la que solo haya dos salidas: convertirse en mendicante agradecido de un régimen absolutista o ingresar a una suerte de *apartheid* social, ideológico y político, sin posibilidades de influir en el debate real y eficaz de la conducción de la sociedad. En ese *apartheid-gueto* quedamos incluidos, por supuesto, los intelectuales que mantenemos cierta autonomía de pensamiento.

—*¿Cómo llegamos a estos pantanos?, ¿qué vientos nos trajeron?*

—Yo no puedo decir por qué llegamos a esto, pero no me sorprende que hayamos llegado. En 1988, cuando participaba en la Comisión Presidencial para la Reforma del Estado, escribí un ensayo sobre la reformulación del proyecto nacional venezolano en perspectiva histórica: «La fase crítica que atraviesa actualmente el proceso de reformulación del proyecto nacional no es prueba de estancamiento ni mucho menos del fracaso del proceso; prueba, por el contrario, su pertinencia, su operatividad y la correspondencia de su desarrollo y coordinación con los intereses básicos de la sociedad venezolana. Sin embargo, la clase dominante y la clase política no parecen haber comprendido cabalmente la situación y no son capaces de coadyuvar coherente y sostenidamente a su superación; no se percatan de que sin la rectoría de una clase dominante consciente de sus objetivos sociales y sin la condición de una clase dirigente consciente de su función, el proceso de reformulación se vuelve calamitoso y socialmente oneroso, con gran riesgo para sus propios intereses. (…) La sociedad venezolana que logró completar con éxito las dos primeras etapas de su proyecto nacional lo conseguirá igualmente con la tercera etapa, y no muy tarde: en el próximo siglo será una sociedad cabalmente democrática». Yo mantengo esta reflexión, que no se puede considerar circunstancial.

—*¿Cuáles eran las amenazas entonces?*

—Las migraciones no controlables, que hoy son un fenómeno mundial; la internacionalización de la violencia, que se asomaba, es decir, el terrorismo; el tráfico de estupefacientes, que hoy nadie duda que es el mayor problema de la humanidad. Los derivados de esas dificultades eran, en primer lugar, la corrupción, que se vincula y es consecuencia de la estatización creciente. (Erróneamente se cree que el Estado solo, sin ayuda, puede afrontar tanto las amenazas inmediatas y propias como las correlacionadas. Ningún Estado puede encarar esas tareas sin la participación plena de la sociedad). En segundo lugar, la desorganización social, que va desde el urbanismo anárquico hasta la criminalidad; la pérdida de confianza en la funcionalidad del sistema democrático, porque la gente le atribuye las fallas de la administración pública; y en último lugar, pero no menos importante, el desaliento y la apatía social y política. Todo esto puso en riesgo sesenta años de democracia ante el asombro y la inactividad de la totalidad social.

—*Los atajos son inconvenientes, pero el golpe de 1945 fue atajo y no lo considera un atraso.*

—Sí. El problema está en la apreciación de lo que llamaríamos la fisiología de la situación. El objetivo fundamental del golpe de 1945 era quebrarle el espinazo a la dictadura liberal, que era una degeneración de la república liberal democrática. El proceso de formación del poder no es solo la elección, también incluye las libertades públicas: de expresión, de organización y de participación. Si están controladas por el Estado, no hay duda de que el Estado mantendrá su estilo y continuidad. Había que romper esa atadura. El mérito de esos hombres fue darse cuenta de que la vía para quebrarle el espinazo a ese régimen dictatorial, liberal, regionalista, el andinaje en el poder, era mediante el control del proceso de formación de poder. Inicialmente, cuando lanzan la candidatura simbólica de Rómulo Gallegos, se limitan a tratar de crear ambiente y opinión. Sabían muy bien que no tenía sentido ni posibilidad alguna de éxito, que la vía era hacer que todo el proceso de formación del Estado fuese tan amplio, tan diverso y con tantos participantes, que el control por el Estado fuese muy difícil o imposible. La reforma del estatuto electoral de 1946 intenta ese resultado. No garantizaba un desarrollo previsible, sino que abría una compuerta. Nadie podía tener una idea exacta de lo que vendría. En una sociedad de escasos cinco millones de habitantes dispersos en un millón de kilómetros cuadrados, e incomunicados, no había posibilidad alguna de determinar una reacción futura, pero había un objetivo fundamental: romper con la dictadura tradicional. Se logró. Ninguna de las reformas que se hicieron entonces, en cuanto al universo electoral, ha podido ser parcializada, influida, mediatizada o derogada. Nadie se ha atrevido a negarles los derechos políticos a las mujeres y a los analfabetos. Aun el régimen más dictatorial tuvo que mantenerlos, porque se correspondían con una demanda social, con una aspiración social. Eso es lo acertado de aquella medida, presentida más que evaluada. De ahí se deriva un poco mi respeto por los políticos como subespecie humana.

El estatuto electoral de 1946 creó un consejo electoral imparcial, en el que estaban representados todos los partidos en igualdad, y en un ambiente de libertades públicas, de libertad de prensa, de organización. La prueba es que una nueva corriente pudo en 1998 valerse de ese instrumento para llegar a una situación de poder que luego utilizó para pervertir, corromper, dañar la intencionalidad de ese sistema. Esa coherencia se mantuvo hasta la elección del señor que ahora desgobierna a Venezuela. Ahora vivimos la mediatización y la perversión. En las elecciones, en principio, se compite en igualdad de condiciones, pero en la práctica existe una perversa utilización de los recursos para que el desarrollo democrático tenga fines no democráticos.

—*Antes no era tampoco muy democrática...*

—Durante el gobierno de Jaime Lusinchi la democracia venezolana parecía más que consolidada. El triunfo electoral de AD fue absoluto. Sin embargo, 35 hombres, entre quienes no predominaba ningún partido, trabajando *ad honorem* fueron capaces de enfocar la realidad venezolana con efectividad. Todas las decisiones las tomamos por unanimidad, no hubo votación. Debatíamos, estudiábamos y discutíamos hasta que llegábamos a la determinación de lo que considerábamos realmente importante para el país, no para los militares. Nuestras propuestas de reformas políticas inmediatas fueron del conocimiento no solo del Gobierno, sino también de los partidos políticos y, por supuesto, del Congreso. Fueron aprobadas cinco reformas, y son el último reducto de la democracia liberal en Venezuela. La elección popular de los gobernadores, la elección de concejos municipales y todo el esquema de poder que se deriva son producto de la Copre. Ahora todo el esfuerzo se dirige a demolerlas, porque es la raíz profunda que posibilita el advenimiento de una sociedad genuinamente democrática. Algunos pasos se quedaron en el tintero, como la profesionalización de la gerencia pública. Propusimos sacar la gerencia pública del ámbito político, para que la sociedad pudiera tener continuidad en la administración pública, y que se pasara a los estados la gerencia de la salubridad, la educación y de la utilización de recursos naturales, como primer paso. El objetivo era modernizar el Estado, descentralizarlo y profundizar la democracia, que la sociedad asumiera un papel no solo participativo sino decisivo en la conducción de sus asuntos. Chocamos con una resistencia aun mayor que la de los partidos, la burocracia.

—*La nueva geometría del poder propuesta por Chávez, como la creación de comunas, ¿acerca el Estado al ciudadano?*

—Es un aparato en el cual se asignan roles sociales, pero se mantiene centralizada la dirección, el ejercicio y la finalidad de esos roles. No permite la autonomía de las comunidades. En la Copre buscábamos autonomía, pero como unidad, enmarcados en una visión de totalidad. Llegamos a la conclusión de que había áreas de Venezuela que podrían desenvolverse y consolidarse dentro de un régimen de autonomía; por ejemplo, en Zulia, Lara, Carabobo y uno o dos estados andinos se habían formado estructuras locales en todos los órdenes. Dejábamos fuera el estado Bolívar, que no es un estado sino un universo. En los otros estados había una escalera de grados. La piedra de toque era Apure, todavía un estado en formación, como los del oeste norteamericano que uno ve en las películas, mandados por el *sheriff* o el rico del pueblo. Nos preguntábamos qué pasaría en un sitio como Apure. ¿Podría llegar un bandolero con dinero, manejar los medios de comunicación, crear clientelismo y apoderarse del poder? Confiábamos en que los sectores determinantes de la sociedad venezolana serían capaces de marcar la pauta general. Un día se le preguntó a Carlos Andrés Pérez qué haría si salían elegidos tres gobernadores copeyanos, un comunista, una ensalada. Su respuesta fue ejemplar: «Gobernar». Gobernar, no mandar, porque el esquema del Estado que había predominado antes era que el presidente mandaba, no gobernaba. Ahora en Venezuela vuelve a ocurrir que no hay gobierno, sino mando. Pérez dijo gobernar, y significaba eso. En los primeros intentos funcionó. Con los estados con gobernadores de otra condición política había que conciliar, persuadir, razonar y buscar una fórmula para entenderse. La democracia se aprende con democracia; jugando a la diversidad, no a la uniformidad. La tesis del actual desgobierno es que no puede haber «republiquitas» ni «reyecitos». Así como intenta abolir la República, quiere abolir también las «republiquitas», el Estado descentralizado. Le tiene miedo al ejercicio de la autonomía local, a la descentralización.

—*Cumple muy bien sus objetivos de demoler el Estado...*

—En apariencia es exitoso, pero para demoler un orden social se debe contar con instrumentos o agentes sociales capaces de implantar el nuevo orden. En Venezuela presenciamos un intento de demolición de un orden social, pero con una incapacidad astronómica de generar formas sustitutivas funcionales, no digamos eficaces.

—*Son eficientes en el control del Estado.*

—Lo intentan. No es el primer ensayo, es el segundo. Pérez Jiménez lo intentó con otro signo, pero aquella democracia cortica, de tres años, rebrotó con tanta fuerza que después fue capaz de afrontar exitosamente el esquema antidemocrático de la guerrilla urbana y rural, la invasión cubana, y establecerse durante cuarenta años. Ahora vivimos una segunda prueba. Las tareas de una sociedad no las determina un gobierno, sino su propio desarrollo como sociedad. El gobierno establece los términos políticos y sociopolíticos, nada más. Yo me río de los que afirman que la democracia es consecuencia de la voluntad política. Ninguna sociedad es democrática por decreto. El desarrollo de la sociedad genera las demandas y la situación democrática, nunca la voluntad política.

—*Si Chávez tiene una agenda secreta y la puede consumar, no se debe solo a su mucha audacia sino también a que lo acompañan personas con esa manera de pensar.*

—Convertir a un ciudadano parcial en un ciudadano integral no es cuestión de una o dos generaciones. Toma mucho tiempo erradicar el atavismo autoritario y de subordinación que caracteriza al súbdito, que es obediente y que transmite ese comportamiento a otros. Un pueblo no puede superar en sesenta años un inconsciente colectivo formado a lo largo de cinco siglos. Toma más tiempo. Hemos marchado rápido, pero apenas hemos logrado crear una franja de ciudadanos. Una enorme proporción de la sociedad no ha adquirido la condición de ciudadano en un sentido consciente. Sigue guardando con respecto al poder, aunque sea democrático, una relación de subordinación que recuerda la del súbdito. Es una evolución lenta y difícil. Nos debe contentar que exista una franja lo suficientemente ancha de personas que ejerce conscientemente la ciudadanía.

—*Otros no la ven con alegría sino que pretenden borrarla...*

—Chávez hace con sus partidarios lo mismo que hizo Hitler. Cuando Jung llegó a Estados Unidos, le preguntaron qué opinaba de Hitler y su respuesta fue: «Hitler es el pueblo alemán». Lo tildaron de nazi, pero lo que quiso decir fue que en Hitler se expresaba el inconsciente colectivo del pueblo alemán, por su tradición de pueblo sometido al *führer*, que no solo es el líder, sino una categoría muy especial. No solo es el caudillo, sino que también es el representativo de la gente viva de la sociedad. De ahí el poder del *führer*, no porque sea primer ministro o dictador. Jung quiso decir que, por encima de las conductas formadas políticamente en la educación, persiste un nivel en el que la conducta de los hombres es dominada por una especie de sedimentación atávica. En Venezuela, la gente comienza a pensar de otra forma, pero son todavía los pininos en el proceso de formación de conciencia ciudadana. Hemos avanzado, pero todavía hay un enorme sector de la sociedad al que basta que le hagan una seña para que se le active el atavismo de súbdito. Es lo que vemos en la televisión cuando personas muy respetables, que protestan porque no les han pagado, terminan con la frase: «El presidente debería saberlo». ¿Quién es el presidente? El monarca. ¿Cuál es la actitud? De súbdito suplicante ante el monarca. ¿Reclama derechos? No. Si reclamara derechos no se dirigiría al presidente. Se supone que el presidente no puede intervenir en el funcionamiento de la estructura del Estado. Todavía no han sido capaces de disociar el Gobierno, el Estado y el presidente.

—*¿Un fracaso de la democracia?*

—No. Es un signo de una lucha que tiene mucho camino que recorrer. En la Copre trabajábamos con un principio: modernizar el Estado profundizando la democracia. Entendíamos que sin una sociedad democrática, la democracia como sistema sociopolítico no estaba consolidada y era difícil de manejar. Por eso atravesamos estos eclipses.

—*Con Marx hay una ruptura civilizatoria que anuncia el paraíso del proletariado. Otra civilización, un modo de vida muy distinto a la democracia burguesa. No solo se puede evolucionar hacia la democracia sino también hacia el comunismo, la sociedad perfecta. ¿Es una ilusión, otro fracaso de los soñadores?*

—Yo fui militante comunista desde 1950 hasta 1958, pero llegué por el camino menos propicio: el humanismo marxista. Leí los clásicos y cometí el pecadillo de leer el *Antidüring*, que Engels recomendaba como el libro de cabecera de todo militante comunista. Me formé dentro de una disciplina que tiene un gran sentido de la historia. En la tercera o cuarta página del *Manifiesto Comunista*, Marx y Engels dicen: «La burguesía ha desempeñado siempre en la historia un papel revolucionario». Eso fue escrito en 1848, cuando la burguesía que reivindicó la república combatía el restablecimiento del absolutismo real en Europa. Todavía el fantasma de la Revolución francesa asustaba a la gente porque se asociaba la república con los excesos de la Convención Francesa. Apenas había finalizado la primera etapa de la Revolución Industrial –arcaica, básica, fundada esencialmente en la explotación inmisericorde de la fuerza de trabajo; la máquina servía para exprimir más al hombre–. Marx fue testigo. Vio la cara más terrible del capitalismo naciente, aunque no fue el único. Un venezolano se le adelantó. Fermín Toro escribió un libro sobre la situación de las clases trabajadoras de Inglaterra. Hizo una pintura de lo que era ese proletariado inglés en Londres. Terrible, terrible. El novelín *Los mártires* es un adelanto de esa enunciación. Lo que Marx veía entonces se ajustaba muy bien al momento histórico, y construyó toda una doctrina, pero sucede que Lenin convierte esa explicación de la evolución de la humanidad en una teoría del poder. La visión de 1848 para aquel capitalismo no es trasladable a este mundo, a este momento.

—*¿Del marxismo solo queda la versión leninista de la toma del poder?*

—No, eso no es marxismo, es leninismo. Quedan los elementos fundamentales del humanismo marxista: primero, la historicidad de la sociedad; es decir, la presencia del cambio. Las sociedades no son estáticas, tienen una especie de dinámica propia, un cambio muy importante. La visión anterior suponía que Dios creó el mundo y lo había ordenado perfectamente. Otro elemento es el sentido del conflicto en la sociedad, que llamaba lucha de clases, pero que se puede traducir de manera más amplia: la dinámica social no está determinada por una voluntad divina, sino por la existencia de factores de conflicto, de movimiento. La tercera, y más importante: el hombre nuevo, que para el humanismo marxista es un hombre libre de toda subordinación y sumisión, que abarca desde el trabajo hasta la fe. La libertad también es el valor supremo del liberalismo. Lenin introdujo una distorsión: «El camino de la libertad no es la revolución, sino la subordinación al poder central». El hombre nuevo leninista contradice al hombre nuevo del humanismo marxista. Esa diferencia me llevó a abandonar el Partido Comunista. Comprendí que era un sinsentido decir que el hombre nuevo se construía privándolo de la libertad. Si yo hablara ahora de mis errores, diría que son varios. Yo ahora tengo, quizás sea un signo de vejez, la pena de no haber hablado más con mi padre, que desde el comienzo me decía: «Germán, el comunismo no tiene futuro porque ignora la condición humana». Por supuesto, yo le decía que no había leído a Marx ni a Engels, esto y aquello. Le nombraba todo lo que estaba leyendo y le armaba una especie de contraofensiva cargada de «sabiduría». Pacientemente me reiteraba: «No tiene futuro porque ignora la condición humana». Hoy me pregunto, ¿cuánto habría aprendido o acelerado mi proceso de maduración si hubiese discutido más con él, entrado más en materia y no hubiese asumido una actitud de rechazo? En el fondo, había de mi parte, aun queriéndolo y admirándolo, un cierto grado de subestimación, porque él no había tenido esa formación intelectual que yo valoraba tanto. ¿Error de juventud? Es posible. ¿Que pesa después, en la vejez? Es probable. Actualmente lo considero un grave error. La distorsión perversa del marxismo original que sufrimos es una especie de maridaje entre lo peor del leninismo con lo peor de la conciencia sociopolítica ancestral que rigió durante la república liberal autocrática y la dictadura liberal regionalista de la primera mitad del siglo XX. Vivimos un gomecismo del siglo XXI, si se pudiera decir esa barbaridad. Al atavismo autoritario de la dictadura liberal regionalista, de Castro-Gómez-López-Medina, se le colocó un ropaje y un vocabulario supuestamente socialista para presentarlo como el socialismo del siglo XXI.

—*Hay un resurgimiento de la izquierda en América Latina, y también en Europa Oriental. ¿Por qué reaparecen ideas que fracasaron de manera tan estruendosa?*

—Se puede ver como un renacer, pero también como las acciones de retaguardia. El socialismo fue abrumadoramente derrotado en la Guerra Fría. Había llegado a tener una presencia mundial muy activa. En muchos aspectos parecía que el «no socialismo», no lo llamemos de otra manera, estaba un poco a la defensiva. Pero la batalla se decidió, y de manera apabullante, en contra del socialismo. Han quedado focos de resistencia, reductos; no creo que sea un resurgir de la izquierda, sino un negarse a morir.

—*La izquierda venezolana, en su momento más luminoso, no tenía convocatoria entre la población. Nunca pasó de aquel 5 % histórico que con tanto pesar señalaba José Ignacio Cabrujas…*

—Es bastante convencional llamar izquierda a una especie de colecticio, de gente que reacciona contra la democracia liberal, en la que había desde los más oscuros autoritarios tradicionales del sector militar, que se alzaron aquí y allá, hasta los fidelistas, que se suponían más avanzados. Ese colecticio no admite una sola denominación. Llamar izquierda a esos grupos es poco convencional. ¿La democracia liberal es la derecha? No creo.

—*Ese grupo colecticio no tenía convocatoria en la población, pero encontró a un militar golpista que apoya como candidato y gana las elecciones. Al instalarse como presidente, enrumba el país hacia el socialismo del siglo XXI, a contravía de la historia...*

—Vamos a tratar de poner el asunto en términos históricos. En 1984, el triunfo de AD fue absoluto en todos los campos. Mucha gente creyó que la democracia estaba definitivamente asegurada. Sin embargo, el 17 de diciembre de ese año se creó la Comisión Presidencial para la Reforma del Estado, que nace de gente que estaba en el ámbito de los victoriosos, uno de ellos Simón Alberto Consalvi. Se les ocurre la idea, nada casual, de que la democracia no estaba garantizada. Era necesario abrirle cauce a un proceso que llevara a su consolidación. Parecía absurdo. Mucha gente, entre ellos dirigentes de los partidos, creía que estaba definitivamente asegurada. Teníamos conciencia de que la sociedad estaba en mora con la democracia en cuanto a la formación ciudadana; es decir, que la persona se exigiera realmente sujeto de derechos y de deberes, que se tradujera en la capacidad de influir, de determinar sus objetivos y su marcha; y que el individuo se reconociera como un actor de la soberanía popular, el mandante. Éramos 35 personas, que se representaban solo a sí mismas. No había predominio de partido, de grupo, de líder, de una idea. Éramos completamente autónomos. Comenzamos a trabajar a partir de un diagnóstico muy serio de lo que era la sociedad venezolana, tanto desde el punto de vista estructural como político. Sabíamos que se habían logrado resultados muy importantes, pero también constatamos una demora en la evolución social. Los dirigentes políticos, en general, no fueron capaces de entenderlo o quizás no les convenía entenderlo. Veían peligrar su cuota de poder. Es lo que explica el absurdo irritante de ver que un partido que luchó contra el caudillismo, como Acción Democrática, se entregara a un caudillo de pacotilla, como Luis Alfaro Ucero, y además se complaciera en llamarle «el caudillo». Una aberración. El destino de la democracia venezolana estaba en manos del pseudocaudillo, cuando el fundador del partido se había empeñado en acabar con los caudillos y en poner la democracia en manos de la sociedad. Los socialcristianos llegaron al absurdo de pensar que una reina de belleza, porque era popular, transmitía mejor el mensaje doctrinario que un líder probado. Los dos partidos traicionaron su historia. ¿Qué hace el Partido Comunista? Presenta a Edmundo Chirinos como candidato a la Presidencia. Ese deterioro significaba que los hombres encargados de dirigir la opinión, de dirigir el partido, de dirigir la sociedad habían dejado de pensar doctrinariamente y pensaban con criterio de oportunidad.

—*¿Qué es pensar doctrinariamente?*

—Me refiero a la concepción pedagógica de la política. La política se usa con el fin de alcanzar el poder, pero tanto el esfuerzo para llegar al poder como el que se desplegará en el poder debe tener signo clarísimo: desarrollar el ciudadano, para que asuma una responsabilidad social. Fue en lo que los partidos trabajaron con gran empeño al principio, cuando daban mucha importancia al programa y a la formación de la militancia. Eso se abandonó, y apareció lo que es natural en el político y, al mismo tiempo, su perdición: pensar solo con criterio de oportunidad. El político no se rige por el criterio de la verdad, sino por el de la oportunidad y de la eficacia. Sin embargo, cuando el criterio de oportunidad y de eficacia se desvincula del sentido pedagógico de la política, se convierte en demagogia organizada, algo muy distinto a la formación de conciencia ciudadana. Cuando se invoca el caudillo o la reina de belleza se está diciendo que esa es la oportunidad, la manera de conservar o de llegar al poder, pero no se dice cómo ni para qué. Hay una estructura política que ha abandonado la concepción pedagógica del poder y que quiere seguir manejando las decisiones. La gente y los dirigentes políticos creyeron que la democracia estaba definitivamente asentada, pero en verdad debía dormir con un ojo abierto. Estaba en peligro. La insurgencia militar ocurre en paralelo con otro elemento: en el sector más esencial e históricamente vinculado con la democracia, que es la burguesía, habían aparecido representantes de un pensamiento contra «este desorden», porque se les alteraba su mundo.

—*¿El Grupo Roraima?*

—Yo tuve contacto con una persona del Grupo Roraima, a la que le guardo respeto. En una conversación le pregunté: «¿Cómo están ustedes con respecto a su clase?». Quedó muy claro que no eran marginales dentro de su clase, sino insurgentes; representaban un pensamiento diferente, querían un reformismo capitalista avanzado. Los otros pretendían un apaciguamiento de las masas; que hubiera menos desorden, menos cambios, que los sindicatos fuesen más tranquilos y que el presidente no hablara de nacionalizaciones, ese tipo de cosas, y, entonces, jugaron a la venida de un hombre fuerte, un fenómeno que se ha repetido en la historia muchas veces.

—*Era absolutamente obvio que Chávez era izquierdista, lo contrario de lo que querían...*

—Lo ocultó muy bien. Era visto como un joven arrojado, un militar ambicioso y manejable. Cuando Chávez llegó a la Presidencia aprovechándose de los canales de la democracia, lo rodearon los representantes de esa burguesía que quería orden y eficiencia. Lo están pagando carísimo ahora.

—*Con una pequeña investigación sobre los vínculos de Chávez podían haber establecido sus verdaderas intenciones...*

—En aquel momento se desdeñaba eso. Chávez llegó a formar parte de la Guardia de Honor en Miraflores por gestiones de un adeco probado, que consideraba que ese muchacho que tocaba cuatro y cantaba no representaba peligro alguno para la democracia. El presidente Carlos Andrés Pérez desdeñó el informe que el general Carlos Peñaloza puso en sus manos sobre el golpe que se tramaba. Yo le guardo respeto y admiración a Carlos Andrés Pérez. Fue capaz de realizar tres cosas de enorme trascendencia en la historia de Venezuela. En primer lugar, fue clave en el rechazo del fidelismo y de la invasión cubana cuando era ministro de Relaciones Interiores en el gobierno de Betancourt; la segunda, concretó lo que parecía irrealizable, aunque hoy algunos economistas le restan importancia: la nacionalización del petróleo, que desde hacía cincuenta años se veía como un imposible. Tuvo el coraje de hacerlo y lo hizo como un acto administrativo. La tercera es que en el momento de la adversidad no insurgió contra la institucionalidad democrática. Nadie ha dicho que intentó un golpe militar o algo parecido. Aguantó, sobrellevó con entereza ejemplar, toda la carga que se le echó encima. No salió a refugiarse en una embajada ni dijo: «Yo no fui», «la culpa la tuvo otro», «a mí me engañaron». No. Dio un ejemplo de entereza y de dignidad sin paralelo en la historia del país.

Sin embargo, le critico dos errores increíbles en un hombre de su trayectoria: uno, haber sobrevaluado el peso del prestigio en la resolución de una crisis política; es decir, pensar que su prestigio, comprobado y establecido, sería capaz de contrarrestar las maniobras de estos grupos y no haber tomado decisiones en función de los informes; y dos, haber dado una muestra de ingenuidad muy grave en un hombre de su experiencia y de su condición de tachirense, si evocamos el espíritu del benemérito Gómez: haber creído que perdonar a los adversarios políticos le generaría igual reacción de sus oponentes con respecto a él. Todavía hoy, el odio de quienes fueron derrotados, aunque perdonados, sigue igual. Una gran muestra de ingenuidad. Juan Vicente Gómez no cometió nunca el error de considerar que un adversario podía ser otra cosa que adversario.

—*¿Por qué si el Estado venezolano logró derrotar la insurgencia guerrillera de los años sesenta, que fue tan cruel, tan difícil, con todo el condimento de la Guerra Fría, esas ideas se cuelan por la puerta de servicio cuando se supone que el país ha encontrado su rumbo democrático?*

—Ahí está, en buena parte, la explicación de lo que vivimos hoy. En ese combate de los años sesenta perecieron o se dañaron ética y moralmente, de lado y lado, cerca de seis mil jóvenes, que por ser los más ardorosos y los más entusiastas estaban llamados a ser dirigentes políticos, presidentes de banco, profesores, directores, alcaldes, gobernadores, etc. Los que no murieron en el combate quedaron malogrados por la prisión, por las torturas, por la violación de los derechos humanos de que fueron víctimas o que ellos cometieron, por mil cosas. Esa sangría de aquel momento determinó que la sociedad quedara sin una generación de relevo: con los dinosaurios en el pico de la pirámide, y abajo, unos muchachitos que comenzaban el kindergarten.

—*¿Eso explica que la sociedad no sepa reaccionar cuando la democracia es acechada por otros peligros?*

—Es posible. La crisis de la democracia en Venezuela comienza cuando un señor que va a posesionarse como presidente de la República se juramenta ante una «constitución moribunda» y ninguno de los ilustres miembros del Congreso se levanta y se va. Ese es el gran error de la clase política dirigente. Todos tenían el derecho y el deber de levantarse y abandonar el sitio, como un solo hombre. Pasara lo que pasare. Todos escuchan tranquilamente y, además, aplauden. ¿Qué habría pasado si se ponen de pie y se van? ¿Violaban la democracia o la defendían? El dictador Chávez nació cuando juró sobre la moribunda, no en la elección. El único que mostró alguna disidencia fue el presidente saliente, Rafael Caldera, que no le puso la banda presidencial y se la tuvo que colocar el presidente del Congreso. ¿Por qué los diputados no siguieron ese ejemplo? ¿Porque era un viejo copeyano cascarrabias o porque no lo expresó de forma oral? A Chávez lo eligió el pueblo, pero lo consagró el Congreso. El acto fundamental de la consagración, que es poner la banda, se hizo frente a una representación nacional investida de la soberanía popular. Ahí estaba la diversidad de la representación proporcional. La genuina, absoluta y auténtica representación de la voluntad de la soberanía popular vio, toleró, aceptó, se sometió, lo que fuere, a que fuese desautorizado el Congreso. Desde el momento en que ese señor se expresa de la Constitución como «la moribunda», le desconoce legitimidad al cuerpo representativo de la soberanía popular. ¿Falta de conciencia jurídica? ¿Falta de conciencia histórica? Aquellos hombres, muchos de los cuales me merecen respeto por su obra pasada, su personalidad y demás, no atinaron a actuar en consecuencia. Fueron parte de un crimen, en el sentido histórico. Literalmente le asestaron una puñalada a la república liberal democrática. Lo recuerdo y me estremezco. El mayor crimen que se pudiera cometer contra la república liberal democrática: la abdicación de la soberanía popular. El entronizado pudo entrar a funcionar como Fernando VIII. Chávez dejó de ser en ese momento un presidente constitucional, como establecía la Constitución, «la moribunda», y se convertía en un soberano absoluto. Después, ese soberano absoluto decidió ser constitucional y redactó otra constitución. Sigo esperando que algunos de aquellos hombres que estuvieron en ese Congreso se atrevan a explicar lo sucedido.

—*La crisis es que ganara las elecciones... Que lo escogieran los votantes.*

—Él llega a la elección por una situación de crisis, es verdad; pero había todavía una posibilidad de que el sector responsable de la democracia reafirmara su presencia, ¿por qué no lo hizo?

—*Por cobarde.*

—Es el punto. Ahí estaban todos. No se puede decir que estaba solo un sector político. Si el presidente que se va a juramentar ante la

Constitución para comprometerse a cumplirla y hacerla cumplir, proclama que esa constitución no sirve, ¿ante quién o qué está jurando?

—*Ante el poder originario.*

—Entonces, los hombres que estaban allí eran unos ignorantes insensatos que no se daban cuenta de lo que ocurría.

—*Representaban una élite desplazada.*

—Posiblemente. Los procesos históricos nunca son de corto plazo, siempre tienen una etapa de maduración. Los hombres que construyeron la democracia en Venezuela tuvieron un largo período de maduración y de formación.

—*Y de desprestigio.*

—En gran parte el desprestigio de la democracia fue interés de los intelectuales venezolanos. ¿Quién bautizó las elecciones como «carnaval electoral»? ¿Quién escribía sobre eso? ¿No eran José Ignacio Cabrujas y el otro? ¿Cómo se puede contribuir a consolidar la democracia cuando se califica de carnaval el acto principal, la concreción de la soberanía popular, la esencia de la democracia? Los periódicos lo difundían y la gente veía aquello complacida, le parecía muy gracioso. Se deterioró la conciencia ciudadana. La gente con un poquito de decencia no se metía en el carnaval, se mantenía al margen. «Allá ellos con su carnaval». Eso lo vi un millón de veces. Hubo un estado general de desorientación, y los hombres que teníamos la responsabilidad de contribuir a combatir eso, que debíamos orientar, fallamos. Cuando Cabrujas hablaba del carnaval electoral y se agarraba de la figura de Carlos Andrés Pérez, ¿se fijaba en lo que había hecho Pérez? ¿Se fijaba en lo que había hecho de positivo y en lo que significaba? No. Se fijaba en que tenía una querida. Hubo una gran confusión que afectó no solo el poder, sino también al sector intelectual y académico. Todavía hoy uno encuentra en las universidades gente que ante los defectos de la administración universitaria condena la autonomía. Si se retrasa el pago del salario, la culpa es de la autonomía. Algo parecido sucedió con la democracia.

—*También el verdadero golpe en 1992 lo da Caldera, cuando no condena el pronunciamiento de Chávez sino que lo justifica: «No se puede defender la democracia con el estómago vacío».*

—La posición de Caldera fue de oportunismo político, no de inconsecuencia ideológica. Es parte del proceso de deterioro del liderazgo de Caldera. Con todo el respeto que le tengo en otros aspectos, Caldera tiene el raro mérito de haber destruido su obra. Es doloroso comprobarlo, pero es real. ¿Por qué? Por ambición política, por resentimiento, por mil razones, pero nada que tenga que ver con el análisis teórico-político-conceptual, sino el político inmediatista-oportunista. Digo «oportunista» en el sentido histórico, de aprovechar una coyuntura histórica, no del oportunismo acomodaticio. Lo veo como un signo del debilitamiento de la clase política. Aquella actitud de Caldera no es comparable con lo sucedido en el Congreso. Primero, porque era el momento en el cual el mandante representado estaba realmente concediendo el mandato al mandatario, que no es la elección. La elección es la escogencia del mandatario. El mandato lo confieren los representantes de la soberanía popular.

—*También como estrategia política se utilizaba esa confusión como una vía para desprestigiar la democracia...*

—Y creó un caldo de cultivo para las posiciones salvacionistas. Algunos en la Copre intentaron salvar la democracia introduciendo reformas en el aparato del Estado y democratizando la sociedad, pero también hubo otras posiciones, una gama que iba desde los sobrevivientes de los movimientos guerrilleros hasta logias militares. El resultado no podía ser otro sino el debilitamiento del sistema sociopolítico. Ahora estamos en el tiempo histórico requerido para que, por fin, liquidemos el pasado de la república liberal autocrática y demos plena vigencia a la república liberal democrática. La democracia nunca ha dejado de estar presente.

—*¿Tendremos que pasar por una guerra civil?*

—No sé. Pero pareciera que la parte determinante de la sociedad quiere una salida acorde con su concepción democrática: el ejercicio de la soberanía popular. El actual intento de demoler la República y de sustituir la estructura sociopolítica democrática por un Estado autocrático, arcaico, ocurre en plena vigencia de la democracia. La sociedad sigue siendo democrática, aunque sufre una gran indigestión de democracia, que como toda indigestión es pasajera. Esto es una aberración de la democracia, pero la democracia sigue viva. Hay una sociedad que está firme en su determinación democrática, que no ha retrocedido, que no se ha dejado intimidar, que no ha podido ser engañada ni comprada, a pesar de todos los recursos que ha manejado el Estado.

El régimen le teme a esa voluntad democrática del pueblo venezolano, que en diez años no solo no ha desaparecido sino que, al contrario, también se ha fortalecido. La democracia es, por definición, contraria al uso de la fuerza. Es la supervivencia de la razón, incluso una razón de la que, a veces, uno pudiera dudar. Yo creo que en una situación límite, como el no reconocimiento de su propia estructura legal, de su propio ejercicio programado del poder, pondría al régimen «fuera de la ley», que fue el concepto que le aplicó Bolívar a Piar. Lo declaró fuera de la ley y dijo que no era sujeto de derecho, y quedó a la merced de cualquier procedimiento por cualquier persona, por cualquier ciudadano y en cualquier momento.

—*No puede verse como una inconsecuencia que alguien que se dice socialista o progresista critique y ataque la democracia burguesa. También hubo grupos de la burguesía que querían acabar con el Estado interventor y los partidos políticos...*

—Para mí un intelectual no es la persona que escribe y que exhibe cierta creatividad para manejar ideas y palabras, sino la que tiene un profundo y absoluto respeto por las ideas, que ha llegado a comprender la potencialidad de las ideas para el bien y para el mal, y no juega con ellas; que sabe que su función no es adscribirse a una corriente de pensamiento o a una tendencia política, sino ser capaz de determinar, en un momento dado, qué valores fundamentales de la sociedad o de la humanidad están en juego, y servir a esos valores. Ese es el intelectual, el otro puede ser un estudioso, un sabihondo, un escritor, lo que se quiera, pero no un intelectual. Por ejemplo, yo no considero intelectual a Gabriel García Márquez, porque un intelectual de nuestro tiempo no puede regocijarse ni ufanarse de una íntima amistad con Fidel Castro. No. Es un gran escritor, un gran narrador al que leo con verdadero gusto, pero no un intelectual. No tiene responsabilidad con las ideas. El intelectual es un hombre capaz de asumir el riesgo de ser el juez de sí mismo, sin que tenga la garantía de que será absuelto. El intelectual no confunde notoriedad con prestigio. Muchas veces cultiva el silencio prolongado, justamente, para madurar las ideas. Su afán no es estar presente. Son personas para quienes pensar significa com-pro-me-ter-se, no en función del efecto que puedan causar, sino en función de lo que ponen en juego. Casi al final del gobierno de Rafael Caldera participé en una reunión en la Universidad Simón Bolívar. Me encontré allí con muchos amigos que me decían que se requería un cambio. Cuando me atreví a opinar, distinguí que con su sonrisa hacían referencia a que como yo era embajador cuidaba el cargo. Personas muy bien preparadas actuaban sin asumir su responsabilidad intelectual, se dejaban llevar por la ola o querían aparecer como parte de la ola.

—*Estaban en la oposición, su deber era criticar...*

—Un intelectual no tiene derecho a eso. Que lo haga un lidercito político, lo entiendo, pero un intelectual debe ser consciente de las repercusiones que pueden causar sus apreciaciones.

—*¿Los notables eran intelectuales o lidercitos?*

—¿Los que se reunieron alrededor de Uslar Pietri, Alfredo Peña, Edmundo Chirinos y Escovar Salom? Uslar es aparte. Merece el calificativo de intelectual, pero con una objeción: nunca logró superar un profundo y esencial resentimiento, que no era gratuito, sino perfectamente motivado. El 18 de Octubre de 1945 rompió su carrera, su vida política. Tenía conciencia de que estaba destinado por la Providencia a figurar en la historia de Venezuela, a ser presidente, y se lo impidieron. Jamás se incorporó al país. Contribuyó al descrédito de la democracia, no solo del gobierno, animado por ese propósito de reivindicación personal, por no llamarlo venganza o retaliación.

—*¿Esa es una explicación histórica o personal?*

—Histórica. No tengo ningún resentimiento personal contra Uslar. Todo lo contrario. Me distinguió mucho y lo agradecí. Fui consciente de esa distinción. Tuvimos una buena relación. Salvo en mi formación democrática, no puedo considerarme una persona agraviada por Uslar, que utilizaba sus recursos intelectuales ciertos, aunque menos densos de lo que se pretende, para satisfacer motivaciones menos elevadas: lograr el fracaso de la «democracia betancurera». Su pleito era contra Betancourt y lo consideraba una reivindicación ante la historia. Hasta allí lo explicable, no digo justificable. En 2008 murió Escovar Salom, uno de los enterradores de la democracia en Venezuela, que satisfizo su ego de una herida que le causó la democracia, representada por Carlos Andrés Pérez, y, probablemente, en su alma pequeña se sintió reivindicado. Lo que sucedió en concordancia y los daños que causó al país no le importaron, le interesó su ego chiquitico. Siendo un hombre con todas las posibilidades de cultivarse y desarrollarse intelectualmente, de convivir con grandes figuras políticas, con grandes situaciones, no fue capaz de distinguir su rencor personal, por haber sido despedido de su cargo de canciller, de su responsabilidad como intelectual, como dirigente político con respecto a la sociedad. Hablo de su ego chiquitico, no estoy haciendo alusión a pequeñez humana alguna.

—*¿Por qué cuando la democracia está en su momento más difícil, nadie levanta la voz en su defensa?*

—En la Copre estábamos dos personas, Juan Carlos Rey y un tal Germán Carrera Damas. ¿Por qué estábamos allí? ¿Por lo que nos pagaban? ¿Por algún beneficio político o porque teníamos conciencia de que la democracia venezolana afrontaba una gran amenaza? Comprometimos nuestro nombre junto con el de un general, el de un líder político llamado Pompeyo Márquez, el de un dirigente político destacado como Gustavo Tarre, etc. Estábamos allí y nos comprometimos. Está documentado y escrito. Sí hubo intelectuales. Eso fue en 1984.

—*Pero en 1984, lo que se hizo fue alertar. No había aparecido Chávez. Después vienen el Caracazo, el golpe de Estado de 1992 y el madrugonazo de noviembre de 1992, y todo el gobierno de Caldera, cuando casi se sienten los últimos estertores de la democracia…*

—¿Acaso los intelectuales deben ser una legión? En un grupo humano, yo no creo que los intelectuales puedan ser mayoría. Sí hubo quienes asumieron una posición y la mantuvieron. ¿Cambiamos de posición Juan Carlos Rey y yo? Yo no vi a Juan Carlos Rey yendo a la comisión de asesores de Chávez cuando creaban un ambiente dizque de inteligencia para determinar los objetivos, pero sí estuvieron Ernesto Mayz Vallenilla, Ricardo Combellas y Agustín Blanco Muñoz, que quería ser el evangelista del nuevo salvador de la patria. El señor Chávez declaró que *El culto a Bolívar* había sido uno de los libros que más le había impactado. Si yo hubiera sido inconsecuente con mi condición de intelectual, habría aprovechado esa puerta que se me abría para ser razonablemente bien recibido en el gremio de los saurios. No lo hice. Tampoco vi a Juan Carlos Rey buscando conectarse con el proceso. Cuando se discutía la nueva onstitución, Herman Escarrá, que era el factótum de aquello, me invitó a que le diese una opinión sobre el preámbulo. Hice un preámbulo y se lo envié. Más nada. No fue con el propósito de congraciarme sino con el propósito de afirmar mi posición como ciudadano, la prueba es que lo desecharon.

—*Los intelectuales le hicieron el coro a Chávez para cambiar la Constitución, aunque sabían que cuando alguien toma el poder y quiere cambiarlo todo, lo primero que debe hacer es cambiar la Constitución. Nunca Chávez aclaró qué parte de la Constitución quería cambiar...*

—Cuando Chávez se alzó el 4 de febrero no tenía como propósito cambiar la Constitución sino tomar el poder por la vía más tradicional. ¿De dónde le surgió la idea de un camino constitucional? Después del fracaso apabullante que le infligieron las Fuerzas Armadas, alguien le hizo ver que existe un camino para llegar al poder, que yo no lo llamaría político: el camino del engaño, de la demagogia, de la política más perversa. Nunca exhibió su verdadero propósito, nunca habló ni hizo la campaña electoral en función del socialismo. Habló de perfeccionar la democracia, de crear una democracia más genuina. Llegó al poder en el nombre de la democracia, pero una vez en el poder comenzó, con un grupo de acólitos, a poner en práctica su agenda secreta. Chávez traicionó la democracia. Utilizó sus canales para llegar al poder y ha utilizado el poder para demoler la democracia.

—*Eso es totalmente legítimo, desde el punto de vista político...*

—No. No es legítimo ni se encontrará en una sociedad estructurada. Chávez no tiene respeto alguno por la institucionalidad. No he sabido nunca que un presidente de Estados Unidos haya propuesto cambiar la Constitución. Puede proponer enmiendas, pero cambiarla totalmente nunca. No es posible siquiera concebirlo. En Estados Unidos existe una sociedad democrática. La nuestra entró en una crisis cuando comenzaba a formarse, pero no ha desaparecido. Está viva, tanto que este gobierno militar trata de destruir bastiones fundamentales: el ejercicio de la soberanía popular y la descentralización. La democracia no murió ni se agotó. Está viva en los millones de venezolanos que hemos adquirido conciencia de ciudadanos. Los militares que mandan querrían una sociedad en la que no haya ciudadanos. Quieren demoler la República para sustituirla por un tipo de Estado en el que la soberanía popular no sea un obstáculo y no existan poderes que contrarresten el autoritarismo central, pero en el que habrá unos elementos formales que interpreten «la voluntad popular», estilo Cuba. Los cubanos desprestigiaron un ensayito de república llamándola «la republiqueta», era un obstáculo para el autoritarismo. En el caso de Venezuela han ridiculizado toda la historia republicana. Si no desvirtúan o destruyen el concepto republicano enraizado en Venezuela, no pueden establecer un régimen estilo cubano. La República es un hecho asentado. Sus dos grandes baluartes son el ejercicio de la soberanía popular, el voto, que es la concreción de la soberanía nacional, porque el individuo es el que hace la soberanía popular; y la descentralización, que la sociedad asuma el manejo de su destino en todos los demás terrenos. A todo trance se pretende impedir el desarrollo de una sociedad democrática. Por eso dice que no puede haber republiquitas ni reyecitos. El único rey es él.

—*¿Por qué esa sociedad que fue tan crítica con la democracia y los partidos políticos, ahora, cuando la situación es peor, aparece tan apaciguada, apática?*

—Yo me crié con los guaiqueríes. En Cumaná, había un núcleo de esta etnia indígena. Con ellos aprendí algo que vale la pena tener en cuenta en la interpretación de la historia cotidiana. Ellos eran capaces de leer el mar, distinguían la marejada, el oleaje, de lo que llamaban «mar de fondo». Veían las olas de fondo, que es cuando el mar está completamente terso, sereno y de pronto aparece una ola tremenda, de fuerza irresistible. Los guaiqueríes le temían mucho más a la ola de fondo que a la marejada superficial, por su diferencia de fuerza muy considerable. Tengo la impresión de que nosotros estamos en la inminencia de una ola de fondo. ¿Cómo va a ser? ¿Será violenta, sangrienta, palaciega? No sé, pero va a ser. Tengo ese presentimiento.

III

Carrera Damas aprendió francés en tres meses. Con dosis masivas de lectura de periódicos en la mañana, ayudado por un diccionario, y tandas diarias de cine continuado, desde las tres de la tarde hasta las diez de la noche. La misma película una y otra vez. El reto era compaginar las palabras que oía con las que veía, y pronunciarlas. Con su mal francés, pero suficiente para seguir una clase, se inscribió en la universidad. En aquella época para un joven había sólo tres caminos: Medicina, Ingeniería y Derecho.

—Mi padre insistió en que yo estudiara Derecho, porque discutíamos mucho sobre libros, y dedujo que no tenía inclinaciones para la Ingeniería ni para la Medicina. A mediados de 1948, por ese culto que mi padre le tenía al estudio y al saber, por su devoción a la cultura, reunió a la familia y nos dijo: «Yo no les puedo dejar a ustedes bienes de fortuna, pero les voy a ofrecer la oportunidad de que adquieran la mejor educación, así que nos vamos todos a París». Liquidó sus negocios y nos fuimos. Llegamos a finales de julio de 1948. Yo había asistido a la toma de posesión de Rómulo Gallegos. El golpe del 24 de noviembre de 1948 nos afectó mucho. Un grupo de los venezolanos que estábamos en París y nos veíamos con frecuencia, como Leopoldo Figarella, Jonás Millán, Pedro José Rojas, Nicolás Curiel, Gabriel Bracho y otros más que no recuerdo, decidimos enviarle un telegrama al teniente coronel Marcos Pérez Jiménez para protestar aquel hecho. Por supuesto, desde ese momento pasamos a ser exiliados. En esa época, para que un venezolano pudiera entrar al país además del pasaporte necesitaba visa, que por supuesto el consulado negaba a los que aparecían en la lista de los indeseables. Aquella protesta inicial era muy literaria y ampulosa. No se publicó en ninguna parte, solo se le mandó a Miraflores y debe estar en los archivos de la Presidencia de la República. Entonces se vivía en Europa una efervescencia tremenda en lo político. Veían como algo inminente la instauración de un gobierno comunista en Italia y, posiblemente, en Francia. Había una lucha tremenda. Para mí, era un banquete en cuanto a emociones ideológicas, todavía más cuando dejé la Facultad de Derecho y me incorporé a la Escuela de Ciencias Políticas. Era muy activo. Iba a las reuniones, a los mítines, a las marchas y leía todo lo que caía en mis manos. Se fue formando en mí una gran inquietud que tomó una dirección claramente revolucionaria. Me metí de cabeza a estudiar los textos clásicos del marxismo, del humanismo marxista. Llegué hasta el extremo de pretender leer *El capital* en francés. Leí todo lo que escribieron Marx, Engels, Rosa Luxemburgo, Wilhelm Liebknecht, toda esa gente, y Lenin, por supuesto, desde *La formación del capitalismo en Rusia* hasta los textos más programáticos como ¿Qué hacer? o *El imperialismo, fase superior del capitalismo*. Todo eso lo leí y estudié. Yo iba a los mítines, a las reuniones y recibí cursos de gentes muy luminosas, como Jean Lodic, autor de un manual de marxismo. En 1950, ingresé activamente al Partido Comunista. Me asignaron a una célula de ferroviarios. En las reuniones de célula trabé amistad con una persona que entonces no valoraba mucho, pero que ahora valoro altamente: Tristan Tzara, el famoso dadaísta, que ya era un hombre de edad bastante avanzada. Con él viví la gran contradicción de la posición del decreto de Zhdánov sobre el arte, sobre el realismo socialista y la condena del arte abstracto, aquel universo maravilloso que era el dadaísmo y el surrealismo, que ahora valoro y en aquel momento intuía que era una forma muy avanzada del realismo: ir más allá de la apariencia de las cosas, acercarse a la esencia de la cosa, que encierra no solo la afirmación sino la propia negación. La dialéctica pura. Yo era un fervoroso marxista y al mismo tiempo tenía una sensibilidad que me parecía contradictoria. No me daba cuenta de que no había contradicción sino una interacción muy seria. Lo fui percibiendo después. La esencia de ese marxismo humanístico que estudiaba era fundamentalmente la aparición del hombre nuevo, alguien que era libre de las tres fuentes de subordinación que puede haber: la carencia material, la alienación intelectual y la alienación espiritual. Yo deducía de los libros marxistas que el hombre debía lograr que el trabajo fuese un área de realización de su libertad, que su intelecto no estuviera subordinado a criterios que no fueran consecuencia del ejercicio dialéctico del conocimiento, y que lo espiritual no estuviera subordinado a dogmas. Quizás ahora lo racionalizo mucho, pero eso era lo que estaba en el fondo y quizás ahí estaba la razón de mi simpatía por el surrealismo que yo callaba discretamente. Era el momento del realismo socialista, pero aquello no me decía nada; en cambio, veía a André Breton y aquello sí me hablaba.

—*¿Qué opina de los jóvenes de ahora?*

—Me declaro sorprendido por la gente joven que trata de entender su presente, su hoy, y que no se siente hipotecada con los errores cometidos en lo que llaman «cuarta república», ni tiene el lastre de ciertas actuaciones políticas más o menos recientes. Son, sin grandes elaboraciones intelectuales, gente comprometida con un pensamiento democrático y ganada para la libertad. Algo muy importante y promisorio. Tienen un promedio de edad entre 18 y 25 años, y están cansados de las consignas y de los eslóganes. Quieren que los problemas sean expuestos con argumentos que apelen más a la razón que a la ilusión; pero sobre todo que los sitúen a ellos como sujetos activos, como gente llamada a reflexionar, a producir sus propias ilusiones y a actuar en consecuencia. Yo, que me he referido a la dificultad de formar ciudadanos, me siento complacido de encontrar sembrada en esos grupos la base de la concepción del ciudadano, como individuo, como mentalidad, como espíritu o don. Con ellos tengo una especie de confianza en el futuro de la sociedad. Yo tenía cierta preocupación de pensar que éramos los viejitos los que nos sentíamos consustanciados con el régimen democrático, pero veo que la remonta es muy buena. Yo me deleito escuchándolos. Las muchachas hablan con un grado de lucidez y con una determinación y firmeza admirable. ¡Caramba, sientan cátedra! La remonta es excelente.

—*¿Cómo lo contrasta cuando en cadena nacional de radio y televisión aparecen los jóvenes vestidos de rojo que aplauden y exaltan la figura de Chávez y gritan: «Ordene, comandante»?*

—Yo no calificaría la observación de maligna, pero sí de perversa. Voy a responder con una imagen. En California está el famoso bosque de las secuoyas, los árboles más altos del mundo. Yo ansiaba ver eso desde niño, desde cuando mi papá me obsequió *El tesoro de la juventud*, en cuyos volúmenes aparecía la fotografía de uno de esos árboles al que le habían abierto un hueco en el tronco para que pasara un automóvil. Cuando fui a verlos quedé tan impresionado como cuando vi las pirámides. Mudo. En una especie de pequeño museo que hay en el parque me enseñaron la semilla de la secuoya, que es más pequeña que un grano de anís. No pude menos que comparar la potencialidad recogida en esa semilla con la fuerza, la potencialidad de las ideas: lucen muy pequeñitas, pero pueden construir o generar gigantes. Cuando yo hablo en una reunión de jóvenes, procuro que la semilla que proponga sea lo más coherente y lógica, para que su potencialidad sea la mejor, y pueda germinar y producir un gran árbol. Esa es mi motivación como intelectual. No sé hasta dónde llegará la idea, pero me propongo que sea sana y coherente. Sana en cuanto a su vigor, y cargada de esencialidad, en el sentido de que he ofrecido lo mejor. No me importa cuántos me siguen, sino cuánta razón pueda tener. Frente a todas esas camisas rojas, sigo proponiendo unas ideas. No soy un iluminado ni un profeta. No. Es una necesidad vital mía. No tengo el propósito de pontificar, de adoctrinar ni de dirigir, aunque mi lenguaje no es neutral, sino de exponer algunas ideas con la esperanza de suscitar respuestas, refutaciones, enmiendas, enriquecimiento, lo que fuere, y que generen una discusión, una controversia. No hago proselitismo ni hablo en nombre de un partido político. Mi autonomía de pensamiento y mi libertad de expresión son la única fuente de credibilidad, o de tolerancia. Mi lenguaje no es deliberadamente inocuo. Digo, sin limitación alguna, lo que pienso y lo que creo que debo decir. Cada quien lo entiende, lo acepta o lo rechaza como bien pueda. Cuando yo era más joven en mi pensamiento, tendía a establecer un signo de igualdad entre ciertos entes mayoritarios y la razón. Por ejemplo, pueblo-razón. Con el tiempo, y con el estudio más sistemático y más universal de la historia he tenido que revisar algunos criterios. Ahora no solo entiendo que los pueblos sí se equivocan y que esas equivocaciones se pagan muy caras, son causas de traumas profundos, sino que también llego a dudar de que la razón, entendida como producto puro, esté democráticamente repartida. El sentido común suele alimentarse más de creencias que de razones. Las creencias se convierten en atavismos y se alejan de la realidad. En el pueblo de Venezuela hoy, tomado en bloque, los reductos de la razón han sido golpeados, duramente golpeados, pero no solo han resistido, sino que también han adquirido firmeza y solidez. Han estado sometidos a pruebas cotidianas que van desde el *apartheid* sociopolítico, la tentación y hasta la intimidación, pero se han mantenido con una extraordinaria firmeza. ¿Puede el régimen después de diez años mostrar alguna capacidad de penetración más allá de los grupos que ha corrompido, presionado? ¿Hay un movimiento sindical significativo, un movimiento gremial significativo, un movimiento juvenil significativo o un movimiento femenino realmente eficiente? ¿Han logrado siquiera crear un sector de lo que ellos llaman empresarios socialistas? En la cultura, ni se diga. Yo llamo monosabios a los intelectuales del Gobierno, a Luis Britto García, al hombre de Monte Ávila, al hombre del Centro de Historia. Los monosabios son los mozos auxiliares del picador, no del torero, del matador. El nivel más bajo en la plaza de toros, con su blusa roja. Son monosabios de la cultura. Earle Herrera fue profesor de la UCV porque de la universidad, por ser amplia y democrática, de pronto brota gente como Juan Barreto, que no son intelectuales; son monosabios. La propia Escuela de Historia ha producido, por lo menos, media docena de monosabios. ¿Adónde puede ir un régimen que pretende fundar el socialismo en el siglo XXI sin intelectuales, sin obreros, sin jóvenes ni mujeres? En Cuba, al comienzo hubo dos o tres intelectuales de significación. Ahora tienen a García Márquez, que es un intelectual adventicio. Además, en Cuba ya no se habla de socialismo, sino de lucha contra el imperialismo. Se dicen un país libre porque dizque lucha contra el imperio, pero es el país más oprimido del mundo. Confunden, de manera perversa, independencia con libertad. ¿Cómo puede estar cargado de futuro un régimen que no cuenta con las fuerzas que auspician la creatividad? Ver a los jóvenes de camisa roja gritando «con hambre y sin empleo con Chávez me resteo» no perturba mi visión del proceso histórico. Veo, sobre todo, un pueblo que viene de ser pata en el suelo y camisa de mochila, de ochenta y tanto por ciento de analfabetas, convertido en un reducto que se resiste con un razonable margen de éxito a un esfuerzo oscurantista, de retroceso histórico, como nunca habíamos visto en América Latina. El poderío del que ha dispuesto el actual régimen no guarda paralelo con lo que hemos visto en otras dictaduras.

—*Se repite que en el régimen de Chávez no hay presos políticos ni la represión que caracterizó a Pérez Jiménez. Tampoco asesinatos.*

—¿No los hay? Yo creo que sí los hay. Matar a una persona físicamente es apenas una de las muertes posibles. Convertirlo en un pordiosero, convertirlo en un paria en su propia sociedad, convertirlo en un buhonero teniendo un título universitario son formas atroces de matar a una persona. Esto, en la Venezuela actual, no es un fenómeno localizado en unos pocos individuos. No. Son fenómenos masivos. Vivimos en un universo concentracionario, pero sin alambradas, que es más grave que lo que hizo un déspota de menor escala como Pérez Jiménez o el asesino Pedro Estrada, que se veían obligados a mantener cierta apariencia de estructura republicana. Ahora estamos en presencia de una confabulación cuyas características son la arrogancia y la prepotencia, capaces de matar no al hombre, pero sí la personalidad, en lo que tiene de más importante y significativo como condición humana: su autonomía de pensamiento, su capacidad de reflexión y, sobre todo, su actitud para determinar el curso de su vida. Esto es mucho más grave que todo lo que ha sufrido Venezuela en su historia.

—*¿Régimen concentracionario? Hasta los adversarios del régimen admiten que nunca antes hubo tanta libertad de expresión en Venezuela. Incluso, ha sido posible que el dirigente de un partido de oposición le miente la madre al presidente de la República en un programa de televisión y no le pase nada...*

—La perversidad del régimen llega al extremo de desvirtuar el sentido de la libertad de expresión. Entender la libertad de expresión como la posibilidad de decir es reducirla a su tercera parte. Libertad de expresión no es que uno mientras se ducha pueda mentarle la madre a un gobernante o que pueda publicar un artículo en la prensa para desahogarse. No. La libertad de expresión implica la existencia de un contexto social que permita que esa expresión se traduzca en voluntad social. Si alguien controla todo el aparato del Estado y el sistema electoral, si apabulla a la gente con propaganda todo el tiempo y con la prepotencia de las cadenas de radio y televisión, la libertad de expresión queda diluida en simple desahogo personal, individual. Entonces, las personas a las que iba dirigida tu libertad de expresión se pueden dar el gusto de desdeñarte y decir: «Ahí está otro loco diciendo su loquera. Somos tan liberales y tan amplios que dejamos que digan lo que quieran». Convierten al ciudadano en su propio carcelero, porque se ve expuesto al *apartheid* o es apabullado por el desdén. Reducido a la insignificancia, le resulta imposible negarse al silencio, por la sensación de inutilidad que tiende a establecerse en la persona cuando su libertad de expresión carece de posibilidad de traducirse en voluntad social. El régimen va a tratar de anular con fuerza la expresión de la ciudadanía, que no tiene modos poderosos y eficientes de organización frente al poder del Estado...

—*El régimen ha sido exitoso: copó todas las instituciones.*

—Sin duda que lo ha sido. El ciudadano venezolano siente que vive en un estado que los juristas llaman de indefensión, que es la situación en la que el individuo no cuenta con el apoyo de las instituciones para que sus derechos sean respetados. El individuo queda a la merced de poderes no controlados, contra los cuales no tiene posibilidad de alguna defensa. Si los colegios profesionales fueron desvirtuados, si las instituciones jurídicas están al servicio del Estado, si la administración pública carece de freno, si el presidente literalmente apabulla a cualquier persona que exprese una opinión contraria, si no hay posibilidad institucional de que la persona pueda hacer valer sus derechos o apelar para que estos derechos sean reconocidos, se vive en estado de indefensión. Es lo que priva en muchos venezolanos pensantes. La alternativa es el silencio, que abre la puerta de la servidumbre espiritual, intelectual, personal, o un repliegue compensatorio: escribir para la gaveta. No es que no haya posibilidad de publicarlo, sino que publicar no tiene sentido, esa opinión no puede trascender a la sociedad con capacidad de formación de voluntad social, salvo lo que llamo sembrar esa semillita de secuoya. Hacer que fecunde y crezca el gran árbol va más allá de lo estrictamente individual. Es el único campo en el que la quiebra institucional no puede actuar con absoluta posibilidad de éxito, por lo diversificado, por el ímpetu de los jóvenes, por el esfuerzo que ponen, por el tiempo histórico que les favorece, por mil razones; incluso por algo que está siempre mal distribuido: la posibilidad de ser héroe. ¿Cuál es el refugio de la libertad de expresión si uno no se decide a refugiarse en la gaveta? Los jóvenes.

—*¿Por qué quienes tienen que enfrentarse con esa situación rehúyen la pelea y no hacen valer sus derechos? La oposición se retiró de las elecciones parlamentarias sin haber dado el combate. Cantó fraude sin ir a las urnas...*

—La libertad significa tanto ejercerla como no ejercerla. Es un derecho, no una imposición ni una gracia. La libertad no puede ser negada ni otorgada. Desde el momento que sea negada u otorgada deja de ser libertad. «Fulano de tal fue muy buen presidente porque dio libertad». Si fue dada, entonces no era libertad; era tolerancia, benevolencia, lo que se quiera. La libertad no admite adjetivos ni administradores. El derecho al voto es la articulación entre la soberanía nacional, que es una abstracción, y el ejercicio concreto de la soberanía, que es la soberanía popular. Eso está codificado en la estructura de la república. El depositario de la soberanía popular es el ciudadano, la persona que es apta para votar, con el reglamento que se quiera. Se tiene ese derecho no solo desde un punto de vista legal, porque la ley lo permite, sino también porque está enmarcado en un derecho humano: la libertad. Nadie es ciudadano a la fuerza, porque entonces deja de ser un ciudadano y se convierte en un súbdito, en lo que fuese. Soy un ciudadano porque soy un hombre libre. Yo tengo, entonces, la libertad de ejercer o no mi ciudadanía en un momento dado. Si yo me abstengo ante una elección que considero que perjudica o contradice mis valores humanos, sencillamente ejerzo mi libertad. Es una manera de decir que no acepto globalmente lo que se hace.

—*Esas decisiones políticas tienen consecuencias que se pagan… La oposición se quedó sin voz en el Poder Legislativo.*

—Por supuesto, y eso es parte de la libertad. El ejercicio de la libertad siempre es un riesgo. No hay duda. Yo comparo la libertad con los tigres de bengala, una especie en vías de extinción, y sumamente codiciada. En los zoológicos son muy cuidados. El veterinario los ve todos los días, reciben una buena alimentación, en invierno los ponen en una jaula con calefacción y, de vez en cuando, les llevan una tigresa para que sacien sus instintos y quizás se reproduzcan. ¿Pero qué pasa cuando la jaula queda abierta? ¿Se quedan en la jaula? ¿Por qué no los tienen allí sin rejas, persuadidos de que están bien cuidados, bien arropados, bien comidos y sin peligros? ¿Por qué se van? La libertad es un tigre de bengala. Vivirla es asumir el riesgo de la vida misma. El individuo puede vivir su libertad y equivocarse. Es perfectamente posible. Desde ese punto de vista es comprensible que un individuo, en un momento dado, anteponga su derecho humano a la libertad, a su derecho legal, al de ciudadano. Las elecciones parlamentarias fueron un crimen contra la institucionalidad republicana. No participamos y tenemos una Asamblea Nacional elegida por 15% de los votantes. Ganamos algo importante: todo lo actuado por esa Asamblea Nacional carece de legitimidad, aunque eso no le impida funcionar ni aprobar leyes. Pero existen niveles de sanción que van más allá de lo inmediato. Una autoridad, una institución, debe ser no solo legal, también debe ser legítima. La legalidad y la legitimidad guardan un orden semejante al que guarda el Derecho con la justicia. El ejercicio de la ley ignorando la legalidad desvirtúa el Derecho. Es decir, le hace perder su virtud de Derecho y queda invalidado éticamente. Cuando se tiene una Asamblea Nacional como la nuestra, no ya obediente sino servil, que aprueba todo lo que quiera el gobierno militar actual, con cinco o siete voces de rechazo, el resultado es absolutamente ilegítimo. Todo el procedimiento electoral, no solo la votación, se caracterizó por el ventajismo, por el autoritarismo, por todos los abusos habidos y por haber.

—Pero ahora participan en las elecciones, aun cuando no variaron las condiciones que tanto cuestionaron...

—Con una diferencia. La gente que no fue a la elección de la Asamblea Nacional entendió que se abría una oportunidad para que su ejercicio de la libertad se tradujera en algo tan poderoso desde el punto de vista social que pudiese sobreponerse a todos los aspectos negativos. Hasta ahora no han dado el resultado completo de las elecciones del 2 de diciembre de 2007. Dan el resultado adulterado, pero no se puede decir que es el resultado real. No hay un organismo autónomo, representativo del mundo político, que pueda avalar una elección. Todos los integrantes del CNE son funcionarios del Gobierno, escogidos a través de la Asamblea Nacional, que dan las cifras que les provoque. Yo, personalmente, objeto la actitud de Manuel Rosales en 2006, cuando aceptó la derrota. No dijo en qué condiciones había sido superado por su contendiente, desde el punto de vista ético y procedimental. Si él quería marchar en esa especie de ambigüedad con la legalidad, ha debido decir que el resultado electoral favorecía al Gobierno, pero que ese resultado estaba viciado. ¿Quiso dar un ejemplo de responsabilidad institucional? ¿Ante qué instituciones? Nosotros estábamos acostumbrados a contar con un organismo electoral en el que había representantes de todos los partidos. Si alguna trácala se cometía, tenía que estar muy bien realizada, muy bien oculta, porque había ojos que vigilaban. En Venezuela no se sabe lo que es una elección genuina, confiable, desde que la democracia, por respeto a sí misma, permitió que se instaurara este régimen.

—*¿De quién es la responsabilidad?*

—Múltiple. Por lo que llamo el proceso de angostamiento, en el sentido que usan los campesinos, de la dirección democrática de la sociedad, en sus diversos focos: partidos políticos, líderes sociales, intelectuales y gentes de la comunicación. La responsabilidad está muy repartida, no exime a nadie y nos hace a todos cómplices de un resultado nefasto. Eso lo tengo muy claro. No puede decirse que el responsable es el pueblo. No. Los responsables son los sectores capaces de influir, orientar, estimular la voluntad popular, y no solo no lo hicieron, sino que en algunos casos, por motivaciones muy personales o profesionales, se impusieron la retaliación, la venganza y las aspiraciones personales por encima de una conciencia de responsabilidad social y de las necesidades nacionales. Lo afirmo categóricamente.

—*Esas equivocaciones han estado presentes en otros momentos de la historia de Venezuela...*

—Es posible que sí, pero también ha habido lo contrario. Por ejemplo, en las elecciones que se hacen en 1946, en 1947 y en 1963 la participación fue casi total. En 1941 fue proclamada la candidatura de Rómulo Gallegos. Quienes la lanzaron sabían muy bien que era simbólica, que la elección ya estaba hecha, pero querían enviar un mensaje. El mérito histórico de Gallegos es haber sido el caballo de Troya de ese mensaje.

—*Si el país no lo entiende, el gesto ético no vale la pena...*

—Nadie puede estar seguro de cuál será el resultado de un gesto ético. En 1941 el propósito era decirles a los venezolanos no solo que había una alternativa de naturaleza diferente –militar contra civil; Gobierno contra oposición–, sino que también la candidatura simbólica sería el estímulo para el desarrollo de un movimiento político, de un partido. Es lo que permite que AD se convierta en un partido de masas, «en el partido del pueblo». La candidatura de Manuel Rosales la entendí de esa manera. Cuando los partidos políticos presentan un avanzado grado de deterioro, no de desaparición, la solución es la gestión de movimientos que tienen como fin mantener vivas ciertas actitudes sociales, estimular en la sociedad una capacidad de resistencia, hacer renacer en la gente la esperanza o la certidumbre de que pueden salir de una situación crítica. En la Venezuela contemporánea ha habido tres partidos políticos históricos: el Partido Comunista, fundado en 1930, dentro del ámbito de la Tercera Internacional, que fue devorado por la historia y lo que le quedan son los restos de un gran naufragio. Los otros partidos son el socialdemócrata AD, y el socialcristiano Copei, que sobreviven y están retomando fuerza, resurgiendo. Tienen futuro. Se corresponden con posiciones troncales de la sociedad. No son el resultado de la idea de un grupo de iluminados que inventan utopías. En el mundo contemporáneo es muy difícil innovar con respecto al socialcristianismo y a la socialdemocracia. La crisis planetaria del socialismo ha significado un acercamiento con un liberalismo avanzado. Todavía no se ha producido una adecuación del socialismo a la sociedad del siglo XX-XXI. Cuando Mijaíl Gorbachov habló del glásnost y de la perestroika, buscaba abrir el socialismo hacia las savias del liberalismo entroncadas con los derechos humanos. No se trataba de acabar con el socialismo sino de cauterizar el leninismo y el estalinismo. Cuando el papa Juan Pablo II dijo que la derrota del comunismo no significaba el triunfo del capitalismo daba una explicación ética, espiritual. El socialcristianismo y la socialdemocracia aparecen hoy como los caminos posibles, las dos líneas fundamentales de una reformulación del socialismo como proposición ideológico-política. El venezolano que necesite ubicarse políticamente escogerá indefectiblemente una de estas dos corrientes. No importa cómo se van a llamar ni si mantendrán el nombre. Lo importante es lo que representan como alternativa.

—¿*Y el socialismo del siglo XXI?*

—El socialismo del siglo XXI es otra demostración de la crasa ignorancia de quienes creen que el socialismo puede ser objeto de simple voluntarismo. Si alguna proposición ideológica puede ser catalogada de histórica es el socialismo. El socialismo en su nacimiento, en la primera mitad del siglo XIX, es una reacción de la sociedad contra los excesos tremendos de la Revolución Industrial naciente, que tenía al hombre sometido a una situación en la que sus valores se habían degradado de forma implacable. Ese socialismo tiene una raíz histórica muy profunda. Su único paralelo es el liberalismo. La socialdemocracia es una derivación de estas dos corrientes absolutas, al igual que el socialcristianismo. Ambas han adquirido una firmeza histórica superior.

A casi un siglo de su aparición no se ve la posibilidad de otra vía ni de la famosa tercera vía. Si vemos las cosas con un criterio totalizador, encontramos que hay una versión en Europa y algo muy extraño en el Lejano Oriente, donde están pasando de un socialismo primitivo y drástico a una especie de contemporización con un universo económico negador de ese socialismo.

—*¿Por qué hablar de socialismo del siglo XXI es una demostración de crasa ignorancia? La vida no se hace con un libro de historia en la mano.*

—Leninismo, fascismo y nacionalsocialismo son derivaciones del socialismo. También la socialdemocracia es una derivación del socialismo. Surgió, tanto en América como en Europa, durante la Segunda Guerra Mundial, de la pugna del capitalismo puro con esas derivaciones del socialismo. Los instrumentos, las grandes escrituras de este cambio, que lamentablemente nuestro sistema educativo no menciona ni estudia, son la Doctrina de las Cuatro Libertades[1], enunciada por el presidente Franklin D. Roosevelt, que consagra todos los elementos de la socialdemocracia, y la Carta del Atlántico[2], que determina no solo el respeto de esos valores sino también la autodeterminación de los pueblos para

---

1 El 6 de enero de 1941 el presidente Franklin D. Roosevelt pronunció un discurso ante el Congreso de Estados Unidos, y entre otras cosas dijo que los Estados Unidos esperaban un mundo fundado sobre cuatro libertades esenciales: I. Libertad de palabra; II. Libertad de cultos; III. Libertad de trabajo; IV. Libertad de eludir el temor. En otras palabras: I. Libertad para expresar sus ideas; II. Libertad para adorar a Dios en la forma preferida; III. Libertad para elegir la forma de trabajar a fin de no padecer necesidad; IV. Libertad de evitar todo aquello que haga que la gente sufra algún temor.

2 El presidente Franklin D. Roosevelt y el primer ministro de Gran Bretaña, Winston Churchill, en agosto de 1941 se reunieron durante cinco días en varios barcos de guerra en la bahía de Argentia, en Terranova, y aprobaron una declaración de propósitos en la guerra contra la Alemania nazi que se denominó la Carta del Atlántico, y que se concretaba en ocho puntos: 1. Ninguna de las dos naciones buscaba anexión territorial alguna; 2. Deseaban que no hubiera ningún cambio territorial, excepto si se hacía con el asentimiento de los pueblos afectados; 3. Respetaban el derecho de los pueblos de elegir su propia forma de gobierno y propugnaban que los derechos de soberanía fueran devueltos a los pueblos a los que se les había arrebatado; 4. Trataban de promover un acceso igual de todos los Estados al comercio y las materias primas; 5. Confían en promover una colaboración mundial para mejorar las condiciones laborales, el desarrollo económico y las condiciones sociales; 6. Tras la derrota de la «tiranía nazi», buscarían que se aprobara una paz para que las naciones pudieran vivir con seguridad dentro de sus fronteras; 7. Esa paz garantizaría la libertad de navegación en los mares; y 8. En la espera de la consecución de una seguridad colectiva basada en la renuncia a la fuerza, los agresores potenciales tendrían que ser desarmados. Esta Carta del Atlántico fue posteriormente incorporada a la Declaración de las Naciones Unidas aprobada el 1 de enero de 1942.

realizarlos. El mundo moderno se levanta sobre los valores esbozados en esos dos documentos. De allí viene la derrota del nazismo y del fascismo, el aislamiento del fanatismo ideológico y la derrota de la Unión Soviética en la Guerra Fría. También la descolonización, que es uno de los fenómenos más importantes de la segunda mitad del siglo XX. Bien sea por la vía administrativa o por la vía política, la descolonización dejó sin argumentos lo que se llamaba la lucha de los pueblos por la independencia nacional. Los documentos básicos de orden institucional, después de la Segunda Guerra Mundial –lo acordado en Teherán, en Yalta y en Potsdam– se basan en la Carta del Atlántico. En la Segunda Guerra Mundial aparece también el socialcristianismo como alternativa frente al comunismo que parecía avanzar de manera avasallante. En Venezuela, el socialcristianismo tiene raíces históricas muy remotas. En 1854, seis años después de haberse publicado el *Manifiesto Comunista*, un venezolano llamado Ramón Ramírez escribió *El cristianismo y la libertad*, un texto en el que argumentaba que ni el liberalismo ni el socialismo, mucho menos el comunismo, tenían razón de ser, porque sus valores éticos y morales estaban contenidos en el cristianismo bien entendido y bien practicado. De ese libro se publicaron quizás 250 ejemplares, casi no circuló, y pronto fue olvidado. Yo encontré un ejemplar en Barquisimeto, en la biblioteca de un tío lejano. Me impresionó que ese libro fuese publicado en Venezuela en esa época. Demostraba una altísima contemporaneidad con un debate naciente en Europa. Es de una actualidad pasmosa. Cuando hace quince años, o un poco más, hablé de ese libro en un seminario en el Vaticano sobre la importancia del pensamiento religioso en el siglo XIX, me preguntaban si ese libro era original o si era una traducción. No podían creer que un pensador venezolano tuviese esa visión y la concretara en un libro, no en un artículo. Estaban asombrados; yo tanto como ellos. En definitiva, el socialcristianismo en Venezuela no nace de la voluntad de un hombre o de un grupito. Rafael Caldera fundó Copei, el partido socialcristiano, pero eso cuajó porque se correspondía con una corriente ideológica subyacente. Si hubiera sido una ilusión de escritorio se habría quedado en el escritorio. Los partidos no se fundan con simple voluntad. El cementerio de los partidos es grande. Me he preguntado mucho sobre el momento que estamos viviendo en Venezuela, y casi he llegado a la conclusión de que nos estamos dejando dominar por una percepción inmediatista del presente, que nos lleva a poner todo el esfuerzo en la concepción de tácticas para afrontar situaciones. Se olvida que ninguna táctica es viable si no está encuadrada en una estrategia; y la estrategia solo es posible definirla en función de un período relativamente largo. No hay estrategia para lo inmediato. Para eso hay tácticas. La estrategia requiere una visión más amplia.

—*También debe haber dirigentes. AD tuvo a Rómulo Betancourt, Copei a Caldera... ¿Cuáles son los líderes de hoy?*

—¿Qué tal si los venezolanos estuviéramos aprendiendo a no seguir hombres, sino a seguir nuestra aspiración de libertad y democracia? Es muy posible que a porrazos la historia nos haya puesto en el trance de aprender que debemos seguir nuestra capacidad ciudadana para determinar el ejercicio de la libertad, en procura de nuestro bienestar, y que prevalezcan los objetivos sociales sobre los individuales.

—*Betancourt decía que la democracia era que la gente pensara por sí misma.*

—Yo he dicho, aunque mi querido amigo Manuel Caballero proteste, que Betancourt es el padre de la democracia moderna en Venezuela o de la democracia a la venezolana, como uno lo quiera decir, pero no porque fue la única persona que concibió aquella idea y la llevó a la práctica. No. Betancourt sintetizó el pensamiento de un grupo razonablemente amplio, autóctono, y lo concretó en una voluntad política. Fue el representativo de esa aspiración.

—*También se dice que Caldera es un invento de Betancourt.*

—Que Betancourt haya inventado a Caldera me suena tendencioso, pero no deja de tener un fondo importante. El pensamiento de Betancourt era genuinamente democrático. Entendía, así lo demostró, que cualquiera que fuese el color del gobierno se necesitaba una oposición. Betancourt, que era un hombre mucho más leído, enterado y capaz de lo que le reconocen sus opositores, comprendió que la socialdemocracia nació en antagonismo con algo que estaba en su origen, pero que era un enemigo irreconciliable, no un simple adversario político: el Partido Comunista, enemigo de Betancourt y de la socialdemocracia. El régimen democrático necesitaba una alternativa política, que fuese convincente, genuina y capaz de representar una posibilidad de acceso al poder. Hecho el cuadro de la sociedad de la época, Betancourt, un adversario muy duro de la Iglesia, entendió que en Venezuela había un fondo de pensamiento cristiano-católico sólidamente arraigado, que no tenía inconveniente en conciliar con la democracia, pero que básicamente se diferenciaba de lo que podíamos llamar el anticlericalismo, que mucha gente veía en la socialdemocracia, por su reacción contra el vínculo de la Iglesia con el gomecismo. El cuadro fue claro para Betancourt. La posibilidad de un pensamiento democrático, asociado a ese fondo cristiano-católico de una manera más expresa y expedita que en AD, era la alternativa apropiada para un régimen democrático. Desde ese punto de vista, impedir la radicalización de Copei y hasta entrenarlo en el manejo de la cosa pública fue una demostración del genuino genio democrático de Betancourt. Esa apertura no la hubo nunca con el Partido Comunista, al que siempre consideró enemigo de la democracia, y no de una manera equivocada. No hubo nada de casual ni de fortuito ni de simpatía personal en la escogencia de Copei como el partido adversario, fue un cálculo político responsable.

—*¿No había posibilidades de que Copei se convirtiera en falangista?*

—Al finalizar la Segunda Guerra Mundial, si bien no hay una especie de intervención en España, se concreta un aislamiento efectivo del régimen fascista. Estados Unidos utilizó a España como base militar contra Rusia, pero en ningún momento le dio beligerancia al falangismo como concepción de Estado. Los socialcristianos venezolanos, los cristianos-católicos, habían demostrado entre 1946 y 1948 que se ubicaban dentro del lineamiento democrático.

—*¿Cómo llegamos a esta incapacidad de escucharnos, y permitimos que los dinosaurios tomaran el poder?*

—Todavía hay un segmento de súbditos muy grande en la sociedad venezolana.

—*¿Eso explica la aceptación del dinosaurio?*

—No, eso explica la gestación del dinosaurio, que utiliza perversamente los canales de la modernidad para establecerse. Aterra imaginar lo que habría hecho Hitler si hubiese tenido televisión. Un profesor alemán me decía que Hitler tenía dos virtudes que sus adversarios le niegan o desconocen: «Primero, que era un hombre que manejaba de una manera extraordinaria el idioma alemán; segundo, que era ducho en que ese idioma transmitiera no sólo contenidos sino también sentimientos». Me dijo que tuvo la ocasión de escucharlo, no en la radio o en películas, sino en vivo, y constató que en verdad la gente quedaba transportada, sumida en una sensación de poder, de dominación. Hitler les obnubilaba la razón.

—*¿Usted ha ido a un mitin de Chávez?*

—No, pero lo he escuchado. En la televisión se ve que la gente camina, habla, bebe de una botella y se aburre. Nadie o muy pocos le prestan atención. Estos dinosaurios se valen de métodos y de instrumentos modernos. La fuerza más grande de Chávez no se percibe en los mítines, sino en la televisión. He hecho la prueba de seguir un discurso suyo oyéndolo y luego quitándole el sonido, también oyendo el sonido sin la imagen. He llegado a una conclusión que me da escalofríos. Eso que exhibe como chabacanería, su apelación a los bajos fondos de la conciencia venezolana, tiene una eficacia tremenda. Cuando Chávez transmite esa imagen de falso poderío, de una presunta capacidad de afrontarlo todo, saquea los bajos fondos de la conciencia histórica del venezolano y la utiliza de una forma perversa. Gracias a los medios de comunicación masiva, que Chávez tiene a su plena disposición, el hombre común se siente en diálogo con él; pero no porque pueda hablar con él, sino porque Chávez se mete en el hombre común y le saca esa hez ideológico-pseudohistórica. Los venezolanos tenemos medio siglo de adoctrinamiento dentro de la concepción del imperialismo y el antiimperialismo, y aun cuando pensemos de otra manera, aquello todavía se mantiene en la base. Cuando Chávez habla del imperio, cuando aparece como el hombre capaz de comprometer nuestra existencia, porque se proclama capaz de derrotar el imperialismo, quien escucha se siente obligado con él. Hasta la gente de oposición comete el grave error de querer presentarse como antiimperialista, cuando el único bastión real de enfrentamiento a este régimen es Estados Unidos. Es el único país que no le ha dado audiencia a Chávez. Todos los demás lo han hecho. ¿Vamos a condenar a Estados Unidos? ¿En nombre de qué, de que se oponen a los que nos oprimen a nosotros? No. ¿Vamos a ser partidarios en la lucha contra quienes están combatiendo a los mismos que combatimos nosotros? Sería una estupidez llevada al extremo. No hay que competir en las masas con la idea del antiimperialismo. No está operando el convencimiento ni la razón. La gente que aplaude a Chávez ni siquiera oye, ya no le interesa. No le interesan las palabras. Lo que ha quedado grabado es la imagen de un hombre que por fin se enfrenta al imperialismo. Es tan eficaz en la transmisión de ese mensaje que uno encuentra cantidad de gente que le atribuye más importancia a una declaración antiimperialista de Chávez que a la nacionalización del petróleo por Carlos Andrés Pérez. Haber nacionalizado el petróleo no parece un acto antiimperialista comparado con las frases y las baladronadas de un régimen que, sin embargo, no tiene capacidad de actuación alguna con respecto al imperialismo, como no sea atropellar una empresa o prohibir la importación de muñecas Barbie. Nada. Sin embargo, la gente repite: «Chávez es un antiimperialista», porque lo que está en juego es la credulidad y la superstición de un pueblo.

—*¿Es un aprovechamiento institucional o personal de Chávez?*

—Cuando yo hablo del régimen, no lo personalizo en Chávez. Lo que tenemos en Venezuela es un apoderamiento del Estado y el asalto de la administración pública, a través de la vía democrática, por un grupo de militares tradicionalistas, que tiene a su servicio a los sobrevivientes del socialismo autocrático. Estamos bajo el primer régimen genuinamente militar de la historia de Venezuela.

—*¿Militar o militarista?*

—Los teóricos políticos niegan que lo nuestro sea militarismo, porque no es como el prusiano. No. Dejémonos de tonterías, es militarismo venezolano. Esta gente, por primera vez en nuestra historia, ha reunido el poder y la administración. Hasta ahora, incluido Pérez Jiménez, en las dictaduras se diferenciaba entre el poder y la administración. El poder quedaba en manos del sector militar y la administración en manos de personas que pudiesen garantizar cierto grado de eficiencia. Ahora ponen a un sargento a dirigir el IVIC o cualquier otra institución. Creen que ellos son los que garantizan orden y eficacia. Nos gobierna un genuino régimen militar-militarista, y esa es la causa de su fracaso. Los militares son muy buenos para apoderarse del poder, pero no pueden administrar ni siquiera la Fuerza Armada. Chávez mandó diez batallones a la frontera y tuvieron que salir a buscar quien les vendiera los sándwiches a los soldados. No pudieron garantizar el rancho a la tropa. No son capaces de administrar la FAN, pero pretenden administrar el país. Además, no administran los dineros públicos, sino que los malversan. No los usan en los fines que deben, sino para el enriquecimiento propio y para la promoción de propuestas políticas más vinculadas con una visión trasnochada del momento histórico que con una concepción marxista del desarrollo histórico. No son marxistas, son estalinistas.

IV

No fue fácil encontrar el camino. Antes de ingresar en la Escuela de Ciencias Políticas, Carrera Damas supuso que la Geografía era su vocación. Buscaba una vía. No sabía muy bien qué le interesaba. En Derecho, le atraían las materias que no formaban parte de la profesión; pero cuando se referían a lo estrictamente jurídico, entendía que eso no era lo suyo. Llegó a la Escuela de Geografía por la vía de la geografía humana, pero le pasó lo mismo. En la visión global se sentía muy bien, pero cuando entraba en Cartografía y esas cosas, se daba cuenta de la equivocación. Presentó el examen de admisión en la Escuela de Ciencias Políticas y estuvo un año. Interrumpió.

—Nos mudamos a México, y estuve en la Escuela de Economía dos años y medio.

—*¿Se lo pidió el partido?*

—No. Era lo que me atraía. Ahí me di cuenta de que la Historia era lo que me interesaba, no las profesiones. Mi papá se desesperaba. Veía que me pasaba el día estudiando y no terminaba nada. Tenía razón. Ingresé en la Escuela de Historia. Todo lo que había estudiado antes me sirvió de mucho, porque pude presentar exámenes de suficiencia y en vez de hacer la carrera en cinco años la terminé en tres.

—*¿Por qué se fueron a México?*

—La Guerra de Corea y el cerco de Berlín hicieron que reinara en Europa la conciencia de que era inminente el estallido de otra guerra mundial. Nos daba mucho temor, sobre todo por nuestros padres, que ya tenían una edad bastante avanzada, que nos viéramos envueltos en una situación de la cual no habría salida. Optamos por irnos de Francia, pero no era posible regresar a Venezuela, estaba la dictadura de Pérez Jiménez. México fue la opción y llegué inserto en el esquema del Partido Comunista, tanto de los asilados venezolanos comunistas como de los mexicanos. Fui uno de los miembros clandestinos del comité del Distrito Federal del Partido Comunista de México. En 1955 llegó Gustavo Machado, con quien hice muy buena amistad. Un hombre culto y de buen corazón. Trabajé con él en el periódico *Noticias de Venezuela*, en el que también colaboraban Pedro Beroes, Ernesto Silva Tellería, Fernando Key Sánchez. Cada día me sentía más en contradicción con lo que concebía como el hombre libre y el militante. Ahí intervenía el señor Lenin. La militancia como alienación. La militancia exige que uno haga concesión del grado de autonomía, de la libertad, en los dos órdenes que más me afectaban: el espiritual y el intelectual. En lo intelectual, que mi visión de mi historia estuviera sujeta a lo que podríamos llamar la historia oficial de Venezuela que manejaban personas cuya autoridad como historiadores era para mí más cuestionable. Por ejemplo, Eduardo Machado, que era un hombre absolutamente ignorante; Carlos Augusto León, poeta malo, peor historiador, aunque persona agradable; Federico Brito Figueroa, que no pasó de ser un panfletista ideológico, y que no me merece ningún respeto como historiador. Me informaron que las cosas que yo comenzaba a escribir debían ser aprobadas por esta especie de gran cenáculo de historiadores. Tasqué el freno, no podía funcionar. También se me quiso sustituir la mentalidad religiosa que yo podía tener, que no la tenía, nunca he sido religioso, por el culto a Stalin. Después entendí que los hombres actúan más por las creencias que por las ideas, pero entonces creía que eran las ideas las que movían a los hombres. Cuando se me quiso sustituir la conciencia religiosa atávica, porque todos los venezolanos somos cristianos católicos, por esencia, aunque no lo practiquemos, para reemplazarla por el culto a Stalin, sentí que se me privaba de la otra porción de mi libertad. Las tres libertades que para mí constituían el hombre nuevo eran seriamente afectadas: la militancia, la profesión y lo espiritual. Comenzó mi distanciamiento del Partido Comunista como un problema interno mío. Obviamente, no podía separarme estando en el exilio, lo habría visto como una deserción y difícilmente podía yo explicarme las razones de esa deserción. Vivía muy precariamente en México. Yo era un trabajador clandestino y ganaba cuatro centavos. Cuando cayó Pérez Jiménez, regresé repatriado. A alguien se le ocurrió que Aeropostal enviara un avión para traer a los exiliados que no tenían con qué pagarse el pasaje. En el vuelo decidí que comenzaba una nueva vida: ser un historiador, no un profesor de Historia, para eso me había preparado.

—¿*Estaba en la UCV cuando comenzó la lucha armada?*

—Ya no era miembro del Partido Comunista, tampoco era enemigo. No podía serlo, a menos de que convirtiera mi experiencia en un motivo de agravio o de despecho. No era así, me había dotado de una serie de instrumentos, de elementos de análisis y experiencias que como historiador todavía valoro como algo muy importante para comprender procesos históricos complejos. No podía abjurar de aquel pasado, en un sentido esencial, sí en el sentido político. Cuando Gustavo Machado pasó a ser director de *Tribuna Popular*, me llamó para nombrarme jefe de redacción. Recuerdo su cara de decepción cuando le dije que había decidido ser un historiador, y que ser comunista, marxista, era secundario. Le dejé claro que no quería ser un comunista marxista historiador, una diferencia esencial.

—*La lucha armada…*

—La razón histórica me indicaba que después de ciento cincuenta años predicando la república liberal, y habiendo vivido la experiencia de la primera república liberal democrática, era totalmente absurdo que viniera alguien a decir que eso no valía nada y que lo importante era la salida cubana, todavía no se le decía socialismo. No tenía posibilidades de triunfo, se contradecía la línea evolutiva de la sociedad venezolana. Un día, recién comenzada la lucha armada, me fueron a buscar Eduardo Machado, Guillermo García Ponce y una tercera persona que tiene mi respeto hoy y no voy a decir su nombre. Me dijeron que era muy importante para la revolución que los historiadores trabajáramos sobre el fundamento histórico del movimiento armado. Los escuché y después les dije: «Tengo una gran dificultad. Hace tiempo decidí que como historiador diría lo que veía y no lo que me dictaran autoridades. No porque crea que tengo la verdad, sino porque necesito tener la seguridad de que estoy actuando en el ejercicio de mi libertad intelectual. No puedo escribir sobre algo que no comparto. No creo que la lucha armada en Venezuela tenga perspectivas, ni que se corresponda con la evolución histórica de esta sociedad». Se disgustaron muchísimo. Eduardo Machado, que es un hombre ignaro y violento, me dijo:

«Tú eres un liberal podrido». Solo le respondí que le agradecía que me hubiese dado mi definición. «Soy un liberal podrido».

—¿Por qué de una manera tan inexplicable se decide emular la vía cubana para tomar el poder? ¿Fue una orden de Moscú?

—Yo conocí a esos hombres muy de cerca, en el exilio y en el PCV. En ellos había una mezcla de circunstancias, de factores. Había una convicción ideológica en algunos de ellos, por ejemplo, Fernando Key Sánchez, que era un ingeniero capaz, que en México encontró una valoración muy alta como asesor en obras hidráulicas. Era un militante convencido y absoluto, pero eso era la excepción. En general, prevalecía más el grupo de la gente que no había logrado desarrollarse, no tanto profesionalmente como intelectualmente, y tenían el partido de salvavidas, tenían todas las cosas resueltas. Había también hombres que reflejaban la gran frustración que les causaba no haber llegado al poder, cuando otros que consideraban con menos títulos sí habían llegado, concretamente Rómulo Betancourt. Desde 1928, Betancourt y Machado tenían un enfrentamiento profundo. Se dijeron cosas terribles. Aquella persona culta y grata que era Gustavo Machado reaccionaba de una forma rencorosa cuando escuchaba el apellido Betancourt. Quizás no me daba cuenta muy bien en aquel momento, pero después lo comprendí y lo viví como experiencia. No hay nada peor que ser parte de una secta (el Partido Comunista tendía a convertirse en una secta) y abandonarla y no inspirar lástima. Tener éxito es peor todavía. Si abandonas la secta y te conviertes en un detritus inmoral, aguardentoso, muy bien, eres tolerable, y hasta te ven con benevolencia; pero si sales de la secta y logras mantener una vida de firmeza y de claridad y de desarrollo, pero sobre todo si tienes éxitos que los de la secta no logran alcanzar, te vuelves una persona despreciable. Ese papel lo desempeñó Betancourt. Yo creo que el deseo de sorprender el poder era la respuesta de algunos de estos hombres a la frustración que les causó que Betancourt el 18 de octubre de 1945 se atreviera a arriesgar el pellejo para poner en contacto lo tradicional, como forma de acceso al poder, con lo nuevo, la instauración de un régimen liberal democrático, con lo que demostró un alto nivel de creatividad. Si hubiera sido coherente, como se decía, habría dicho: «Yo con los militares no voy ni a tomar una copa»; pero fue lo suficientemente realista y pragmático como para entender que el desarrollo de la nueva república requería la utilización creativa de los viejos instrumentos. Ese acto, que considero eminentemente marxista, ponía a Betancourt en un nivel que para esta gente era de reproche constante. Como Betancourt acentuó aquello con una militancia anticomunista real y efectiva, se convirtió en el símbolo del mal. Había tenido éxito y seguía teniendo éxito. En consecuencia, cuando surge la primera oportunidad de sorprender el poder, partiendo de dos elementos: por un lado, el grado de efervescencia que se vivía en Venezuela y la poca integración política de la sociedad; y por otro, la infiltración del Ejército por militantes del Partido Comunista, intentaron hacer lo mismo que Betancourt en 1945, y se lanzaron por esa vía: el Carupanazo, el Porteñazo, y otras asonadas militares. Hubo una circunstancia internacional y hubo una visión política del criterio de oportunidad, pero hubo también un cierto arreglo de cuentas con el pasado. La idea fundamental era destruir a Rómulo Betancourt, que era el enemigo. Aquello fue tan escaso de altura y de política intelectual como lo fue después la venganza de Escovar Salom contra Pérez, aunque podía tener en apariencia una justificación ideológica e incluso legal. Betancourt había añadido, además, el gran delito que fue el Pacto de Puntofijo, concebido de manera tal que el PCV podía adherirse pero no era uno de los organizadores de la fiesta, no se le reconocía como parte fundamental del estrellato. Betancourt había reforzado su posición contra el PCV por la conducta ambigua que los camaradas asumieron a partir del 24 de noviembre de 1948, que no fue de clara condena de la ruptura con la soberanía popular, nada de eso, sino que significaba salir de los adecos; y los adecos eran Rómulo Betancourt. Se podrá decir que caigo en una interpretación individualista de la historia, pero no. Creo que también los individuos juegan en la historia en la medida que representan mucho más que su propia individualidad. Betancourt era el hombre que representaba toda la orientación que se venía siguiendo desde 1945.

—*¿Y ahora es Chávez?*

—Ha habido un cambio en la estrategia política del grupo militar que controla y domina tanto el Estado como la administración pública. Al principio enarbolaban la bandera de la genuina y auténtica democracia; decían que su plan era mejorar la democracia. Luego se olvidaron de eso y declararon que su función era realizar el mandato de Bolívar:

la grandeza de la patria, etc. Más tarde dejaron de lado el mandato de Bolívar y crearon una nueva máscara: «el socialismo del siglo XXI». En este cambio de fachada pseudoideológica ha habido algo de continuidad: el propósito de demoler la República para instaurar una forma de Estado que no es nueva y que tiene un doble carácter: en primer lugar, no ya sustituir ni secuestrar, sino literalmente borrar el concepto de soberanía popular; y, en segundo lugar, la destrucción de la República. Algo que fue posible en Cuba y no es tan fácil en Venezuela. En Cuba no había una república qué demoler. Fidel montó aquel engaño que consistía en privar de toda legitimidad histórica a la República. Hablaba de «republiqueta», algo desechable, desdeñable. Con eso decían que nunca había habido una república; en consecuencia, la instauración de su modalidad de dictadura, pretendidamente ideologizada y novedosa, no significaba demoler algo que existía sino darle autenticidad a la situación presente en la sociedad. El caso venezolano es diferente porque sí había logrado estructurarse como república; y es más, a partir de 1945, como una república liberal democrática. Ha habido tres signos recientes, cuando menos, que tienden a completar este cuadro, y que muestran la intención de demoler la República e instituir una nueva forma de Estado. En primer lugar, ya se montó, mediante decreto, el aparato de control militar de la sociedad, que significa la marginación del poder civil: los superestados militares, especie de virreinatos, que superan la estructura jurídico-institucional republicana. Sus jefes militares no solo van a tener un mandato específicamente militar, sino que también tienen entre sus funciones participar en la promoción de la sociedad y en el desarrollo de la nación. En consecuencia, ellos van a vincular la función de gobierno con un centro de mando militar, que es el jefe del Estado ascendido a general en jefe. Habrá, pues, un poder central absoluto y sus procónsules. La subordinación del poder militar al poder civil desaparecerá. La segunda cosa es la búsqueda del aislamiento de Venezuela. El cerco sobre tres bases: uno, la alianza con poderes que de hecho significan una ruptura con el marco eurooccidental en el que Venezuela se ha desarrollado históricamente, como las alianzas con el mundo musulmán, que no es tanto tender puentes sino romper los anteriores. La otra cosa es negar, por principio, atención y significación a la opinión pública, tanto nacional como internacional. El régimen desprecia la opinión pública. Nada se dice en Venezuela que merezca la atención del Estado, del Gobierno, todos son asuntos internos que se manejan de una manera absolutamente exclusiva por el centro del poder. El perfeccionamiento del cerco a la sociedad venezolana le permitiría al régimen, en nombre de la independencia y de la soberanía, suprimir la libertad en las áreas en que todavía sobrevive. Un paso necesario para la instauración de ese régimen, de ese Estado pseudosocialista, que en verdad no es sino una reedición de la más rancia dictadura militar, podría ser empujar al país a una situación de rebeldía, de violencia, que estaría prevista en este esquema de dominación militar. Las amenazas son muy claras.

—*¿Estamos jaque mate?*

—No, pero somos llevados a una situación en la que la única salida es contraria a algo que constituye el tesoro de la sociedad venezolana: la conciencia democrática, porque solo dejaría como alternativa soluciones de carácter no democrático.

—*¿La vía armada?*

—La violencia. Puede ser la protesta civil, las manifestaciones, cualquier cosa, que significaría una grave crisis para esa conciencia democrática formada a lo largo de cincuenta años y que está presente en una porción determinante de la sociedad venezolana. La empujan hacia eso sin tener la preparación para resistir ni para poder dar una pelea en ese terreno. Han montado todo este aparato, que distribuye cuarenta mil fusiles entre esa juventud fervorosa, que amenaza con matar a unos y otros, con incendiar el país. Frente a ese aparato militar existen unos partidos que apenas comienzan a renacer; movimientos de carácter cívico sin estructuración ni organización. Dejo en el tintero un pequeño detalle: las purgas preventivas y reiteradas de la Fuerza Armada, que descartan a los militares que no se han mostrado fervorosos partidarios del régimen. No solo se busca amedrentar a la clase media, que es el corazón de la democracia, acusándola de conspiradora, sino que han inventado nuevas formas de delito, con el agravante de que antes regía el principio de que toda persona es inocente hasta probarse lo contrario. La carga de la prueba le correspondía a quien imputaba el delito, pero ahora cambió: corresponde a la persona imputada probar su inocencia. Cuando el Gobierno dice que Nixon Moreno quizás no disparó, pero que él sabe quién disparó, se pretende que Nixon Moreno acuse a alguien, con lo que releva a la autoridad de la obligación de acusar. Algo monstruoso. Se echa por tierra la fundamentación del derecho positivo, y se acoge lo que existía en los tribunales nazis y en los tribunales estalinianos: el acusado no tenía nada que probar, pues su culpabilidad ya estaba demostrada. Lo que quedaba estaba sujeto a la gracia del que condenaba: ordenar que lo ahorcaran o que lo enviaran al *gulag*. También le ponían discretamente en el calabozo una pistola con una sola bala para que se autoejecutara. No era suicidio sino autoejecución, un autocastigo por no haber sido suficientemente revolucionario. A eso estamos llegando, que es demoler la base misma de la República.

—*¿Y la soberanía popular?*

—Ha sido sustituida. Cuando quien ejerce el mando dice: «Yo no soy yo, yo soy el pueblo», quiere decir que él es la soberanía popular. En consecuencia, por medios mágicos se ausculta la voluntad de sí mismo, a medianoche o cuando quiera, y lo que decida es la voluntad popular, el deseo más recóndito del pueblo. Chávez se ha topado con el único y genuino poder de una sociedad liberal democrática: la soberanía popular. Todo lo demás son adherencias o adyacencias al poder esencial. La soberanía popular vivió un momento de desconcierto, de vacilación y duda. Los pueblos no son inocentes de sus propias culpas. No siempre el pueblo tiene razón, como afirmó una vez el doctor Rafael Caldera para preservar su futuro. Como no tengo futuro político que preservar, como historiador digo que los pueblos sí se equivocan y lo pagan caro, y muchas veces de una manera muy prolongada. Hubo una crisis de la soberanía popular, pero hay diferencias entre un accidente y la línea de continuidad histórica. La larga marcha de la sociedad venezolana hacia la democracia es una constante. Su signo más visible es el decreto de garantía del general Falcón, en 1863, redactado por Antonio Guzmán Blanco, aunque parezca irónico. Desde entonces es constante la marcha de la sociedad venezolana hacia la democracia. No hay elementos fácticos, acontecimientos, que permitan determinar qué va a resultar de este enfrentamiento, pero no me cabe duda de que el enfrentamiento será generalizado y hasta enconado.

—*Usted ha repetido que Chávez traía una agenda secreta. ¿Por qué la dirigencia política no se ha percatado de esa realidad y sigue viendo a Chávez como otro gobierno malo? También un sector importante de la población cree que este es otro mal gobierno…*

—Le temo a la respuesta de esa pregunta. El acto de afirmación de la democracia se ha mantenido desde que comenzó este régimen. Ese bloque no se ha debilitado, se ha renovado y enriquecido. Cuando, por ejemplo, en Delta Amacuro, donde el único empleador es el Estado y si se pierde un carguito, aunque sea de barrendero, es condenarse a la miseria, se debe pensar con un criterio de supervivencia. Lo que quiere decir que ganar un sueldo significa perder la libertad, y se entra en un estado de servidumbre ineludible. El más sagrado de los derechos humanos es no dejarse morir de hambre. No figura en los códigos, pero es el más sagrado de los derechos humanos. Si multiplicamos eso por dos millones y pico de empleados públicos que hay en Venezuela, y también ponemos al lado que el sector privado ofrece muy pocas posibilidades de empleo, habría que plantearse cuántos de ellos expresan una decisión libre, legítima y de convicción cuando está dentro de esta relación de coacción, de presión, de necesidad, etc. Eso no es casual. La intención de destruir la empresa privada es para que el individuo sea un dependiente directo del Estado. Un mendicante, que no pueda ejercer su libertad, no por convicción sino porque su sustento depende del Estado. Cada día me es más obligante concluir que nuestra clase política se ha planteado dos cuestiones básicas: una, su reconstrucción como fuerza política y su reorientación como propuesta de carácter teórico-doctrinario. La crisis de los partidos políticos ha sido tan profunda que prevalece la preocupación de reconstruirse como partidos políticos, como maquinarias, como estructuras, y descuidan, desatienden, la razón de ser de esa fuerza política, el para qué. En las últimas décadas hubo, tanto en AD como en Copei, una pérdida de atención en lo que llamaríamos el fundamento doctrinario de la democracia. Cuando la lucha ideológica debió ser una fuerte reafirmación de la doctrina liberal democrática, asumieron una posición defensiva y hasta diría que cobardona. Quizás por aquel concepto malentendido de la democracia, que dice que hay que respetar la opinión ajena, que todos tenemos derecho a expresarnos, algo que es sustantivo de la democracia. Sin embargo, el ejercicio de la tolerancia democrática mal entendida mina la fuerza de la propia democracia. Los partidos abandonaron la concepción pedagógica del poder, el poder para formar ciudadanos, y se convirtieron en máquinas de usufructo de poder. La inauguración de la última turbina del Guri, durante el gobierno de Pérez, fue un hecho extraordinario, un acontecimiento histórico de gran importancia, no una simple medida administrativa, técnica. Era la demostración palmaria de la capacidad de la sociedad venezolana para realizar una obra gigantesca, en una continuidad de treinta años de esfuerzo. Una afirmación de la república liberal democrática insuperable. ¿Por qué no fue un acontecimiento nacional? ¿Por miopes? No, por ciegos. Se fue creando una situación en la que el Guri y la nacionalización del petróleo eran vistos como hechos secundarios. La democracia no radica solo en la posibilidad de depositar un voto. No. Eso es apenas un aspecto de todo el proceso que es la democracia y el conjunto de valores que implica. También desapareció el debate doctrinario. Es raro el dirigente político que escribe y opina sobre algo que vaya más allá de lo inmediato, de lo circunstancial. Ha habido una incapacidad de cumplir una función de pedagogía democrática. Nuestros dirigentes políticos no solo perdieron el rumbo, sino que tampoco estudiaron o leyeron su propia historia.

—*¿También el mundo académico, los colegios profesionales y el mundo empresarial?*

—Lo digo con dolor y tristeza, en vez de alegría. Al poco tiempo de fundarse la Copre, en 1984, yo despertaba sonrisas benévolas porque decía que, como aquellos señores del famoso cuadro en que se firma el acta de la Declaración de la Independencia, reeditábamos democráticamente la primera actualización profunda del proyecto nacional venezolano, y eso nos situaba en una posición no solo relevante sino también comprometedora: trazábamos rumbos a una sociedad que entraba a doscientos años de historia republicana. En el proyecto de reforma integral del Estado hay un capítulo de dieciséis páginas en el que se analiza la evolución del proyecto nacional venezolano, el momento que vivíamos y las amenazas que se cernían sobre ese proyecto. Yo he vuelto a leerlo y me sorprendo porque entonces ese mensaje claro y evidente no mereció atención.

—*¿Por qué no le prestaron atención? No era tan difícil ver lo que venía. Se hablaba de la necesidad de reformar el Estado, que era paquidérmico, ineficiente, etc.*

—Había la preocupación y cabían tres actitudes. Por un lado, los que consideraban que vivíamos en el mejor mundo imaginable y lo mejor era no tocarlo, una posición absurda. Los otros consideraban que había que corregir la democracia, y que se trataba de encontrar correctivos, de introducir cierto grado de racionalidad, de mejorar los procedimientos, introducir reformas administrativas, para que en lugar de que se necesitaran diez permisos para vender empanadas fuesen tres, cosas de ese tipo eran políticamente muy importantes en el momento, justificadas y loables. Confiaban en que la democracia estaba consolidada, establecida y lo que quedaba era enriquecerla, mejorarla, reorientarla. El tercer enfoque era situarnos en una perspectiva de largo plazo, que no fue el enfoque de los políticos, pero que cuajó en la Copre: la democracia luce muy bien, pero para consolidarla y hacer que funcione realmente se requieren cambios y reformas de fondo, por ejemplo: descentralizar la administración pública. No se trataba de ajustar procedimientos tradicionales sino de replantear los procedimientos de acuerdo con otra concepción de modernización del Estado y de profundización de la democracia, que se inscribe en una perspectiva histórica de largo plazo: replantear el proyecto nacional venezolano, darle una nueva orientación y una nueva concepción no es solo modernizar el Estado y profundizar la democracia, sino también crear las condiciones para la formación de una genuina sociedad democrática. Esto es de mucho más alcance y nos ponía en lo que comenzó a plantearse en 1811, en Caracas; en 1821, en Colombia, y en 1830, en Valencia. No solo abríamos un camino, sino que también culminábamos un largo proceso histórico de nuestra sociedad republicana. Todavía la clase política sigue concentrada en su asunto inmediato: el poder, la participación o el ejercicio del poder. No tendría lógica reprocharle a la clase política no haber generado estadistas. Los estadistas no se forman en las escuelas universitarias, siempre han brotado de una profunda disidencia con lo existente, de una enorme y firme determinación creativa, de un extraordinario coraje para expresar un pensamiento propio. Ninguna universidad enseña eso, a menos que sea aquella que Máximo Gorki llamaba la universidad de la vida.

—*Mientras, había un sector muy activo que hablaba y luchaba y hasta llegó «a sacrificar su vida» por lograr una «verdadera democracia»… Chávez ofreció en su primer golpe, el 4 de febrero de 1992, verdadera democracia. Los militares llegaron al poder sobre la afirmación de que ellos sí sabían y podían instaurar una democracia verdadera.*

—Contrariamente a lo que se dice por ahí, yo sí creo que antes éramos un país mejor, un país que creía en la democracia. La mejor prueba es que un alzado, sobreseído, puede ser candidato y ser elegido presidente. La elección de Chávez fue un triunfo de la democracia. Que resultara para mal de la democracia, también era algo lógico. Chávez traía una agenda secreta: la demolición de la democracia, de la República. El ascenso de Chávez al poder no es una negación de la democracia, sino una afirmación.

—*No se trata de algo conceptual...*

—No, eso fue muy práctico y concreto. La mayoría de los venezolanos votó por Chávez debido a la crisis de los partidos políticos, y porque confundía la ineficacia de la administración pública con el régimen sociopolítico. La sociedad vivía un estado de desorientación general y buscó una salida, pero escogió el atavismo monárquico, el salvador, el hombre que va a poner orden. Escogió ese camino, pero democráticamente. La elección de Chávez, aunque parezca casi una broma, es un momento culminante de la democracia venezolana, no su negación, aunque un grave error. El pueblo venezolano se equivocó, pero eso no quiere decir que su actuación no haya sido democrática. ¿Éramos un país mejor? Sí, y la prueba es que se eligió a Chávez. En otras situaciones habría sido elegido el que el presidente saliente designara. El presidente saliente no designó a Chávez. Estábamos siendo una sociedad mejor.

—*La libertad no tiene como fin vivir al borde de un precipicio por libre elección...*

—Cuando el pueblo puede ejercer su derecho democrático de elegir, significa que cambió un principio fundamental de la formación del poder en la sociedad venezolana: el presidente saliente ya no designa al sucesor. Su error fue no percatarse de que ponía en peligro su libertad con la escogencia. El pueblo se equivocó, pero no en cuanto al ejercicio de sus derechos democráticos. Una persona es libre de hacer lo que quiere, incluso hasta de poner en peligro su propia existencia.

—*¿Es libre de ser esclavo?*

—El nivel más alto de la libertad está en la base del hitlerismo: renunciar a ella. Cuando yo me alieno en el *führer*, ejerzo mi libertad, pero para renunciar a ella. En nuestro caso, se presentó un salvador en un momento de crisis institucional y política, y el pueblo escogió la opción que consideraba salvadora, como suelen hacer los pueblos. Que la «salvación» tuviera un programa oculto es otra cosa. En Venezuela, aun en el ámbito de la democracia, prevaleció la superconcentración de facultades en el Ejecutivo, presente desde la Constitución de 1830. Es decir, el presidente, era de hecho un rey sin corona. Si se revisan las atribuciones y facultades que tenía se constata que de hecho era un rey constitucional. Cuando la Copre intentó combatir aquello, combatía la expresión de una conciencia monárquica ancestral: que el hombre que es mandatario, al que el pueblo le da el mandato, está investido de la facultad de hacer desde una acera hasta construir un hospital, pero no solo en el sentido de ejecutar lo pautado sino de disponer qué hacer y cómo. Un atavismo monárquico que se quiso corregir con la descentralización. En parte se logró, aunque está en crisis hoy. En el venezolano todavía hay un núcleo absolutista monárquico, que le hace creer que el hombre que detenta el poder tiene la facultad de hacer, cuando en una república *stricto sensu* la única facultad del hombre que representa el poder central es aplicar la ley, velar por su aplicación y cuidar que la aplicación se mantenga dentro del espíritu de la Constitución. Es decir, el mandatario no es el que manda. Nos faltaba dar ese paso.

—*Y en eso llegó Fidel y mandó a parar...*

—No. Pasó lo que históricamente tenía que pasar. Después de doscientos cincuenta años de funcionamiento de una manera determinada, no se puede introducir un cambio radical y profundo en una sociedad sin que lo que se quiere cambiar genere resistencia. Hemos vuelto a la república liberal autocrática, pero disfrazada de socialismo. El militarismo tradicional disfrazado de socialismo. El último estertor es de la dictadura militarista, que se resiste al cambio. El fin de la república liberal autocrática.

—*Los estertores pueden durar treinta o más años...*

—Quizás unas horas. La elección de Chávez no fue un error de la democracia. El error fue la actitud de la clase política ante la elección de Chávez. La clase política traicionó la república liberal democrática. El gran descalabro fue cuando el Congreso soportó que aquel presidente electo se arrogara la facultad de desconocer la Constitución y nadie se retiró de la sala.

—*Estaban acostumbrados a la paz y no supieron reaccionar. Era introducir una forma de violencia, aunque les estaban dando una bofetada.*

Quizás todos los que estaban allí también querían cambiar la situación que se vivía.

—No. Yo interpreto lo sucedido de otra manera, y es esa figura que encierra el término estupor. Todos quedaron estupefactos. Ninguno fue capaz de articular un pensamiento, una actitud. Cuando Tejero entró y disparó en las Cortes españolas, solo dos personas no se echaron al suelo: el general Gutiérrez Mellado y el primer ministro Adolfo Suárez. ¿Por qué ellos permanecen de pie y 450 se arrodillan? Nadie sabe ni yo logro entenderlo. En el Congreso de Venezuela había un buen número de hombres que lucharon por el establecimiento de la república liberal democrática y toleraron en silencio el episodio más preocupante de nuestra evolución histórica. Fuese por tolerancia, respeto, miedo, estupor, etc., cualquiera de esas posibilidades abre un universo de interpretaciones.

—¿Por qué los militares permiten que un cubano los mande en los cuarteles? ¿Dónde están la soberanía y la independencia de las que tanto se ufanan?

—No hace mucho coincidí con un ilustre general en situación de retiro, que se destacó en el mundo militar, y le hice esa pregunta. No me la ha contestado. La demolición institucional de las Fuerzas Armadas comenzó en aquel acto del Museo Militar, a comienzos de este gobierno, cuando frente al ministro de la Defensa, y el Alto Mando, Chávez dijo que «antes el generalato lo daba la barragana del presidente y que eso cambiaría». Estaba diciendo que todos los generales presentes allí habían sido designados por la barragana del presidente. No hubo un gesto de rechazo, mucho menos un acto de rechazo. Si esa gente hubiera tenido lo que se llama el espíritu institucional de las Fuerzas Armadas, sencillamente, sin decir una palabra, da media vuelta y abandona el sitio.

—Esos actos morales no son frecuentes, ni normales, en Venezuela…

—Poco después, en la Academia Militar, en un desfile en Los Próceres, el teniente coronel dijo que comprendía que una persona en estado de precariedad robara, y le dijo a la presidenta de la Corte Suprema de Justicia, Cecilia Sosa, que él también lo haría si esa fuese su condición. Ella no se bajó de la tribuna y se fue. Me dije: «El mal está más generalizado de lo que creía». El representante máximo del poder militar, el generalato, y la representante más alta del poder civil, la Justicia, se aguantaron la vejación sin chistar. El mal es profundo. Es muy visible en las Fuerzas Armadas, pero el sector civil ha demostrado también esa misma falta de entereza.

—*Si Chávez se sale del cauce democrático, ¿los venezolanos se quedarán estupefactos como los parlamentarios?*

—Mi respuesta es no. La sociedad no se quedará quieta. Y no porque sea mi deseo, sino porque lleva diez años resistiendo y en vez de disminuir se ha consolidado y acrecentado. Mi confianza en que prevalezca la democracia es resultado de la simple lectura de lo que ha venido sucediendo. El pensamiento democrático se ha consolidado en amplios sectores de la sociedad. El lado negativo es la incapacidad creciente de este Estado, que construye su futuro en la intimidación y la fuerza, en el circo del *Aló, Presidente*, y no en la persuasión. Han montado un dispositivo de fuerza militar y de intimidación. Que Lina Ron haya amenazado hasta al cardenal demuestra que cifran sus últimas esperanzas en la intimidación, en amenazar a los ciudadanos con incendiar el país si reafirman su voluntad democrática en las elecciones. Confían en que habrá gente timorata que prefiera votar por Chávez antes de ver quemado el país. Eso no va a funcionar. Hay signos de que el barco de los locos hace aguas y hay peligro de naufragio. Son locos, pero no quieren ahogarse.

—*Que el barco se hunda no significa que se salve la democracia…*

—Tampoco significa que termina la noche y sale el sol. Para un hombre que tenga conciencia democrática, la presencia de un gobierno autocrático le plantea obviamente una opción: si se somete y se amolda, podrá vivir, pero prescindiendo de lo que lo definía como demócrata, que es una esclavitud tranquila. Pero si no se somete, el abanico es amplio: puede resultar que dé la vida por la democracia, porque lo pueden matar, lo pueden asesinar, lo que sea, y está consagrado a una lucha de toda la vida. No importa cuánto dure la lucha, lo que importa es estar en ella, si la abandona deja de vivir. Sobrevive, por supuesto, pero deja de vivir. Cuando una persona que ha sido formada en la democracia y en la libertad es privada de esas cosas, ya no vive sino que sobrevive, y sobrevivir no llena una vida. No es un juego de conceptos ni de sentimientos, es mucho más. Yo no quiero terminar mi vida con un régimen como el cubano.

V

Germán Carrera Damas conoce la cárcel y lo que significa comer con las manos espaguetis mal cocinados con sardina partida, y después no tener con qué limpiarse los dedos. También la tortura que es pasar casi veinticuatro horas sentado en una silla de metal y enterarse de que su delito fue haber asaltado Tucupido en los llanos del Guárico, un pueblo al que nunca había ido y al que ahora nunca irá. Le trae malos recuerdos. En la Digepol conoció al capitán Vegas y sufrió sus pésimos modales, aunque le correspondió el calabozo de los doctores.

—Me sacó mi profesor y amigo J. M. Siso Martínez, que entonces era el ministro de Educación. Se rió cuando le dije que jamás había pensado que me daría tanto placer ver su figura.

—*¿Le descubrieron sus veleidades marxistas en plena lucha armada?*

—Cuando hubo la posibilidad de que yo fuera director de la Escuela de Historia, un día se presentó en mi casa la Digepol. Yo estaba en la universidad. Los funcionarios le dijeron a mi esposa que solicitaban mi presencia para una averiguación de un accidente de tránsito. Yo no manejaba. Cuando llegué, me montaron en la patrulla y me llevaron a la Digepol. En Los Chaguaramos, me condujeron ante aquel ser execrable que era el capitán Vegas, Carlos Vegas Delgado. Un déspota que me tuvo sentado en una silla de metal casi veinticuatro horas. No me dejaba ni ir al baño. Al mediodía del día siguiente, me dieron un plato de un detestable menjunje y me ficharon. Me acusaban de haber formado parte de un grupo guerrillero que había asaltado Tucupido, un pueblo en el cual nunca he estado, ni estaré. No tengo nada en contra de su gente, pero el recuerdo que tengo no es lo más propicio como para visitarlo. También me acusaban de tener droga en mi casa.

Cuando dijeron droga, pregunté: «¿Qué droga?». Me respondieron que mezcalina. Habían encontrado en mi casa una botella de mezcal. Aclaré que era una bebida que me había traído de México J. M. Siso Martínez, el ministro de Educación. «¿Siso Martínez es un traficante de droga?», pregunté. Borraron lo de la droga. Cuando me iban a llevar al calabozo, un muchacho que sí era militante revolucionario, que había sido detenido la tarde anterior y habían maltratado considerablemente, y me conocía, me dijo: «Profesor, pida que lo lleven al calabozo de los doctores». Lo hice. «¿Usted es doctor?», me replicó el policía. Le respondí que sí, que era doctor en Historia. Me mandó al calabozo en el que estaba un grupo de seis o siete personas excelentes, y un antiguo guardia nacional que no era doctor, pero que seguramente estaba allí como informante. Apenas entro al calabozo me dicen que tengo visita. Era el padre Guillermo Emilio Wilbur, uno de mis alumnos. En cuanto se enteró de que estaba preso fue a visitarme. Teníamos una buena relación. Era austriaco y muy ilustrado. Hablábamos mucho de filosofía y bromeábamos sobre la religión y la Iglesia. Asombraba que un cura me visitara, eso me ascendió en la respetabilidad de los carceleros. Estuve una semana preso. Nunca me acusaron concretamente de nada. Al séptimo día, me llamaron: «Germán Carrera, con sus corotos». No sabía qué iba a ser de mí. Me subieron al despacho del director, Santos Gómez. Ahí estaba Siso Martínez. Con su estilo me dijo: «Hola, joven». Le contesté que nunca había creído que su figura podría ser una visión tan grata. Le causó mucha gracia. Había sido víctima de un montaje. Un profesor de la Escuela de Historia que aspiraba a ser director, cuyo nombre no voy a dar por piedad, armó todo aquello, con amistades y contactos que tenía en la Digepol, para invalidarme como candidato a la Dirección. Una bajeza. Resultó lo contrario, la mayoría de la escuela se solidarizó conmigo, y me nombraron director en 1964. Ejercí el puesto hasta 1984, cuando renuncié y pedí la jubilación.

—*¿Después de salir del Partido Comunista no sintió necesidad de volver a militar en otra organización política?*

—Yo sigo creyendo que si uno no puede realizar el hombre nuevo socialmente al menos debe esforzarse en lo individual, y eso supone lo que llamo la libertad plena, tanto en los niveles concretos de la vida, como en lo intelectual y en lo espiritual. Si se asume una actitud de rechazo a lo espiritual, a las creencias, se termina no entendiendo la historia.

—*¿La historia o al hombre?*

—Cuando digo historia me refiero al desenvolvimiento social de la humanidad. No soy un hombre religioso. Fui bautizado, pero nunca tomé la primera comunión. Digo que soy ateo gracias a Dios. No se mueve ni una hoja sin que medie su voluntad; y Dios quiere que sea ateo. No tengo necesidad de negar a Dios. Nunca he sido un creyente en un sentido pleno, catequístico. Soy consciente de que los hombres han demostrado, desde que son humanidad, que necesitan un referente para una serie de valores que, en realidad, el propio hombre define y formula. Creo en la libertad intelectual y creo que los hombres deben estar en contacto con todas las proposiciones para determinar su ejercicio de la libertad individual. Yo no tengo ningún inconveniente en participar con personas que tengan juicios o criterios diferentes del mío, pero soy enemigo de la tolerancia. No me gusta quedarme callado cuando otros se equivocan, especialmente cuando no es una equivocación inocente. Yo he hablado de la cobardía intelectual disfrazada de tolerancia. Desgraciadamente, hay gente que confunde objetividad con tolerancia. Yo entiendo que un periodista deportivo informe sobre una pelea de boxeo en una forma desapasionada, pero cuando están en juego valores fundamentales de la humanidad, ningún grado de intelectualidad tiene derecho de ser objetivo. No se puede serlo cuando peligra la libertad. Yo pienso que una de las cosas que el periodista debería tener presente es no confundir la cobardía intelectual con la tolerancia. Yo procuro no practicar esa tolerancia. Cuando alguna gente me dice que esa es su opinión, le respondo que no, que se equivoca, que no respeto equivocaciones. Si lo que dice va en desmedro de un valor fundamental, lo combato; pero si dice, por despecho, que la mujer es esto o es aquello, eso es asunto de él; si habla de valores fundamentales, no hay tolerancia. Tiene que haber pugnacidad, rechazo, discusión, polémica. No hablo de prohibir expresarse, eso nunca. Pero sí combatirlo, en el sentido de polemizar, argumentar. Últimamente, de una manera aparentemente inocua, se ha querido sembrar la idea de que la democracia venezolana cumplía cincuenta años, que aparte de ser un error histórico tiene como fin desvirtuar lo avanzado entre 1945 y 1948. Si la democracia tiene cincuenta años, quiere decir que aquellos tres años no cuentan; y, en realidad, son los años fundacionales de la democracia como régimen sociopolítico. El trienio adeco.

—*¿Aunque haya nacido de un golpe militar?*

—No conozco una democracia que haya nacido de una votación. En Venezuela, esos tres años fueron fundamentales. Se establece la votación universal, directa y secreta para elegir al presidente de la República y los órganos del Estado, logros que han perdurado aun en situaciones en que se ha querido desvirtuarlos y desviarlos. En esos tres años de república liberal democrática se estableció un patrón sociopolítico que ni las dictaduras se han atrevido a abolir.

—*¿Dictaduras, en plural? Desde entonces hasta ahora ha habido una sola dictadura, la de Pérez Jiménez...*

—La presente también cuenta. Así como la de Pérez Jiménez no fue igual a la de Gómez, la actual no es igual a ninguna de las dos.

—*¿En qué sentido habla de dictadura?*

—Cuando se desvirtúa el principio fundamental de una república, que es la soberanía popular, el régimen se transforma en dictatorial. No estoy hablando de libertad de opinión, no, sino de formación del poder, que es la clave de todo régimen sociopolítico, y que se moderniza en Venezuela como resultado de esos tres años.

—*¿El 18 de Octubre de 1945 sí fue una revolución?*

—Fue un golpe militar-civil. Se habla de Revolución de Octubre porque inmediatamente se creó una situación absolutamente anómala. Lo primero que hacen los hombres que dan el golpe –civiles y militares– es declarar que ellos no serán candidatos a ningún cargo escogido mediante elecciones. Nunca había ocurrido en Venezuela que alguien corriera el albur de una conspiración o de un golpe y renunciara al poder al día siguiente. Se sustrajeron del futuro político. Un hecho absolutamente nuevo. El decreto número 4, con fecha 22 de octubre de 1945, dice lo siguiente: «Artículo primero: Los miembros de la Junta Revolucionaria de Gobierno de los Estados Unidos de Venezuela, creada la misma noche en que triunfó definitivamente la insurrección del Ejército y pueblo unidos, quedan inhabilitados para postular su nombre como candidatos a la Presidencia de la República y para ejercer este alto cargo cuando en fecha próxima elija el pueblo venezolano su primer magistrado». Firman todos, militares y civiles.

Es un acto crucial. Otro hecho nuevo es la creación del universo electoral, directo y secreto, pero sobre todo haber conservado la formación del poder no como un acto meramente electoral, sino también como un proceso que controla, vigila y dirige un organismo independiente del Estado, integrado por representantes de todos los grupos y sectores políticos que participan en elecciones, que no fueron designados directa o indirectamente por el Poder Ejecutivo. Un hecho absolutamente nuevo. Es decir, se separó la formación del poder del ejercicio del poder. Algo capital. Ahí el golpe comienza a transformarse en una revolución. No solo modifica la estructura del Estado sino también del régimen sociopolítico. Se puede hablar con derecho de Revolución de Octubre. Fue un golpe militar-civil. Quienes tomaron la iniciativa fueron los militares, pero se transformó en una revolución porque el sector civil prevaleció sobre la motivación de los militares. Otro ejemplo es el decreto de la responsabilidad civil y administrativa, que no era nuevo en la historia de Venezuela −López Contreras había nacionalizado antes los bienes de Gómez y de su familia−, pero con un hecho importante: se establece que el peculado no solo es un acto de apropiación sino también de ejercicio arbitrario y absoluto del poder. Como el peculado no solo es apropiarse de un dinero, sino utilizar mal el poder, fueron afectadas algunas cabezas del sector adverso al cambio revolucionario de octubre, que no fue perseguido sistemáticamente para desmantelarlo. Cuando Betancourt entrega el poder a la Constituyente, anuncia que se van a tomar una serie de medidas de expropiación de bienes mal habidos, pero que serán sometidas a la revisión y a la consideración del Poder Legislativo. Betancourt tuvo claro que había ejercido una dictadura comisoria, que sus actos estaban subordinados al examen y ratificación del poder legalmente constituido. Luego de que se instalara el Congreso, aquellos actos podían ser revisados. No existía el propósito de destruir a un sector social, que era bien sabido lo integraban los beneficiarios del gomecismo.

—*Sectores académicos y políticos muy críticos de ese golpe consideran que el gobierno de Medina Angarita era muy democrático y de mucha participación popular...*

—Un amplio grupo de integrantes de la Generación del 28 militaron en el PDV, el partido de Medina Angarita. La diferencia es que esa gente todavía asociaba la democracia con la libertad; es decir, que como hay libertad de expresión, de organización, etc., es una democracia. Yo planteo otra cosa: la democracia, como sistema sociopolítico, se fundamenta en el proceso de formación del poder. Si no es un proceso autónomo del gobierno en ejercicio, no es democracia.

—*Tampoco se puede quedar en la elección...*

—El proceso de formación del poder incluye todo: libertad de expresión, libertad de prensa, libertad de asociación, organización del sistema electoral, participación, universo electoral. No es el voto lo que caracteriza el proceso, sino todo el conjunto de procedimientos que hacen que la formación del poder no sea una facultad del poder en ejercicio. Antes del 18 de Octubre se quiso encontrar una forma de advenimiento con el poder en ejercicio para establecer una especie de gobierno de transición, mediante una candidatura que abriera la puerta para un universo electoral más amplio. Se concretó, pero el candidato fracasó y el presidente recobró su vieja posición de autócrata, de decidir quién será su sucesor. Es entonces cuando rompe el entendimiento y el golpe aparece. Al comienzo todo el mundo estaba convencido de que era un golpe militar, una asonada más. La diferencia no es el procedimiento, el hecho armado, sino el resultado, que tiene carácter estructural, fundamental, perdurable, etc. No dudo en hablar de la Revolución de Octubre. Desde 1930 Betancourt tenía la mente puesta en la idea de que Venezuela se organizara como una sociedad moderna y democrática. Con el poder en la mano, tuvo un acceso de lucidez y consideró que la mejor manera de corresponder a lo que proclamaba era no ser otro caudillo que da un golpe militar para entronizarse a la torera, aunque su objetivo fuese la felicidad del país. La vía era perfeccionar la sociedad mediante el ejercicio de los derechos que había predicado. Es un acto de enorme trascendencia y sin precedentes en la historia de Venezuela. «Inhabilitados para» no significa que después pueda decir: «Bueno, pero si el pueblo me lo pide». No, significa que se sustrae de postularse a un puesto de elección.

—*¿Qué habría ocurrido si Betancourt no tiene ese acto de lucidez, es candidato y gana la Presidencia?*

—Habría desvirtuado todo lo que predicaba. Aunque a algunas personas les cueste creerlo, Betancourt era un hombre de principios. No solo los elaboraba y los predicaba, sino que también, y lo más grave, los practicaba, que no quiere decir que en algún momento no los violara. Los principios no son inviolables, en absoluto. La realidad puede imponer derogaciones parciales, transitorias, lo que fuere; y en la vida de Betancourt eso se observa. Si hubiese buscado una fórmula para permanecer en el poder, todo lo que había elaborado quedaba absolutamente desvirtuado ante sí mismo. Betancourt era un severo juez de sí mismo. No era complaciente consigo mismo.

—*Los principios llevan a que Rómulo Gallegos sea el candidato, la peor decisión política en ese momento...*

—El propósito de Betancourt era cambiar la sociedad, no hacerse de la Presidencia. Si no, no se entiende haberles dado el voto a las mujeres, a los analfabetos, a los mayores de 18 años, para que eligieran a sus gobernantes de manera universal y secreta. Para que cambiara la sociedad era necesario destruir la imagen del hombre providencial, salvador, y que fuese la voluntad del pueblo, la sociedad, la que escogiera. Gallegos era una figura nacional, conocido por todo el mundo. Todos sabían qué representaba. AD no tenía en ese momento otro hombre con ese perfil nacional. Además, Gallegos había sido consecuente con el partido; se prestó a ser candidato cuando todo el mundo sabía que aquella candidatura no tenía futuro alguno. Quizás el error de Betancourt, si se puede hablar de errores, fue creer que el partido y el pueblo adeco estaban lo suficientemente consolidados como para funcionar dentro del esquema democrático, prescindiendo de la figura del presidente como el factor común de todo. La democracia no es un hombre. Lo que quizás se puede percibir como error fue que se apresuraran los tiempos históricos, que se creyera que la sociedad había demostrado suficiente calidad, lucidez, firmeza.

—*¿Acaso no obvia que el factor militar actúa y es independiente de los objetivos de la sociedad?*

—Si se estudian los documentos de la época, se encontrará un elemento que siempre permite una doble lectura. El constante elogio a los militares democráticos. ¿Por qué tanto empeño en enaltecerlos? Quizás porque Betancourt, un hombre versado en la política concreta, desconfiaba de los militares y buscaba comprometerlos e identificarlos con un esquema de república civilista, un cambio de mensaje para el sector castrense. Las palabras de Betancourt son muy elogiosas del sector militar desde 1945 hasta 1948. Me pregunto si eso sería una vacuna. Yo fui testigo del tiempo, lo viví. El cambio que se operó en la sociedad venezolana en esa primera república liberal democrática era tan profundo y contrastaba tanto con la práctica secular que cualquier forma de suspicacia, de duda, de reacción, es comprensible. No bastaba con decir «esto es bueno» para que quienes estaban insertos en aquella tradición secular se mostraran dispuestos a cambiar. No. Lo existente, lo real, tiene su razón, y esa razón se traduce en actitudes que se ejercen a través de la fuerza; presión, violencia, lo que fuere. Eso es normal, no tiene nada de extravagante. Uno no puede decir que, por ejemplo, la gente de Coro y Maracaibo eran traidores a la patria porque no acompañaron a las demás provincias en la abolición de la monarquía en 1811. Muchos hombres que estaban con el gobierno de Medina habían sido compañeros de Betancourt en la Generación del 28. Los más destacados eran hombres que tenían establecidos sus méritos sociales, intelectuales; otros eran simples arribistas, pero había razones para que hubiese suspicacias, dudas, sospechas argumentadas, no simplemente asumidas. La figura de Betancourt, en general, favorecía que se sospechara de su rectitud de intenciones, de su bondad. Era un hombre pugnaz, combatiente, luchador. No ocultaba su pensamiento, no lo disimulaba, no tenía una agenda secreta. Sus ideas eran públicas, y aquello contrastaba con lo que era usual y habitual. Estoy persuadido de que no actuó solo por criterio de oportunidad (todo político tiene que tener en cuenta la oportunidad, si no, no habría política). Lo sucedido en noviembre de 1948, el golpe contra Gallegos, fue durísimo para Betancourt, que admitió su depresión y desconcierto. Lo sucedido contradecía radicalmente la confianza que pudo haber tenido en la sociedad venezolana.

—*¿No entendió a los militares?*

—Habían sucedido hechos que permitían tener la convicción de que socialmente se había generado una fuerza lo suficientemente auténtica, poderosa y participativa como para contrarrestar y anular lo que había de retardatario o de retrógrado en el sector militar y en los partidos políticos. Quizás el marxista de fondo que había en Betancourt le hizo creer que el pueblo, la sociedad venezolana, había generado en aquel cortísimo lapso fuerzas significativas y genuinas para contrarrestar cualquier intento de retorno al pasado. No debemos olvidar un factor difícil de valorar, pero que significa mucho: la Segunda Guerra Mundial termina en 1945, pero vino un proceso de indefinición que se cierra con el famoso discurso de Churchill y el establecimiento de la Guerra Fría, el enfrentamiento entre el capitalismo democrático y el socialismo autocrático. Betancourt aún no había logrado persuadir ni siquiera a los venezolanos de que había dejado de ser comunista militante, no digamos marxista, sino comunista militante. Sobre él recaía la sospecha de que era un comunista oculto; incluso, de 1945 a 1948 hay señalamientos de empresarios estadounidenses sobre la condición comunista de Betancourt. Internamente, en el periódico *El Gráfico*, Germán Borregales y todos los demás denunciaban a Betancourt como comunista. El ambiente internacional, que había sido ventajoso para la democracia, se convirtió en adverso, y esa democracia fue sospechosa de socialistoide y de tener tendencia comunista. El clima de opinión que se generó tanto en el exterior como en un gran sector de la sociedad venezolana favoreció que los militares rebrotaran con fuerza.

—*Cuando los militares que acompañan a Betancourt se deslindan, ¿qué querían llevar adelante que necesitaban dar un golpe de Estado?, ¿qué intentaban reimponer? ¿Prevalecieron sus ambiciones personales o tenían un proyecto de país distinto?*

—La dictadura que se implanta prohíbe los partidos y los persigue; envía al exilio a sus dirigentes o los asesina. El poder electoral queda en manos del Ejecutivo. Se mantiene la estructura democrática, pero vacía del sentido democrático y al servicio de la autocracia. El proceso de instalación de la república liberal democrática a partir de 1945-46 estuvo amenazado por una serie de conspiraciones de carácter militar. Un sector de las Fuerzas Armadas, algunos retirados y otros activos, veían con recelo algo muy importante. Con la instalación de la república liberal democrática, el poder pasa a la soberanía popular, y en una forma tan masiva y tan sorprendente que aquel poder militar quedó en una situación de inferioridad, de franca debilidad. Hasta ese momento el poder había estado concentrado en un sector dominado por elementos militares, con civiles a su servicio. El gobierno podía tener un carácter más o menos liberal, pero el poder estaba en manos de los militares. En 1948 un golpe militar restablece el poder militar. Nuevas figuras nuevos nombres, sí, pero eso no es lo que define la situación, sino que reaccionan contra la soberanía popular. Hubo una elección que llevó a un hombre al poder con 88 % de los votos. Sin embargo, eso no los arredró, porque este sector de las Fuerzas

Armadas no tiene una concepción republicana, aunque en el trienio hubo militares que sí tuvieron una actitud de identificación con la república democrática. Gobiernan durante diez años. Cuando viene la crisis del régimen, intentan mantener el poder prescindiendo de las figuras cuyo desprestigio atentaba contra ese poder, Pedro Estrada y Pérez Jiménez, pero entonces rebrota con vigor incontenible la soberanía popular que se esbozó en aquellos tres años. No les fue posible mantener el continuismo militar; un pensamiento, una actitud que se caracteriza por el desprecio de lo civil, por el falso mito del orden y de la eficiencia, por el rechazo absoluto de lo que es expresión de la soberanía popular. Fracasaron y debieron consentir que se restaurara la república liberal democrática. Pero no cesa un segundo la conspiración, con diversos caracteres, con diversos ropajes: fidelismo, esto o aquello, pero siempre estuvo allí un sector militar, en Carúpano, en Puerto Cabello y demás. Hubo un sector militar que demostró apego a la fórmula democrática y luchó contra eso, es cierto, pero nunca hubo un reconocimiento pleno de la república liberal democrática.

—*¿Nunca la República convenció totalmente a los militares?*

—El continuismo puede ser por vía de facto o por vía legal, pero cuando todos los poderes del Estado están concentrados en una persona, no hay vía legal. Todo es de facto. Se pueden cambiar, tres, quince, artículos de la Constitución, pero en definitiva eso tiene como fin distraer a la opinión pública. Lo esencial es que hay un propósito continuista de un poder instalado en todos los niveles, no solo del Estado, sino incluso de la sociedad. Allí es donde está el peligro real de la República: Cuba no se declaró monarquía, aunque sea un régimen dinástico. Ya Raúl estará buscando cuál de sus hijos lo va a suceder, como en Corea del Norte. ¿Se puede decir que es la República de Cuba? ¿Dónde está la soberanía popular? Lo que estamos viendo ahora es un propósito de continuismo de este poder militar. Las dos elecciones donde el prestigio del actual gobernante ha sufrido tal descalabro minan su condición de invencible y se vuelve incómodo para ese mismo sector que ha acumulado no solo poder: controla la oficina de recolección de perros realengos de Achaguas y también riqueza, poder real. Además, han acumulado enormes deudas con la justicia, con actos ilegítimos e ilegales, que pueden ser objeto de persecución por tribunales internacionales, como sucede en el Cono Sur. Tienen un haber y un deber cargadísimo. Este «Pérez Jiménez» se está volviendo cada vez más peligroso para sus intereses fundamentales. La oposición debe comprender que no se trata solo del continuismo de Chávez, sino esencialmente del continuismo del poder militar. En el fondo, enfilar las baterías contra Chávez sin situarlo en su contexto es un error estratégico que lleva a errores tácticos. No se pueden trazar verdaderas tácticas eficaces sin tener bien identificado el núcleo del poder que se combate. Luchar contra el mascarón de proa y dejar oculta la realidad estructural del peligro es un error estratégico. Deben correlacionar los hechos. El aparato político democrático se debilitó considerablemente, quizás para revelarnos que la democracia no radica en el sistema sociopolítico, sino en el pueblo. Es un asunto del pueblo, no del aparato político, y el pueblo venezolano ha demostrado que es consciente de su condición democrática y, además, la ejerce. Por primera vez en la historia de Venezuela, tenemos una confrontación nítida entre la reivindicación de la soberanía popular y un rebrote del poder militar tradicional. De ahí puede surgir la batalla final. Para mí, como historiador, no hay duda en cuanto al desenlace: el fin del poder militar. No es un deseo, sino la acumulación de estadios. La sociedad va a fortalecer su soberanía y el sector militar tendrá que acogerse a su función real de brazo armado de esa soberanía, de ninguna manera como su ductor. El sector vulgarmente militarista, porque no lo sustenta una ideología, no solo es minoría sino que carece de posibilidad de agrupar todo lo que podemos llamar Fuerzas Armadas. Hay signos bastante claros. No estoy metido en el mundo militar, pero hay cosas evidentes, por ejemplo: siempre son los mismos. Al principio, a Chávez le gustaba rodearse de generales, pero ya no lo hace. Cuando aparecen militares como invitados en sus actos, uno ve que aplauden, pero no muestran vehemencia ni entusiasmo. Podemos pensar que en las Fuerzas Armadas hay hombres para quienes el servicio de las armas es una carrera profesional. En una sociedad moderna eso pasa. Cuando uno escucha al comandante general del Ejército amenazar a la sociedad con la fuerza que la sociedad le ha dado para defenderla, y la amenaza de una forma gruesa y artera, intimidatoria: «Estamos preparados para hacerle frente en cualquier circunstancia»... ¿Los militares están velando las fronteras? ¿Combaten el narcotráfico, el abigeato? ¿A quién están amenazando? Al soberano, al que reconocen de palabra pero rechazan de hecho. La jefa del ministerio de elecciones, mal llamado Consejo Nacional Electoral, le habla al país con el tono de un jefe civil autoritario, intimidatorio, como si ella concediera a la ciudadanía el ejercicio de un derecho, cuando su papel es facilitarlo al extremo y hacerlo lo más libre, genuino y auténtico posible. Uno se pregunta ¿qué mal padecen estas personas?, ¿por qué han llegado a ese grado de confusión de sus verdaderas funciones? ¿Por qué no tienen capacidad para reconocer que ellos son ser-vi-do-res de la soberanía popular?

—*Se creen el cuento que les repiten a los demás. Se consideran los revolucionarios que están cambiando la sociedad.*

—O están al servicio del continuismo del poder militar. Los militares siempre han tenido civiles que les sirven. No pocos repiten que las universidades han sido generosas proveyendo a las dictaduras de cerebros para perpetrar sus planes. Los integrantes de la camarilla gobernante, sean militares activos o retirados, son militares en su concepción del poder, en su desprecio de la soberanía popular, en su desprecio al pueblo. Quizás esto sea una sargentada. En otros tiempos, eran hombres que, mal que bien, habían tenido cierto roce con lo que llamaríamos altos mandos y un poco más de conocimiento de las cosas. Eran lo que se llamaba los militares de escuela. Por debajo de teniente coronel, ha habido escuela, pero no verdadera formación, en el sentido de desarrollar tradición y sentido político. La forma como se dirigen a la opinión pública es propia de sargentos. Pareciera que actúan en un cuartel. La mitad del poder de un sargento consiste en obtener de sus dependientes una obediencia absoluta, inmediata y eficaz, porque hay que inculcarles la conducta de mando-obediencia. En el fondo eso es lo que han trasladado a la sociedad civil cuando, en el siglo XXI, un gobernante militar es capaz de decir: «Échenmeles gas del bueno, me los meten presos y el que no obedezca me lo raspo». Ese lenguaje es el que empleaban los jefes civiles en 1930, en cualquier pueblito del país. No dicen: «Caerá sobre ellos el peso de la ley» o «serán sometidos a la justicia», que es lo que corresponde a un dirigente político moderno. Debemos ser conscientes de que ahora los «sargentos» requieren un esfuerzo definitivo de ese espíritu y del poder militar tradicional para deslastrarse de la derrota sufrida el 18 de octubre de 1945. Se me dirá que hay más de medio siglo de distancia, pero es que deben enterrar lo que llaman «la cuarta república».

—*¿Por qué?*

—La cuarta república es el ejercicio de la soberanía popular. El verdadero enemigo de ellos es la soberanía popular.

—*¿No hicieron cambios de fondo a las reformas de Betancourt?*

—Lo que caracteriza y define el sistema democrático es el proceso de formación del poder. Desde el punto de vista social, hay abolición de la libertad de expresión, de la libertad de prensa y del derecho de organización; se prohíben las organizaciones sindicales y políticas; y algo no menos importante: todos los poderes del Estado quedan subordinados al Poder Ejecutivo. El cambio es total. Se mantiene el sufragio universal, directo y secreto, pero ya no para que las mujeres, los analfabetos y los jóvenes, la ciudadanía, expresen una voluntad, concebida, formada y desarrollada autónomamente del gobierno, sino para realizar consultas cuando el gobierno considere que servirán a sus fines. El principio se mantiene, pero vacío. No se podía cambiar porque correspondía a una aspiración de la sociedad. Mantuvieron el cascarón, pero cambiaron completamente el contenido. La dictadura de Pérez Jiménez fue un retroceso.

—*¿La vuelta a Gómez?*

—No. Han sucedido dos cosas muy importantes en el intervalo: una, la Segunda Guerra Mundial, que es fundamental en cuanto a la posición de la democracia; y otra, el comienzo de la Guerra Fría. No se podía luchar contra el socialismo autocrático sin mantener alguna apariencia de funcionamiento democrático, siempre que esa apariencia de funcionamiento democrático no fuese sospechosa de estar contaminada de una tendencia socialistoide, mucho menos comunista. La alternativa en la Guerra Fría no podía ser autocracia contra autocracia; el sector capitalista se alineó en defensa de las democracias y en contra de la no democracia, del socialismo autocrático. No se podían abolir los signos que le daban sentido al concepto de democracia, pero sí el contenido. La única similitud entre el gobierno de Pérez Jiménez y AD es que el sueño de Betancourt, en el acto de instalación pública de AD el 13 de septiembre de 1941, se mantuvo: la concreción del Guri y la industrialización de Guayana, que se continúa porque se corresponde con la política desarrollista de Pérez Jiménez. De resto, no hay secuencia alguna entre los dos regímenes. Betancourt y la gente que hizo la Revolución de Octubre llegaron dispuestos a demoler el régimen del pasado.

—¿Cómo reestructuró el poder militar la Revolución de Octubre?

—El sector civil había crecido mucho, pero apenas comenzaba una fase de consolidación. El militar no solo mantenía sus cualidades estructurales, de organización y la relación mando-obediencia, sino que también, como una medida preventiva del nuevo orden social y político, se pasó a retiro a casi toda la oficialidad. Las Fuerzas Armadas quedaron en manos de un grupo de oficiales jóvenes que se suponía que estaban ganados para la democracia. Betancourt tuvo el buen tino de diferenciar a Mario Vargas de los otros. Decía que era un genuino militar democrático. No había razón alguna para pensar que la conciencia democrática había penetrado lo suficiente en el seno del Ejército como para contrarrestar las tentaciones caudillescas tradicionales.

—¿Cuál era el origen de clase de esos militares: clase media, pobres u oligarcas?

—Los mandos eran de la clase media, algunos por herencia de viejos militares. Se propició el ascenso de los sectores populares a la cadena de mando. Se habla del trienio, que es un lapso brevísimo, pero si se le rebaja la fase de instalación, quedan menos de dos años. Es un período de gran fluidez, y de una gran indeterminación en cuanto a hábitos y prácticas sociales. Cuando se produce el golpe de 1948 todavía esta concepción democrática de la política estaba en el cascarón, no había cuajado, ni podía haber cuajado.

—Pero los que dan el golpe de 1948 son los mismos militares que encabezaron el de 1945…

—Sí, salvo una persona que debió haber desempeñado un papel muy importante en la junta de gobierno. Entre las peticiones de los militares a Gallegos se incluía que no se permitiera el regreso a Venezuela de Mario Vargas, que estaba muy enfermo en el exterior. ¿Quiénes quedaban? Quedaba un hombre que no se supo nunca qué pensaba, Carlos Delgado Chalbaud; y otro que aparecía entre los jóvenes militares como una especie de representante de la Academia de Chorrillos: Pérez Jiménez. Son los mismos militares, pero no podemos contar a Mario Vargas y es dudoso que podamos contar a Delgado Chalbaud, la prueba es que lo liquidan. No tenía prestigio en el Ejército; no era reconocido como militar ni tenía autoridad política, tampoco era un hombre de pensamiento. Queda la única persona que podía representar entre los militares jóvenes, los militares de escuela, un arquetipo:

Marcos Pérez Jiménez, que gozó de gran fama cuando fue profesor en la Academia Militar. La mesa estaba servida para una insurgencia castrense de estos nuevos oficiales, influidos por el felón, por Manuel Odría, por lo que venía del sur, por las logias militares, con el beneplácito de Estados Unidos, que veía la imagen de la Guatemala de Arévalo reproducida en un país que tenía más importancia estratégica. Hay una conjunción de factores, algunos nuevos y muy poderosos. Fue una verdadera sorpresa para una sociedad que aprendía a funcionar de otra manera. Los hombres en el Gobierno, Betancourt lo reconoce, no tomaron previsiones y cuando salen al exterior están privados de recursos. Solo contaban con el prestigio de Betancourt. Vivieron en la vorágine. Betancourt debe luchar contra tres adversidades: primero, considerado como el gran culpable del golpe de 1948, incluso por muchos adecos, debe imponerse para conservar, consolidar y fortificar su condición de líder de un partido que funciona precariamente en el exterior y en el interior; segundo, tiene que moverse en una situación sumamente difícil, y convencer a los sectores internacionales, sobre todo al mundo sindical, de que él no es un agente comunista, quitarse el sambenito de comunista; y tercero, lograr que en el esquema de la Guerra Fría los adecos no reaccionaran, y muchos lo hicieron, con un antiyanquismo que resultaba justificado por los acontecimientos. Betancourt interpretó que no había futuro para la democracia en Venezuela prescindiendo de Estados Unidos y que debía encontrar la fórmula de articularlo. En el seno de AD hubo un grupo de personas muy respetables que reaccionaron con un antiyanquismo que las llevó a una posición radicalmente antiimperialista. Betancourt no se identificaba con el imperio, pero tenía en cuenta que no había futuro sin el imperio. Debía encontrar un justo funcionamiento, y, al mismo tiempo, demostrar que no era un agente comunista encubierto. Una situación bien difícil. Le costó diez años de esfuerzo. Apenas se abrió una fisura en aquel cuadro y lo sembrado de 1945 a 1948 rebrotó con una fuerza impresionante. Casi un milagro. Los adecos estaban presos, exiliados, reducidos a un grupito; los comunistas eran cuatro personas perseguidas, presas o asiladas. AD padeció más que el Partido Comunista, los asesinados fueron dirigentes adecos. Sin embargo, aquello brotó con una fuerza tremenda. El vilipendiado petróleo había generado en la sociedad venezolana cambios estructurales, no muy claramente visibles todavía en 1945, pero que se incrementaron considerablemente con el auge del desarrollo del negocio de los hidrocarburos, la inmigración, el nuevo ambiente internacional. Se dan dos fenómenos muy importantes: la ampliación y consolidación de la clase media (no puede haber una burguesía sin clase media numerosa, consciente y con intereses propios) y el desarrollo del sector obrero, considerable igualmente. Ya no eran los campesinos traídos a trabajar en las petroleras, sino obreros de hasta tercera generación. El país había cambiado estructuralmente y el 23 de Enero se manifiesta. Los militares quisieron continuar el gobierno militar sin Pérez Jiménez, hasta formaron una junta, pero la reacción de la sociedad, sorprendente (no fue ordenada por un partido, hubo una reacción espontánea), los obligó a cambiar el esquema.

—¿*Cuándo ocurre ese despertar?*

—Cuando se anuncia la junta militar comienzan las protestas populares. Algún militar lúcido se da cuenta de que la única manera de mantenerse en el poder sería mediante una fase represiva absoluta, es decir, una situación de guerra civil. Las conspiraciones castrenses después del 23 de Enero no cesan. La determinación era continuar la dictadura militar, pero la realidad de la sociedad lo imposibilitó.

—*Si en menos de tres años se logra sembrar el virus democrático en la sociedad, que luego es capaz de enfrentarse con éxito a una dictadura sangrienta y de derrotar la guerra de guerrillas, ¿por qué después de cuarenta años de ejercicio democrático vuelve a mandar un chafarote?*

—Con la democracia que empezó en 1958 se generó una demanda social de una complejidad y de una magnitud tremenda. Se pasó de unos pocos miles de personas a centenares de miles en todos los ámbitos: salud, educación, trabajo, sin que hubiese ocurrido lo que en otras sociedades llevó tiempo: la generación de estructuras político-administrativas y sociales capaces de canalizar, orientar, controlar esos brotes de modernidad y de complejidad. La incapacidad no era del sistema político. Lo que se manifiesta desde los años ochenta en adelante es la incapacidad de la administración pública de responder a la demanda social. El sistema político se podía considerar asentado, había superado todo un esfuerzo armado e ideológico para echarlo por tierra, que fracasó militar, policial e ideológicamente. El grave problema estaba en la incapacidad de la administración pública para satisfacer la demanda social, y eso generó un justo resentimiento en la sociedad.

Quisieron compensar esa incapacidad con dos remedios «mágicos» que son contrarios, en apariencia: autoritarismo y demagogia. Esa es la única alternativa de un político incapaz de responder la demanda social. Ante las exigencias de la gente, solo le queda mantener el orden, el autoritarismo y la demagogia. El pueblo quiere construir ranchos en el Ávila, el gobierno se lo permite. En eso cayó el sistema político.

—*Los propios partidos se desprestigiaron unos a otros. Su lucha era demostrar que los adversarios eran más corruptos…*

—No tanto por la corrupción, sino por la incapacidad de la administración pública, controlada por los partidos, para responder a las demandas sociales. Si las hubieran podido satisfacer en un grado razonable, la corrupción no hubiese sido tanta. El hombre que llega a ministro y tiene veinte sindicatos, solo puede funcionar si incorpora a su gestión la porción determinante. La manera de hacerlo es mantener todos los vicios y defectos. No tocar nada de lo que habría que cambiar, porque afectaría a los grupos que necesita para funcionar, y que no permiten que les «quiten sus logros». Cómo sería de grave la situación que la nacionalización del petróleo pasó inadvertida. Llevábamos medio siglo pensando que esa sería la verdadera independencia y, sin embargo, cuando llega no le dimos importancia. La gran preocupación era la ineficiencia de la administración pública, incapaz de satisfacer las demandas sociales.

VI

Todavía se le aguan los ojos cuando recuerda que sus mejores alumnos, los más arrojados, los más decididos, los más soñadores, venían a despedirse porque se iban a la montaña, a incorporarse a un frente guerrillero o a una unidad táctica de combate en los barrios. A los pocos días o a las semanas, llegaba la noticia de su muerte. Mucho más tarde, con la pacificación de Caldera, regresaron a la universidad, pero ya no como estudiantes sino como políticos o como delincuentes. Regresaban maleados. Después de haber matado o de haber sido torturados no iban a aguantar que un profesorcito les llamara la atención. «Terminaron siendo miembros de pandillas que asaltaban bancos».

—Cuando comenzó la lucha armada con toda su ferocidad, yo me opuse. No públicamente, en el sentido de salir a condenarla, pero sí negándome a participar, a auspiciar aquello. Traté de apelar al sentido crítico de los estudiantes, respetando su autonomía intelectual, pero señalándoles lo que veía que era la orientación de la historia de Venezuela, en el sentido de la república liberal democrática. Fue un crimen contra la sociedad venezolana, de lado y lado. Se produjo una fractura en la fuerza dinámica de la sociedad venezolana: la mayor parte de estos muchachos perecieron o quedaron incapacitados para incorporarse a una lucha política regular.

—*¿El venezolano tiene la propensión a sacrificar su vida en aras de un sueño?*

—Los venezolanos somos perfectos. Somos el único pueblo perfecto, tanto lo somos que nos da escozor lo imperfecto. Cuando se va a tomar una medida y se determina que no favorecerá al cien por ciento de las personas, no se toma. Un anglosajón dice: «Esta ley favorecerá a

65 % de la población, 20 % no será favorecida y 15 % puede ser perjudicada. Para el porcentaje perjudicado se tomarán medidas especiales, pero la ley se aprueba». Nosotros, como pueblo perfecto, no admitimos eso, y lo llevamos al otro extremo, que es la pérdida de toda sensatez: caer en el más brutal nominalismo y creer que decir es hacer. Los procesos de cambio social no son inmediatos, automáticos, sino laboriosos, complejos, prolongados, difíciles. Cuando son genuinos, más complejos todavía. El episodio de la liberación de la esclavitud es un buen ejemplo. Pasaron cuarenta años desde el primer momento en que se habló de abolir la esclavitud, porque era incompatible con un régimen republicano moderno, hasta que se concretó. Cuando los cambios son aparentes, como en la revolución bolivariana que vivimos, tienen corta vida. Los hombres aceleran o contrarían el cambio, pueden promoverlo, pueden decretarlo, pueden instaurarlo, pero la historia se encarga de su realización, no la voluntad del grupo.

—*El chavismo y todo lo que significa es una corriente histórica: la república liberal autocrática. Visto desde su orientación es correcto y legítimo desmantelar la democracia liberal democrática.*

—No. La razón de ellos no es la de la historia. No se puede ir en contra de la razón de la historia. Se puede obstaculizar por tres días o por setenta años. Incluso, el impedimento puede venir de una buena o de una mala intención. La historia no descarta las buenas obras por malos medios ni las malas obras por buenos medios. Si uno se pusiera a pensar la historia en términos de sentido común, caramba, terminaríamos dándole la razón a Hitler. Alemania hoy es mucho mejor, más poderosa y significativa que la Alemania anterior a Hitler. Se necesitó el cauterio de Hitler y todo lo que causó para que Alemania encontrara su camino al esplendor de una sociedad libre, democrática y progresista. Eso es querer interpretar la historia con arreglo al sentido común, que es el menos común de los sentidos. Yo he oído a gente decir: «Chávez ha hecho comprender a los venezolanos el significado de la democracia». La razón histórica está abierta a toda la ilogicidad imaginable.

—*¿La ilogicidad nos permitirá entender por qué ahora hay gente que se siente reivindicada en su clase y en su esencia?*

—Padecemos una indigestión de democracia. Es muy propio y muy posible que un banquete produzca una indigestión, y, comparativamente, nos dimos un banquete de democracia. El mundo veía a Venezuela como ejemplo de capacidad de funcionamiento democrático. No se entendió que al enjuiciar a Carlos Andrés Pérez no se procesaba a un político tachirense, adeco, gritón, etc., sino que se atentaba contra un valor fundamental de la institucionalidad republicana: la Presidencia de la República. Hubo una confabulación de factores. Cualquier sanción que fuese algo más que un voto de censura, le asestaba un golpe muy serio a la institucionalidad democrática. Un grupo de obcecados, de tontos, de locos, creyó que enjuiciar al presidente era la perfección máxima de la democracia. No tenían conciencia histórica de lo que perpetraban. Conciencia histórica tuvo Gonzalo Barrios cuando en 1968 dijo que no iba a discutir una elección por 30 000 votos y poner en peligro la democracia. En 1993 no se tuvo esa conciencia y ahí empezó todo lo que vino después. Vivimos una gran indigestión de democracia, que tiene ciertas características: lo placentero de su origen, lo incómodo de su presencia y lo transitorio de sus efectos.

—*Se puede morir de indigestión...*

—Entonces no es indigestión, sino empacho, que es lo que sufre cierta persona: empacho de poder. No tengo la menor duda de que la democracia venezolana está viva, históricamente arraigada y que va a prevalecer. La democracia no radica en las instituciones, que son corruptibles, intimidables, radica en la sociedad. En estos años los venezolanos hemos demostrado que existe una sociedad democrática en proceso de estructuración. La incorporación de los jóvenes lo confirma. En la antidemocracia no hay jóvenes ni mujeres, solo títeres, incapaces de una posición propia, autónoma. Alguien preguntaba en la televisión si existe una comuna que haya dado resultados y produzca algo. La lectura que cabe es que las comunas no son para aumentar la producción, sino para destruir la propiedad privada. En la primera fase de esta pseudorrevolución construir es destruir.

—*¿Pseudorrevolución?*

—Las revoluciones más radicales, como la soviética, diferenciaban entre la fase de instauración del poder revolucionario y la fase de construcción de la nueva sociedad. ¿En qué fase estamos nosotros? En la fase irónica de que los únicos dos puntos de apoyo eficaces de este régimen fueron aportados por la democracia: Pdvsa y la represa del Guri, que genera 70 % de la energía que se consume en Venezuela. Si no existiese Guri y hubiese que quemar petróleo para obtener electricidad, la revolución no sería viable. Dos logros de la democracia venezolana son los únicos dos puntos de apoyo que tiene el Estado. La nacionalización del petróleo es de la democracia; la concepción, el diseño, la prosecución y la terminación del Guri, también.

—*Esas obras también las pudo haber hecho Pérez Jiménez...*

—Se correspondían con una necesidad social real y son una demostración del ejercicio pleno de democracia. El régimen autocrático no ha aportado nada socialmente perdurable. Le cambiaron el nombre al Ávila, quitaron las estatuas de Colón, le quisieron cambiar el nombre a Caracas. ¿Cambios sustantivos o el quehacer de unos atarantados que creen que el más crudo nominalismo es la forma de manejar la historia? El nominalismo estaba afincado en los venezolanos, pero con este hombre ha llegado a los extremos. Cada misión tiene un nombre, pero para mejorarlas se lo cambian. Suponen que eso basta. El problema de la delincuencia lo combaten comprando 2000 motocicletas chinas, como si fuera un asunto de más motocicletas. En cambio, Pdvsa es una realidad y el Guri es una realidad. Son obras de la democracia, obras máximas. No son el mercado de Cabriales, que lo puede hacer el jefe civil del pueblo. Nacionalizar la industria petrolera no es una obra para un jefe civil.

—*Nacionalizó la faja petrolífera del Orinoco...*

—No. Esos son actos que no tienen proyección en la conceptualización histórica o social, sociopolítica, de Venezuela. Betancourt soñó con el Guri, habló de lo que era el desarrollo industrial de Guayana. Se realizó esa utopía, que partió de la concepción de un régimen democrático. Eso significa mucho. Yo, en ejercicio de un manejo absoluto de poder, puedo nacionalizar una cadena de supermercados o una empresa petrolera secundaria, etc., pero son hechos menores y sin significación ni trascendencia histórica. Se inscriben en lo cotidiano. Que comprara La Electricidad de Caracas quiere decir, simplemente, que utiliza los recursos de Pdvsa y del Guri para gobernar. La bondad de un régimen no se mide por las obras realizadas; pero cuando se trata de cuestiones troncales, históricamente fundamentales, es diferente. No se trata de un acto administrativo sino de una decisión política. La nacionalización del petróleo es lo más importante, significativo y trascendental de Venezuela desde la independencia.

—*Fidel Castro nacionalizó la industria azucarera cubana...*

—No. Fidel Castro destruyó una industria. Ya Cuba no produce azúcar, en cambio la democracia venezolana construyó una industria petrolera que alcanzó un altísimo nivel de eficiencia. Cuando la democracia decide llevar a cabo el sistema del Guri y comienza su realización, avanza en una obra de afirmación mayor, desde el punto de vista del uso de los recursos nacionales, para concretar una acción de gran alcance social. Eso es diferente. No es destruir ni quitarle la tierra a este o aquel. No. Es ir hacia delante. Crear actitudes sociales e inducir un desarrollo en la sociedad. Cuando Cuba nacionalizó el azúcar, destruyó su único ingreso. A una agrónoma soviética se le ocurrió publicar en La Habana un artículo en el que decía que por fenómenos inexplicables la tierra cubana parecía diseñada para producir caña de azúcar. Al poco tiempo prohibieron la circulación de la revista. El proyecto no era aumentar la producción de azúcar, sino acabar con el monocultivo que los sujetaba al imperialismo. Después cambiaron y se propusieron aumentar la producción, porque era la única fuente del subsidio ruso. Moscú se la compraba a un precio superior al del mercado, pero allí no hubo desarrollo económico ni tecnológico. No acertaron en una sola cosa, porque el propósito no era construir, sino destruir la azucarocracia y su nexo con el imperialismo. Lo lograron. Hoy la situación del campo cubano no puede ser más desoladora. Yo me he preguntado cuál es el resultado de la lucha contra el latifundio en Venezuela más allá de restablecer y agrandar el latifundio del Estado. Tengo entendido que en Barinas la familia de Chávez es ahora la principal latifundista.

—*¿Fue una destrucción buscada y programada?*

—Es cosa sabida que la gestión directa del Estado en cualquier rama de la economía conduce a la ineficiencia y al colapso administrativo. Si el objetivo no es mejorar o incrementar la producción, sino destruir un poder sociopolítico, los resultados no son distintos. Las reformas agrarias nunca han sido para incentivar la producción, sino para destruir la propiedad privada en el campo. Era necesario políticamente destruir la burguesía, los latifundistas, la propiedad privada. Es un medio de demolición, no de construcción. En cambio, cuando se nacionaliza el petróleo y cuando se establece el sistema del Guri se construye, y con un sentido de ejercicio democrático. El Guri no produjo electricidad para los adecos ni Pdvsa fue la beneficiaria de un exclusivo sector social, sus beneficios fueron para todos.

—*En Cuba, desde hace cincuenta años todas las tierras son propiedad del Estado, pero ahora han comenzado a entregar tierras en usufructo a los campesinos.*

—El Gobierno cubano, ante la crisis alimentaria y habiendo comprobado el fracaso de la socialización del campo, la colectivización, anunció la figura del usufructo: le entrega a las personas un pedacito de tierra para que la exploten en su propio beneficio. Pero hay un pequeño problema. ¿Va a reconocer el Gobierno cubano el *uti possidetis juris*, la prescripción adquisitiva? El derecho positivo establece que quien recibe un pedazo de tierra, lo cultiva y lo trabaja, sin que haya contestación, y al cabo de diez años adquiere la propiedad.

—*Para eso tiene que haber justicia...*

—Ahí está el punto. El objetivo del Gobierno cubano es tener mano de obra gratuita. Ya no se trata siquiera de pagar los salarios de hambre de la isla, sino la mayor confesión del total fracaso de la estructura colectivizada en Cuba. Se le está diciendo a la gente que se las arregle como pueda.

—*Vamos hacia allá...*

—A nosotros nos están llevando hacia el pasado y ellos tratan de salir del pasado.

—*El socialismo utiliza el petróleo para construir su estructura socialista...*

—La democracia nacionalizó el petróleo como un acto de soberanía nacional. Existía el convencimiento de que Venezuela no sería un país verdaderamente independiente mientras fuese dependiente en el orden económico, y en ese orden el vínculo fundamental era el petróleo en manos ajenas. Nacionalizar la industria petrolera era perfeccionar la independencia nacional.

—*¿Y la empresa privada?*

—No fue capaz, y ahora está en retroceso, de ser el factor fundamental del desarrollo social y económico del país. Habría que pensar en la participación privada en la industria petrolera, como sucede en muchísimos países. Con participación del Estado y con control del Estado, pero el núcleo debe estar en manos de la sociedad. Íbamos hacia allá, iremos hacia allá, allá llegaremos. El barbudo de Tréveris enseñaba que en toda situación lo que determina la historia no es lo que existe y prevalece, sino lo que nace y se desarrolla. Es decir, la fuerza de la historia está en la capacidad de brote. Tenemos diez años en esta situación, en los que en la oposición reinó un desconcierto tremendo y de búsqueda de salidas tradicionales con respecto a la democracia, y siempre tímidamente. La huelga general nunca se convirtió en huelga insurreccional, con lo que se violó un principio básico, que conocemos desde George Sorel: «No se convoca una huelga general, menos aún, indefinida, si no se tiene previsto su conversión en insurrección». En la jornada de junio de 1936 se cometió ese error, y el hombre que lo reconoció fue Rómulo Betancourt. Hubo una manifestación popular en Caracas, masiva para la época, y el comité democrático declaró la huelga general, pero en lugar de hacerla a plazo determinado la hicieron por tiempo indefinido, sin prever su conversión de huelga en insurrección. Betancourt dice que una huelga general indefinida que no prevea su conversión en insurrección muere de inanición. La oposición exploró todas las vías. Todas. Se topó con la autocracia y con el fracaso. Pero de pronto ha brotado una vía que nadie había diseñado, salvo los locos en la Copre: la descentralización, que ha brotado como una fuerza creciente, no absoluta, que muestra un progreso muy considerable en un breve plazo. Los ciudadanos han adquirido conciencia de su territorialidad, que no va en contra de la unidad de la nación, pero sí favorece el fortalecimiento de la democracia. Cuando se dice que la oposición no tiene fuerza suficiente para enfrentar la arremetida, desesperada y dolida del régimen, es verdad, pero posee la potencialidad de crecer y de imponerse. Está en el sentido de la evolución histórica social; su contraparte está en el sentido de la regresión.

—*La represión, el terror, etc.*

—Sí, pero ¿qué efecto va a tener eso en su propio seno? No es posible pensar qué efecto tendrá la agudización de la represión. ¿Favorecerá a quien la practica o terminará por favorecer a quien la padece? Es muy pronto para decirlo, y no por el tiempo, sino por los factores que intervienen. Todavía estamos en un campo de batalla en el que los dos ejércitos contrincantes están determinando, midiendo, ocupando el espacio. Me tienta decir una cosa que suena perversa: no sería malo que el Gobierno tomara el camino de la represión. Podría ser el factor que falta para demostrar lo que la oposición todavía no ha logrado dejar claro. Todavía hay gente que dice que este gobierno no es una dictadura, que todavía se puede hablar. Cerraron Radio Caracas Televisión, pero todavía se puede hablar. Esa gente tiene una concepción muy epidérmica de la democracia. Se vota, es verdad, pero el procedimiento es lo menos democrático que se pueda imaginar. Siembran obstáculos para que la información y la opinión no circulen. Impera el secreto de Estado. Eso tiene que ser combatido a todo trance. El Derecho Penal concibe que, en función de los delitos, existen los agravantes: premeditación, alevosía y la ventaja, pero se añade otro especialmente significativo: la nocturnidad, que se aplicaba en la época en que no había luz eléctrica. Se suponía que en la oscuridad la víctima estaba en estado de absoluta indefensión, no tenía posibilidad de ver, de oír ni de prever nada. Es un máximo agravante, y es lo que el régimen intenta cuando suprime la libertad de información, para que la ciudadanía no conozca de los actos y hechos que nos involucran a todos. Por ejemplo, han comprometido al país hasta cuatro generaciones con los sopotocientos tratados con Cuba, Irán, Bielorrusia, Rusia, Bolivia, Brasil, Nicaragua, Argentina, etc., nadie sabe para qué, por qué ni cómo. Nada. Anuncian que se firmaron tantos acuerdos, pero no dicen en qué consisten. En la Asamblea Nacional tampoco ocurre nada, es una caja de resonancia perfecta de la cuerda que toque el Ejecutivo. El Gobierno no solo acalla a la oposición, acalla también al pueblo en su totalidad, incluida esa porción denominada «el pueblo revolucionario». Impone el silencio con intimidación, con dádivas, con coacción ideológica. El régimen necesita la nocturnidad para llevar adelante su plan de demolición de la República y de erradicación de la democracia. Uso esos dos términos muy intencionalmente. La República se puede demoler, porque es una estructura de carácter jurídico, social y político; la democracia se erradica, porque está en la sociedad, en el pueblo, en la gente. La gente con ideas está condenada al silencio. No solo las televisoras, las estaciones de radio, los diarios, las revistas y las organizaciones son amordazados, las individualidades también son acalladas. Estamos a punto de llegar al umbral más temido por el Gobierno: el individuo, que tiene una cualidad en el sentido democrático de la palabra. Vive una circunstancia muy especial: en principio, debe ser más intimidable y hasta más corruptible que las instituciones, hasta por un pedazo de pan o con un rolo se le puede amenazar, pero al mismo tiempo, por misterios de la psiquis y de la cultura, ese individuo tan vulnerable se vuelve inmune a todas las amenazas, a todas las presiones y a todas las tentaciones en la medida que cultive la autoestima. Es decir, el hombre que necesita poder verse en el espejo sin tener que cerrar los ojos o sin sonrojarse de vergüenza. Ese hombre se vuelve irreductible. Para poner casos extremos, ¿qué representaban Mahatma Gandhi y Mandela como poder? Gandhi llegó al extremo de reducirse a la pobreza, justamente, para levantar un muro contra toda tentación. Dijo: «El hombre debe vestirse con el hilo que hila». La desesperación de todos los jefes del imperio británico era ver cómo aquel hombre insignificante, endeble, carente de toda fuerza específica o propia, ponía en jaque al más poderoso imperio de su tiempo.

—*Estaba enfrentado al imperio británico no a Hitler...*

—¿A quiénes lleva Hitler primero al campo de concentración? A los comunistas alemanes, a los que habían luchado contra Hitler. En la Unión Soviética, Stalin mató más comunistas que Hitler. Los hombres exterminados por Stalin eran los que guardaban su conciencia, los que eran consecuentes con un pensamiento o con una idea. Es casi indefectible que a los gobiernos autocráticos, dictatoriales, absolutistas, les llega un momento en que los peores enemigos son los individuos, simplemente porque rechazan el silencio, que solo abre las puertas de la subordinación y de la servidumbre. Si no hay la posibilidad de informarse, y de opinar y de expresarse, ¿qué queda? No en balde el hombre ha luchado por este principio, por este derecho, a lo largo de la historia contra todos los regímenes habidos, sean de carácter religioso, político, económico, lo que fuere.

—*¿Cree que Chávez pretende imponer una cortina de hierro y limitar aún más el libre flujo de información?*

—A los medios independientes los acusa de haber participado en una conspiración. El enfoque no es contra un medio o una persona en particular, es contra los medios de comunicación privados que no son controlados ni acallados por el Gobierno. Pueden intentar cerrar Globovisión, y posiblemente se anoten uno que otro resultado en lo inmediato, pero en el corto plazo están condenados a no lograrlo. Es determinante la porción de la sociedad venezolana que tiene una clara concepción de lo que son sus derechos y su identificación con la democracia. Chávez necesita de un pueblo dormido para seguir adelante con este proyecto de erradicación de la democracia. Intentará cerrar los medios de comunicación. La consigna es muy vieja: pueblo informado, pueblo alerta; la empleó el liberalismo cuando luchaba contra la autocracia y el establecimiento de la monarquía. No lo tomemos al pie de la letra, pero sí démosle la vuelta: pueblo no informado, pueblo dormido. Y eso es Cuba, donde en el único periódico que circula se lee un titular que dice: «El pueblo cubano recibió de plácemes al gobernante de San Tomé». Pocos cubanos saben qué cosa es San Tomé, pero se afirma que el pueblo cubano recibió con entusiasmo a su representante. Igual hizo la Agencia Bolivariana de Noticias cuando difundió que hubo «alborozo nacional con la llegada de la flota rusa a las costas venezolanas».

—*Una manera de amenazar, de recordar que ellos tienen el poder de fuego, que es una «revolución armada»…*

—Quizás no sería tan malo que incurran en la torpeza de creer que pueden seguir adelante en su proyecto de demoler la República y de erradicar la democracia, ahora por la fuerza. Se percibe que la desesperación será más evidente, mientras que la oposición ha recibido un aporte muy grande de conciencia que le añade fortaleza. Yo me río un poco de la gente que dice que Chávez debe olvidarse de esto o aquello y dedicarse a gobernar. Lo peor que le puede pasar a la democracia es que Chávez gobierne, que se convierta en un tirano benévolo, en el padre severo, pero pródigo, cariñoso y buen administrador. Muchas personas también caen en la torpeza ilusa de aconsejarle a Chávez cómo hacer las cosas bien. No. Él está haciendo bien lo que puede hacer: tratar de destruir la democracia.

—*Ha dicho que ya no es el pendejo que tumbaron el 11 de abril…*

—Se ha convertido en un guapo de barrio; y el destino trágico del guapo de barrio es que no puede dejar de pelear con todo el que lo desafíe. Si lo hace, viene un perrito y le mea los zapatos. Esa es su mentalidad, hasta ahora.

—*También hay gente que lo compara con Noriega y cree que vendrán los marines «a salvarnos» de sus baladronadas.*

—No creo, en absoluto, que eso esté planteado. Estados Unidos no intervendrá en los problemas de Venezuela de esa manera. Podría intentarlo indirectamente, como lo hacen otras potencias, pero jamás enviará 30 000 o 40 000 soldados como ahora hay 40 000 cubanos. Venezuela hoy es un país ocupado por Cuba.

—*¿Podría ocurrir que la tendencia totalitaria recule y haya una vuelta al camino de la democracia?*

—El intento de este gobierno militar-militarista es replantear todo el sistema, en función de criterios muy claros: primero, el continuismo, si no en la misma persona, sí con el mismo propósito: ordeñar esta gran vaca que da leche negra, que se llama Venezuela. Es la realidad. Me niego a hablar de proyecto. ¿Cómo se explica que estos hombres que dicen combatir el capitalismo y demás monsergas tengan cuentas en Estados Unidos? Una vez hubo una discusión en la UCV con algunos radicales que hablaban de lucha armada y de ir a la montaña a combatir. Se quedaron callados cuando les dije que cuando menos dos o tres líderes de la resistencia armada a la democracia habían comprado apartamentos en propiedad horizontal con créditos de la asociación de profesores. Yo no logro imaginar a Lenin refugiado en Estocolmo adquiriendo una vivienda, mucho menos en propiedad horizontal. No se puede hablar de proyecto sino de propósito: ordeñar la leche negra. Hace un montón de años que en una reunión en el Cendes a alguien se le ocurrió este jueguito: «Si la revolución fuera mañana, ¿qué haría hoy?». Yo respondí que tomaría el avión para irme a Miami. No hablaba en broma, era en serio. Se acabó la reunión. Yo quería decir que entre la democracia, con todas las imperfecciones que pueda tener, y cualquier forma de autocracia, con todas las vestiduras de revolución que se le quiera dar y todas las perfecciones posibles, prefiero la democracia. A mí no me gusta la ciudad de Miami, pero la prefiero a cualquier autocracia. Ellos son unos capitalistas en potencia que no reúnen la determinación suficiente para limpiar su espíritu; siempre les será más grato viajar a Miami que a La Habana.

—*Tienen tanto dinero que en La Habana no lo pueden disfrutar...*

—En el libro *Las sabanas de Barinas*, el capitán inglés Richard L. Vowel, que combatió en los llanos con el general José Antonio Páez, escribió que esta es una sociedad tan extraña que el concepto de robo no existe. Los venezolanos no decían que fulano robó, sino que se cogió tal cosa. Después utilizaban un eufemismo: «Se comió un queso», «se enquesó».

—*¿Se utiliza la esperanza de los venezolanos y la confianza que históricamente han tenido en la gente de izquierda para engañarlos y obtener beneficios pecuniarios?*

—Este militarismo-militar es una secuela de una defectuosa evolución de la sociedad venezolana en cuanto al sector castrense. Los militares son una secta y poseen una mentalidad, por definición, ajena a los fundamentos de la democracia. No se puede democráticamente mandar a un hombre a que mate o a que muera sin que este pregunte por qué. Preguntar no cabe en la lógica militar. Quizás el camino sería borrar la frontera entre lo militar y lo civil, que haya expresiones en lo militar que lo igualen con el sector civil, y que el sector militar adquiera rasgos de la conciencia de la sociedad; por ejemplo, la participación electoral. El militar no puede ser un militante político, pero puede ejercer el derecho de votar, como cualquier ciudadano. En 1824, el Congreso de Colombia recibió la queja de que a los sectores militares no se les reconocía el derecho a voto. Ponían como contraste a Estados Unidos, país en el que los militares votaban desde el inicio de la república. Entre nosotros no, porque el militar estaba encargado, sobre todo, de controlar al civil. Aportaba supuestamente dos valores de los que se suponía el civil carecía genéticamente y al militar le sobraban genéticamente: orden y eficiencia. La separación de militares y civiles era necesaria para ejercer no la defensa de la nación, que era el pretexto, sino el control de la sociedad. Dentro de un esquema conceptual es muy clara la función del militar: preservar la institucionalidad constitucional, nunca ejercer el poder, tampoco mandar o tomar por asalto la administración pública. Si se estudia la *Historia constitucional de Venezuela* de Gil Fortoul se llega a la conclusión de que la civilidad ha sido construida por los hombres de pensamiento y de ley, y que la no civilidad ha sido agobiada, enfrentada, por los hombres de pensamiento y de ley.

—*Hubo gobiernos militares que dejaron obras importantes. Gómez, el Código Civil; Pérez Jiménez, una amplia infraestructura…*

—No tengo la menor duda de que los gobiernos militares exitosos del pasado supieron diferenciar, dentro de su rusticidad, entre mandar y gobernar. Aquellos hombres mandaban en su ámbito, pero el gobierno quedaba en manos de civiles en un alto porcentaje. Cuando no es así, ocurre lo que tenemos actualmente: un régimen militar-militarista en el que los militares no solo mandan, sino que además pretenden imponerle a la sociedad el patrón militar. Han asaltado la administración pública y pretenden imponerle modos militares de funcionamiento. ¿Por qué mandan a un tenientico a dirigir algo que él jamás demostró que sabía hacer? Porque es «un hombre de orden y de eficiencia». El militarcito viene con el reconocimiento de que representa el orden y la eficiencia. Los civiles, los burócratas, deben obedecerlo. Eso es lo que llamo la perversión del régimen militar. El tenientico que ponen de director de cualquier cosa, no tiene que gobernar. No. Le basta ordenar. Sin embargo, dentro del mundo militar, el orden y la eficiencia son negadas por la misma estructura. Son una ficción. La administración militar es un túnel insondable en el que nadie ha podido asomar la nariz. Ni siquiera son capaces de mantener en buen estado los juguetes de guerra que la sociedad civil les entrega. Cada vez que tienen que mover algo se les accidentan los tanques o los barcos no flotan. Negado en las propias Fuerzas Armadas, el esquema de eficiencia y orden se lo imponen a los civiles cuando nombran en cualquier cargo a un tenientico. Él representa ese mito. Y la forma de que sobreviva ese mito es mandando, no gobernando.

—*El militar funciona dentro de patrones de mando y obediencia, pero la cadena de mando fue destruida. Un teniente manda más que un general, si por afinidad ideológica tiene línea directa con el comandante en jefe.*

—No, no rompió la cadena de mando. La personalizó, está dentro de su uso particular, con sus variantes personales. No hay instituciones ante las cuales hacer valer los derechos de los ciudadanos, de los sindicatos, de las organizaciones profesionales, etc. La sociedad se manifiesta en dos términos: un Estado, personificado, absolutamente todopoderoso y dispensador del bien y del mal; y un individuo a la merced de este Estado, incapaz de hacer valer derechos, convertido en un súbdito, sometido y dependiente de la gracia del poder. Lo más grave es que se le invita a que deje de ser ciudadano en nombre del desprendimiento, del altruismo, la solidaridad, en fin, de su capacidad de ejercer la libertad.

—*Se repite que el venezolano es un ser díscolo, arbitrario y retrechero que no se someterá a la bota militar...*

—Esas son explicaciones pseudoliterarias, no se corresponden con la realidad. El venezolano es como cualquier otro pueblo. Susceptible de equivocarse, de ser presionado, de desviar sus objetivos, pero también es susceptible de expresarse, incluso, con un esencial ejercicio de la libertad, entendido como capacidad de autodeterminación y de participación en la definición de la sociedad. Hasta finales del gobierno de Juan Vicente Gómez se creyó que la contradicción era entre dictadura y libertad, que son desiguales en naturaleza. Mucho después se entendió que era un error. La dictadura es una perversión del régimen sociopolítico, pero la libertad es un derecho humano. Cuando los hombres entienden que la verdadera contradicción es entre dictadura y democracia, dos formas de concebir el poder, la libertad se eleva a su condición real de derecho humano, no de expresión de la antidictadura. La dictadura y la democracia son sistemas sociopolíticos. Nadie nace demócrata. La democracia es una adquisición social, como la dictadura. Para combatir la dictadura lo que se necesita no es libertad, sino otra vía de formación de poder: la democracia. Esa es la gran adquisición, el cambio. Cuando se pasa de la antinomia dictadura-libertad a la antinomia dictadura-democracia, la libertad queda como un derecho que no puede ser ni otorgado ni negado, porque es un derecho humano, ajeno a la voluntad del gobernante.

—*¿Bolívar fue demócrata?*

—Nunca. No podía ser demócrata por razones muy claras. En primer lugar, nunca gobernó, él mandó. Segundo, ideológicamente se formó bajo la influencia de lo que había significado la Revolución francesa a partir de la Convención y de los excesos que se le atribuyeron a la democracia como gobierno de todos, las multitudes que gobernaron y el desangramiento en las guerras napoleónicas. Bolívar asociaba la democracia con el ejercicio imprudente, irresponsable y nocivo de la libertad. No podía ser de otra manera. El régimen que podía servir de parangón a Bolívar era Inglaterra, que había conciliado la monarquía con la república: una monarquía constitucional en la que el monarca no gobernaba, sino la sociedad. En el Bolívar anterior a 1824 habría sido una terrible inconsecuencia con la gente que luchaba con él contra la monarquía aceptar el concepto de monarquía constitucional. Cuando Bolívar redacta la Constitución en 1825 para Bolivia, busca un punto intermedio entre la monarquía constitucional y la república. Habla de un presidente vitalicio con derecho a nombrar sucesor, pero no dinástico. Bolívar quería conciliar la esencia monárquica de la sociedad con la proposición republicana. No es una inconsecuencia de Bolívar sino un extraordinario acto de realismo político, de una creatividad asombrosa. Después de catorce años de lucha contra la monarquía, ese hombre se pregunta si la república es posible en aquella sociedad monárquica. Se inspiró en el ejemplo de Haití, que había pasado por todas las secuencias de gobierno hasta que, con Alexander Pétion, llegó a una presidencia con visos monárquicos y a un sucesor que mantiene su orientación, pero que no es dinástica. Bolívar reflexiona siempre sobre lo real, no sobre lo ideal. Cuando hace esa proposición tiene conciencia de que el camino hacia la república será largo y difícil. Solo cuando los súbditos sean verdaderos ciudadanos será posible la democracia. La experiencia norteamericana de esos años estaba muy lejos de la democracia en el sentido estricto. La prueba es el conflicto entre un gobierno federal que se sentía fuerte, encabezado por Washington, y los poderes estatales que pretendían mantener sus prerrogativas. Había un buen sector de la sociedad que procuraba mantener la esclavitud en todo su rigor. En cambio, en Inglaterra estaba probado que era posible un régimen que consagraba la unidad de Gran Bretaña con un gobierno civil, democrático, que garantizaba el control del poder por la sociedad y no por la Corona: la monarquía constitucional. Se necesitaba un símbolo del poder, no de gobierno. Ese problema lo teníamos planteado. Bolívar lo aclaró, pero no lo podía ver desde el punto de vista de una democracia conceptual, roussoniana. No. La realidad le demostraba otra cosa. Cuando digo que Bolívar no fue un demócrata no es para su demérito. Si lo hubiese sido, habría sido un soñador iluso y absurdo. Simón Bolívar, después de los golpes que recibió, actuó con realismo absoluto.

—*¿Era socialista?*

—Ese es un buen chiste. Bolívar era un hombre de pensamiento del siglo XVIII. Creía en los valores esenciales de la humanidad: la libertad, la justicia, la verdad, pero en términos absolutos, no eran conceptos pragmáticos, por eso su idea del Senado vitalicio, que mucha gente considera un ladrido a la luna, pero que es, justamente, la expresión de aquel sustrato dieciochesco de Bolívar. La república para poder funcionar requería un regulador, que no debía ser simplemente legal sino que se atuviera a criterios fundamentales como la legitimidad y, algo difícil de concitar, el sentido de responsabilidad ética que debe acompañar al poder. No basta que una sociedad sea legal, tiene que ser legítima. La legitimidad, sin embargo, no se vincula a la ley, sino a la ética. Ese pensamiento viene de la Revolución francesa.

—*¿Por qué incluyen a Bolívar en el arsenal de la propaganda socialista?*

—Es la búsqueda de la legitimidad. El régimen no comenzó socialista. Ellos llegaron hablando de verdadera democracia, después se referían al legado de Bolívar y finalmente pronunciaron la palabra socialismo. Los cubanos exprimieron a José Martí hasta decir basta, y aquí recurrieron a Bolívar. En ese tránsito, la diferencia con Cuba es que el concepto, las menciones al socialismo, son muy circunstanciales y no son parte fundamental del discurso. Si esto perdurara hasta 2012, también el socialismo sería sustituido. Ahora mismo la razón de ser de este régimen no es construir el socialismo sino combatir al imperio. El nuevo *leitmotiv* es el antiimperialismo. Se acude al más viejo de los esquemas, a la confusión entre libertad e independencia nacional, algo que arranca justificadamente desde 1825, cuando se pensaba que el ejercicio de la libertad podía comprometer la independencia nacional. Había una fuerte corriente colonial en la sociedad, había la posibilidad de una reconquista por la Santa Alianza, porque Fernando VII seguía insistiendo en que le devolvieran su imperio, etc. Esa idea se trasladó a la república liberal autocrática, después de 1830, y se enarboló cada vez que había necesidad de justificar la restricción de la libertad ciudadana. En 1898, la independencia nacional no estaba en peligro. Cipriano Castro pronuncia su famosa frase contra «la planta insolente del extranjero» para privar al venezolano de libertad, no para supuestamente garantizar la independencia del país.

—*Y cuando Chávez habla de imperialismo...*

—Apela a la ficción histórica que inventó la república liberal autocrática para justificar la opresión de la sociedad: la deliberada confusión entre independencia y libertad. Juan Vicente Gómez decía que «éramos un país libre» cuando quería decir que «éramos un país independiente». Esa sinonimia falaz entre independencia y libertad todavía es manipulada. Por ejemplo, cuando la Unión Europea aprueba un voto de censura a alguna medida del Gobierno venezolano o Estados Unidos dice algo, el régimen militar-militarista considera que están agrediendo la independencia, no que están calificando el sistema político; en consecuencia, es una manifestación del imperialismo. Interfieren en la soberanía nacional y en la independencia cuando opinan que el Gobierno oprime al pueblo. Es una artería. El fin es: «Señor, déjeme a mí hacer con este pueblo lo que me dé la gana; usted no tiene derecho siquiera de mirar hacia acá, porque viola la autodeterminación y la soberanía nacional». Las combinaciones de autoritarismo y demagogia requieren el viejo esquema de independencia y libertad. Nadie puede meterse con esta organización, porque es independiente; si alguien la critica, atenta contra la libertad. Una excusa bellísima que todavía funciona. La libertad, entonces, consiste en que el autócrata tenga la mano libre para privar de la libertad a quien quiera. Parece un juego perverso, maléfico, pero funciona.

—*¿Ahora se recurre otra vez a ese esquema manido?*

—Hay una especie de desierto creativo. Es lo mismo que ha hecho Fidel Castro. ¿Qué argumento se podría utilizar hoy para justificar la privación de libertad? Ya nadie cree el viejo esquema que utilizaron los soviéticos: «Dame tu libertad y te daré bienestar». No funciona en Cuba y tampoco funcionó en China. Lo único cierto es que quitaban toda la libertad y el bienestar no llegaba nunca.

—*¿Tiene que haber una justificación? ¿No puede ser porque le da la gana?*

—Tienen que tenerla. La conciencia social se ha desarrollado y el hombre se siente cada vez más sujeto de derecho, no solo de deberes. Es lo que explica que la Unión Soviética se desplomara sin ningún tipo de resistencia.

—*Siguen gobernando los mismos: la* KGB.

—Con una diferencia fundamental: no pueden gobernar como antes.

—*En nuestro caso, ¿nos quitan la libertad para darnos consignas antiimperialistas?*

—Todavía podrían decir que el país marcha perfectamente, que las carreteras venezolanas de segunda son superiores a las autopistas que construyó Hitler, que no hay desempleados, que todos los niños van a la escuela, que el país camina hacia la perfección. Sin embargo, recurren a una bicicleta iraní para tener la sensación de que se montan en una bicicleta, cuando daría pena mostrarla en Francia, Alemania, Suiza o Inglaterra. No pueden recurrir al esquema de Hitler, no es posible. El país se cae a pedazos y ven cualquier acto de expresión de libertad como un riesgo para su permanencia en el poder.

—*La sociedad se rebela…*

—Lo dramático es que esta situación puede convertirse en trágica. El curso que han tomado los acontecimientos debe preocupar a quienes hoy mandan más que gobiernan: están privados no solo de legalidad sino absolutamente de legitimidad. No pueden invocar un resultado positivo. ¿Hay más seguridad? ¿Más tranquilidad? ¿Mejor funcionamiento de la sociedad? ¿Más eficiencia? Ni siquiera es posible obtener la cédula de identidad con un simple trámite.

—*Son muy ineficientes para manejar la administración pública, pero muy eficientes para preservar el poder...*

—No es un gobierno. Mandan, no gobiernan. El Estado ha sido demolido. No hay separación de poderes. ¿Se puede acudir a un tribunal y esperar que se haga justicia? No solo no gobiernan, en el sentido político, sino que además el Estado ha sido falsificado y pretenden ir en contra de la esencia de la República: la ciudadanía, que es la expresión de la soberanía popular. El problema no es eficiencia o ineficiencia, eso es una ficción para ellos. El criterio esencial y único es mantener la unidad absoluta del mando. ¿Qué pasó con el salvador de la patria, el general Raúl Isaías Baduel? El mensaje es muy claro: fuera de la obediencia nada. No importa que tengas seis soles en las charreteras, si estás fuera de la obediencia no significan nada. La triste historia de Baduel es impresionante. Si yo fuera dramaturgo y tuviera tiempo libre haría un drama con la historia de Baduel. Me conmueve el esfuerzo que hace por convertir en vestigios una notoriedad dilapidada. Nadie le hace caso, nadie le presta atención. Es un mensaje muy claro a los que quedan dentro del esquema del mando. Si este, que era el compadre, el salvador de la patria, puede ser borrado e incluso ser acusado de malversador y todo lo demás, no hay dudas de que estamos dentro de una concepción absoluta del mando. Obedeces u obedeces, no tienes derecho a duda alguna. El prólogo de Baduel al libro de Hans Dieterich es conmovedor. Un acto de devoción absoluta. Dice que debería leerse en los colegios y en los sindicatos. Sin embargo, ahora aquella figura egregia yace debajo del subsuelo. Su compadre, a quien salvó y demás, se ha portado mal, y lo llama traidor y cobarde por la televisión. Nadie oye a Baduel, ni de aquel lado ni de este. Nadie. Baduel, a pesar de que se dice lúcido, culto y demás, dejó pasar su oportunidad histórica. Hoy sería citado por el pueblo de Venezuela y por la historia como el verdadero salvador de la patria, si no hubiese desaprovechado el segundo histórico que se le presentó, pero él prefirió refugiarse en un esquema acomodaticio y torpe: la constitucionalidad.

¿Cuál es la constitucionalidad de un régimen que comenzó negando la Constitución? No, por favor, es una piedra de molino demasiado grande para tragársela. A todo político se le presenta la oportunidad de saltar a la celebridad; a veces, esa oportunidad es el resultado de un esfuerzo de cuarenta años, pero dura un segundo, si no percibe esa oportunidad y la aprovecha, despilfarra los cuarenta años de esfuerzo. Esa tesis vale para Baduel. Lo confundió su lealtad, su sumisión. Posiblemente soñaba que sería el sucesor. Ha reencarnado como seis veces y ha acumulado más de quinientos años de experiencia, pero no ha demostrado lucidez sino tontera. El esfuerzo que hizo para encontrar un espacio no tuvo eco. La sociedad se está pensando a sí misma prescindiendo de las figuras militares; eso le va a plantear a las Fuerzas Armadas una tremenda situación, y para sobrevivir tendrán que resolver este dilema: están en contra o en pro de la sociedad. Si están en contra, tendrán que convertirse en los verdugos de la sociedad; si están en pro, tienen un camino abierto que es la institucionalidad, el respeto de la soberanía popular. Ese problema lo resolverán los militares para quienes la carrera militar no es una manera de asaltar el tesoro público, sino una realización profesional. Los hay, me consta. He tenido alumnos que son militares, como podrían ser médicos o ingenieros.

—*¿Cómo descifra a Baduel?*

—Crudamente, Baduel fue un hombre que invirtió en la sucesión. Creyó que la relación casi familiar con el jefe, el haberle rendido el mayor servicio que podía, el haber demostrado la mayor pleitesía, le garantizaban ser el sucesor. Baduel no es un hombre especialmente inteligente. Es leído, pero hay una diferencia entre leído e inteligente. Ve la realidad a través de conceptos que no tienen aplicación ni vigencia en el mundo de la política, que son escudos más bien. Quizás haya un poco de cobardía detrás de eso. Por ejemplo, él repite que defendió la institucionalidad, pero la verdad es que permitió la destrucción de las Fuerzas Armadas. Impuso la consigna «Patria, socialismo o muerte», y otras tantas tropelías como la Reserva. Convalidó todo aquello. ¿Cuál es su sentido de la institucionalidad, salvar al jefe pensando en su propia persona como sucesor y acumulando méritos para eso? Está claro que Baduel tampoco ha leído historia. Los hombres del modelo Chávez no admiten deudas de lealtad, sino que la lealtad se da gratuitamente, a cambio de nada. Tenemos ejemplos en la historia. Para el gobernante despótico, tiránico, la lealtad es algo que se recibe, algo a lo que se corresponde con gracia, pero la gracia no crea un derecho, una acreencia, sino que es algo que se recibe. «Te doy la tercera estrella, pero eso no te da a ti ningún derecho de pensar que yo estoy en deuda contigo. Es una gracia». La historia está llena de esos errores, del palaciego que cree que por esa vía amarra la voluntad del poderoso. Baduel quiso darle el último obsequio a Chávez proponiendo la Asamblea Constituyente, que era la primera posibilidad de reelección. Es un traidor total. Ha traicionado hasta su propio interés, porque en el fondo es un ingenuo políticamente.

—*A Chávez lo llaman «nuestro líder», «jerarca supremo», etc.*

—¿Cuáles son los dirigentes políticos del patria, socialismo o muerte, con un mínimo de presencia política y social, que lo acompañan? ¿Quiénes son y dónde están?

—*Diosdado Cabello, Jorge Rodríguez, Aristóbulo Istúriz, etc.*

—Empleados públicos puestos allí por él, mantenidos por él, ascendidos por él, pero nadie con presencia política propia.

—*Antes tenía a José Vicente Rangel.*

—José Segundo Rangel, como lo llama alguien maliciosamente, es el hombre que más derrotas ha acumulado en Venezuela. Jamás ha logrado un triunfo. Es un resentido. Habría que aplicarle algo que suena grueso: tiene el vuelo de las gallináceas, como Escovar Salom. Son gente que alcanza notoriedad en la medida que están bajo la sombra de un poder real, pero que por sí mismos no representan ningún poder, ninguna capacidad de prestigio.

—*¿Chávez sí lo tiene?*

—Lo tuvo, pero lo está perdiendo. La prueba es el documento en el que llama a que todos sus partidarios se unifiquen bajo la única égida de su partido. En el discurso de instalación del Partido Socialista Unido, luego de gritar «Patria, socialismo o muerte», los conminó a que abandonasen la fragmentación para formar la unidad revolucionaria. Cuando habló así, creía que las circunstancias estaban maduras para que todos abandonaran sus aspiraciones individuales, políticas, etc., y vinieran calladitos a seguir sus instrucciones y a depender de él, como está claro en el discurso que pronunció el 24 de marzo de 2007, que fue publicado con la horrible transcripción textual de sus palabras. Un gran fracaso. Hasta el más servil de los partidos, el Partido Comunista, que fue capaz de tener a Edmundo Chirinos como candidato a la Presidencia de la República, encuentra la forma de presentar una obediencia a medias, condicionada. Chávez pensaba que al día siguiente todos esos partidos desaparecerían, lo que revela un cuadro psicológico muy interesante. La realidad es que se estrella contra algo que no es incomprensión, falta de altruismo o de conciencia revolucionaria, sino un virus llamado democracia. En definitiva, aun dentro de ese esquema «socialista» hay grupos, sectores y partidos contaminados por la democracia, que creen que pueden tener una visión propia y una aspiración propia.

—*¿Crear el partido único fue una instrucción enviada desde La Habana?*

—No sé si fue una instrucción o un producto de la inspiración de Chávez, que creyó, por su personalidad, que podía disponer del destino de todos y constató que no puede disponer ni siquiera de sus seguidores. Además, cometió el error de todoególatra que personifica sus actos: «Si no me obedeces, estás en mi contra; en consecuencia, estás en contra del régimen, y como el régimen es la voluntad del pueblo, que yo represento, tú estás en contra del pueblo». Eso es muy grueso, eso lo podrá utilizar algún aventurero de la política, algún logrero; pero alguien que tenga un adarme de cerebro no cae en eso.

—*El Gobierno se las ha ingeniado para que los resultados de las elecciones no tengan consecuencias. Lo que la soberanía popular desaprueba mediante referendos, como ocurrió con la reforma constitucional, es impuesto a través de las leyes de la habilitante u otras maneras aparentemente legales...*

—El régimen tiene indicios suficientes de que no obtendrá por las buenas el mandato absoluto, franco y claro que necesita. No le basta que un resultado electoral le favorezca parcialmente. No. De ahí la creación de las regiones militares. Toda consulta popular fortalece la República. Significa una reafirmación de la conciencia democrática y republicana de un contingente determinado de la sociedad, aun cuando sea desvirtuada, desconocida y burlada por el Gobierno. Frente a eso la única capacidad de respuesta oficial es la violencia. Este hombre no ha podido organizar un partido, una estructura coherente en el orden político y con un mínimo de eficacia administrativa. Queda arrinconado a la violencia y monta las regiones militares, que perfeccionan el régimen militar-militarista. El enfrentamiento subirá de grado, y con un elemento muy importante: la pugna por la descentralización, la autonomía regional, que tiene sus raíces históricas en cinco siglos de formación, y que ha sido eclipsada por la necesidad de reunificar el país, que ahora florece con más rigor. En el Zulia, en 1810, no aceptaron la junta suprema conservadora de los derechos de Fernando VII que se instaló en Caracas porque consideraban que ellos tenían derecho de decidir su destino. Una raíz histórica muy profunda. Venezuela se formó como un conjunto de regiones, y ahora Zulia, Mérida, Táchira o Lara luchan por la República como una suma de regiones. La lucha sube de grado. Los estados han tenido la experiencia de caminar por sí solos, saben que sus problemas locales no se van a resolver en Caracas, sino en sus regiones; y que deben ser debatidos. Hace pocos años eso no existía. No es que ellos piensan en el Zulia como el centro del universo, sino que piensan en Venezuela en función de su condición de zulianos. Una manera distinta de sentir la República, y de bregar por el país como totalidad desde el contexto de sus intereses locales.

—*El factor homogeneizador que es Chávez —el iluminado, el líder— ¿cómo afecta a la localidad?*

—¿Ha podido Chávez constituir un partido político, algo que vaya más allá de una aglomeración de funcionarios? No. ¿Ha logrado montar una administración pública que funcione nacionalmente? No. Mantiene un paraestado incoherente, sin capacidad organizada de funcionamiento. Ha intentado adaptar recursos técnicos importantes —la propaganda, la televisión y todo eso— a un propósito unipersonal de ejercicio del poder, que desde hace nueve años choca con una determinación creciente de la sociedad contraria a esos propósitos. Chávez no ha logrado ampliar su base ni enriquecerla, con aportes de talento y de capacidad organizativa, etc. Tampoco ha logrado la sumisión del sector contrario a sus intenciones. Cada día es más evidente su ineficacia e incapacidad para establecer un mínimo de orden, y se refugia en un nominalismo que ve ciudades creciendo y la economía boyante. Una alucinación. Un presagio del fin, porque sustituye la realidad por una aspiración.

—*Se mantiene.*

—Si me preguntaran cuál es el resultado —intangible, pero fundamental— de esta dura experiencia que ha vivido la democracia y la república venezolana, diría que adquirimos una experiencia que nos permitirá en un futuro inmediato, nada lejano, liberarnos del fantasma del petróleo. Muchos venezolanos –historiadores, políticos, científicos– han sostenido que la democracia en Venezuela ha sido posible gracias al petróleo. Lo hemos oído muchísimo. Pero en Arabia Saudita, en Irak, en Persia y demás, ¿qué financió el petróleo? Hay otras circunstancias. El grupito de locos que en 1945 decidió que era posible construir una república liberal democrática moderna con aquella sociedad de zarrapastrosos, palúdicos y cuatro millones de analfabetas, debieron ser unos alucinados. Pareciera que más allá del dios-petróleo hay lo que se llama la voluntad de los hombres, su capacidad, su heroísmo. Y había que ser un héroe para emprender aquello y lograr implantarlo. Si el petróleo sube o baja, no decide el destino de la república. Lo decide la conciencia democrática arraigada en la sociedad, que ha sido capaz de manifestarse en todas las formas imaginables en estos diez años, que no se ha dejado amedrentar, que no se ha dejado comprar y que en cualquier coyuntura se manifiesta en una forma espontánea, decidida, directa, clara, sin tener un mesías, un líder o un partido que le diga «vaya y haga». La conciencia democrática no depende del petróleo. Hay un sector de la sociedad muy considerable, determinante históricamente, no hablo numéricamente, que se ha formado dentro de esa conciencia y ha impedido que ese propósito retardatario, antihistórico, atrasado, primitivo del absolutismo monárquico de nueva edición haya tenido un resultado del que pueda vanagloriarse. No es la baja del precio del petróleo lo que va a marcar el fin de este régimen, sino el legado de Rómulo Betancourt: la conciencia democrática. Yo estoy históricamente convencido de que así como la República sobrevivió a un 24 de noviembre de 1948, sobrevivirá a Chávez y saldrá más fuerte que nunca. Aunque el Gobierno desconozca los resultados electorales, aunque intente falsearlos, aunque intente poner en marcha su aparato militar. La historia es indetenible: vamos hacia una genuina sociedad democrática.

—*Pero no necesariamente funciona sobre el lado positivo…*

—Hace mucho tiempo, en el siglo XIX, un filósofo revolucionario ruso, Mielinski, escribió que la historia se complace en lograr buenos resultados a través de malos procedimientos, pero también malos resultados con buenos procedimientos. La razón de la historia no es la razón del sentido común. Es una razón particular, propia de la historia. En Venezuela, la historia tiene un camino trazado: la sociedad venezolana será genuinamente democrática.

—*¿El Gobierno y sus partidarios, con todos los poderes y todo el dinero, se oponen a la historia?*

—El siglo XX fue implacable. Así como nos brindó el espectáculo impensable de que el régimen que se presentaba como la alternativa válida de la humanidad se desmoronara sin que nadie lo hubiese empujado, también ha sucedido algo que a los demócratas nos resulta duro de tragar. Lo digo a todo riesgo. La democracia no es un régimen político sino sociopolítico: «Es el gobierno del pueblo, por el pueblo y para el pueblo». El siglo XX nos ha enseñado que el pueblo democrático nunca es mayoría; sin embargo, es el que determina el curso de la historia, con dificultades, con sacrificio y con esfuerzo, también con períodos casi de desaliento y desesperación. El pueblo democrático nunca ha sido mayoría. Siento escalofrío cuando pienso en el ciclo que va desde la República de Weimar a la Alemania de hoy. Creo que hubo un momento en la historia de ese pueblo en que encontrar un demócrata requería casi una prueba de ADN, o dos. Sin embargo, pareciera que más allá de lo contingente e inmediato, hay un ámbito en el que la democracia se atrinchera, y se mantiene como agazapada, esperando la oportunidad de rebrotar. Cada vez que rebrota, lo hace con más fuerza que cuando entró en ese estado de hibernación. Un espectáculo extraordinario. Los que conservan el embrión puede ser que en un momento dado se cuenten con los dedos de la mano, pero su presencia en lo que llamaríamos la conciencia colectiva es muy poderosa y determinante. Ese es el gran escollo que encuentran los gobiernos autocráticos.

—*El socialismo tiene muchos seguidores. Es presentado como la gran solución. Cura desde la injusticia social hasta las paperas, y sirve para explicarlo todo.*

—Voy a decir otra blasfemia. La debilidad del socialismo, dentro de una formulación estructurada, radica en un aspecto que no tiene solución: su incapacidad para crear riqueza. Los males de la humanidad no se pueden resolver sin crear riqueza. ¿Qué régimen socialista ha logrado crear riqueza? ¿Cuál de todos, incluidos el nazismo y el fascismo, ha logrado crear la riqueza requerida para resolver los problemas de la sociedad? Los únicos que lo han hecho son los regímenes en los que la socialdemocracia ha logrado establecer un puente entre un propósito social y un esquema de producción de riqueza que no es socialista.

—*Chávez propone socialismo puro, en la producción y en la organización de la sociedad...*

—No es el primero. Fidel Castro tiene cincuenta años proponiéndolo y aplicándolo, pero no sobre la base de generar riqueza ni de generar bienestar, tampoco en la solución de los problemas. No. Lo ha hecho sobre la base de reducir a la sociedad a un mínimo de supervivencia, y pontificar que la extrema miseria es mejor que la desigualdad. Borrar la desigualdad también significa abolir la esperanza. El hombre necesita comer, pero también necesita esperanza. La gran diferencia entre la miseria de otros países y la miseria que se vivía en Venezuela durante la democracia es que los que venían de Ecuador, de Perú o de las islas del Caribe, de donde fuera, eran pobres sin esperanza que venían aquí a vivir una pobreza con esperanza. El hombre necesita esperanza, de lo contrario estaría eternamente encallado en la animalidad, en la supervivencia.

—*El discurso cubano es de dignidad, pobres pero dignos...*

—Sí. Sustituyen la realidad por visiones, por figuraciones. Uno se encuentra con personas literalmente harapientas diciendo que son superiores al consumismo americano o europeo. Están condicionadas por un adoctrinamiento, pero cuando salen de ese ambiente y se enfrentan a la otra realidad, pasado el primer choque, se dan cuenta de que les habían arrebatado la esperanza. Una viejita cubana, luego de salir del aeropuerto de Miami a las once de la noche, se asombra porque camino de la casa su nieto se detiene un momento para comprar algo en el automercado: era casi medianoche y estaba abierto. Cuando entra y ve aquello, dice: «¿Todo esto se puede comprar?». No le pregunta al nieto si tiene el dinero para comprarlo. No, le pregunta si se puede comprar, que es muy distinto. Es el camino de la esperanza. No creo que el hombre pueda vivir sin esperanza.

—*¿Intentan coartarle la esperanza al venezolano?*

—Completamente. Mediante una transacción que ha fracasado en todos los países en los que se ha intentado: «Dame tu libertad (esperanza y libertad van juntas) y te daré el bienestar. La libertad me la das ahora; yo te firmo un pagaré para el futuro». Pero ese futuro no llega nunca. En la Unión Soviética después de setenta años no habían pagado el pagaré. Hay que revisar lo ocurrido en el siglo xx. No basta decir soy socialista o soy antisocialista; o soy capitalista o anticapitalista. Es una realidad estructural: no se puede responder a las necesidades sociales si no se crea riqueza. Se creyó que por la vía colectiva era posible generar riqueza, pero fue imposible.

—*Nunca se aplicó el socialismo verdadero…*

—Volvemos a la coartada de los economistas: la fórmula es buena pero no fue aplicada el tiempo necesario ni con el rigor necesario o a la temperatura adecuada. Una depravación de la esperanza.

—*«Ahora sí vamos a aplicar bien el socialismo», repiten en el PSUV…*

—Esa es una forma perversa de la esperanza. Sin duda, el hombre querría estar rodeado de felicidad; es lógico y comprensible. No lo ha inventado, es una realidad. La realización de esa meta nunca ha estado más cerca que ahora; sin embargo, tenemos más de 1,2 millardos de personas viviendo en una línea de pobreza absoluta en una sociedad humana de 6 millardos de habitantes. No soy estadígrafo, pero tengo la impresión de que ahorita la proporción de pobres es menor con respecto a lo que era a finales del siglo xviii. Se ha avanzado, aunque no se ha resuelto el problema. Lo dijo el papa Juan Pablo ii: «El derrumbe del comunismo no significa el triunfo del capitalismo». Con eso todos están de acuerdo. Los problemas engendrados por el desarrollo histórico que culmina con el capitalismo no han sido resueltos, han sido aliviados, pero no resueltos. Posiblemente, algún día serán resueltos. El siglo xx demostró que los procedimientos ensayados hasta ahora han atenuado el problema pero no han podido resolverlo de una manera absoluta. Queremos creer que hay solución, debemos creer que hay solución y trabajamos para que haya solución, pero no será desempolvando los viejos procedimientos que fracasaron en el siglo pasado.

—*¿Se trata realmente de un régimen doctrinario y estructuralmente marxista o toda esa fanfarria ideológica es una careta para imponer un capricho personalista de dominio de poder?*

—Con el concepto de ideología pueden hacer malabares. Ideología, ideologizado, indoctrinado, adoctrinado, doctrina, etc. Toda una gama de situaciones y lucubraciones. Hay quien habla de la doctrina marxista, yo prefiero utilizar el término humanismo marxista. El humanismo es una realidad que no tiene límites, que no se puede circunscribir; una especie de fuerza expansiva que toma muchísimos caminos, como pasó con el marxismo inicial. Doctrina es algo estructurado, codificado; por ejemplo, podría hablarse de leninismo, una teoría del poder. Lenin se apropia de elementos del marxismo humanista y formula una teoría del poder; Mao Tse-Tung formuló su propia teoría. En Venezuela tenemos un hombre, Rómulo Betancourt, que reflexionó sobre la teoría de Lenin, que decía que se debía organizar un partido proletario que fuese la vanguardia del pueblo en la lucha contra el imperialismo, contra el latifundismo y por el establecimiento del socialismo. La pregunta elemental que se hizo Betancourt en 1930 fue: «¿Cómo formar un partido proletario en una sociedad en la que no hay proletarios?». Betancourt le dio un vuelco a la doctrina leninista del poder, con lo que hizo la contribución más eficaz y duradera de la socialdemocracia. Algunos pensadores europeos ubican las raíces de la socialdemocracia a mediados del siglo XIX, les cuesta aceptar que un guatireño concibiera la socialdemocracia moderna, una nueva versión del humanismo marxista, y creara la socialdemocracia a la venezolana. No voy a decir que él se lo sacó del bolsillo. Tiene un poquito de la Segunda República Española y de Haya de la Torre, porque estaba muy al día de lo que ocurría en los movimientos políticos de América Latina. Fue capaz de sintetizar una doctrina, una estrategia, una táctica y los instrumentos para llevarla a la práctica. Bolívar no fue el único que pensó en la independencia ni el único que mantuvo ese pensamiento; tampoco fue el único que luchó, el único que ensayó ni el único que fracasó. Pero esa personalidad se constituyó luego en lo representativo de esa propuesta. Betancourt es el padre de la democracia a la venezolana, una denominación que tiene la más rancia esencia. La idea del padre del Estado, de la República, del padre del imperio viene de la historiografía romana. Una forma sintética de transmitir un mensaje que de otra manera necesitaría cuatrocientas páginas o más.

—*¿Y el chavismo?*

—El militarismo-bolivarianismo es una ideología de reemplazo. El vacío generado por la crisis del socialismo, no solo la del socialismo autocrático, ha sido llenado por propuestas salvacionistas que abarcan desde la teología de la liberación, el conservacionismo ambiental, la antiglobalización y todas esas cosas, pero en Venezuela ha sido el militarismo-bolivarianismo. El militarismo tradicional no estaba muerto en Venezuela, permanecía escondido en la sentina de los cuarteles. Encontró un aliado en el sector civil cuando superó el gran impedimento, aquello que se decía, que los militares eran anticomunistas porque los comunistas ofendían a Bolívar, por la condena de Carlos Marx a Bolívar y el bolivarianismo. Dos o tres pseudopensadores marxistas se ocuparon de establecer una identidad fundamental entre Bolívar y Marx: que ambos habían luchado contra el imperio y, por tanto, eran revolucionarios de la misma estirpe. Se olvidaron, entonces, de que Marx había señalado a Bolívar como un petimetre incapaz, etc., etc., y los náufragos del socialismo autocrático se convirtieron en el vagón de cola del tren histórico del militarismo. Fue resuelto el problema. Se encontró la unidad Marx-Bolívar-Lenin y otros añadidos, ponga al Che, si quiere y hasta a Martí. ¿Eso es una doctrina, una teoría del poder o lo que llamaría un colecticio de residuos ideológicos? Un profesor de filosofía al que no tengo mucho placer en recordar, J. R. Núñez Tenorio, decía que había llegado el momento de que el espíritu de Bolívar reencarnara. ¡Un marxista pensando en la reencarnación del espíritu! Solo decirlo habría hecho temblar a los maestros de los marxistas: «Que el espíritu de Bolívar reencarnase». En ese momento el objetivo era utilizar a Bolívar como vector; así como el mosquito patas blancas transmite el dengue, Bolívar sería el vector del militarismo subyacente, remanente. Lo hicieron.

—*Ya Chávez no aparece delante de un retrato de Bolívar cuidadosamente colocado para que en la pantalla de la televisión se vea como su eterno compañero. La imagen del grande hombre desapareció tan pronto como Chávez se declaró socialista…*

—Nos encontramos ante un batiburrillo de vestigios condenados al desván de la historia convertidos en una justificación del ejercicio autocrático del poder. Si dijera: «Yo gobierno porque soy el más fuerte», «yo gobierno porque tengo el Ejército» o «yo gobierno porque dispongo del dinero», difícilmente el mensaje sería eficaz. Sería casi como decir: «Yo soy el más macho». Necesita una cobertura. La presunta «ideología» es una forma de encubrir la realidad. Un empaque. Para mí, como historiador, la idea de retroceder para reunir a Marx y a Bolívar, para luego saltar a Lenin es un verdadero prodigio. Al que fue capaz de concebirlo se le quemaron las neuronas.

—*Antes, los cubanos juntaron a Martí y a Marx…*

—En 1980 hubo un coloquio en México, auspiciado por las Naciones Unidas, sobre los factores de estímulo y desaliento del desarrollo científico cultural y artístico. Ahí estuvieron los representantes cubanos y ese infeliz de Roberto Fernández Retamar, quien dijo que José Martí fue un precursor del socialismo en Cuba. Cuando me tocó hablar le dije: «Primero, muera el imperialismo; segundo, el imperialismo es el culpable del atraso histórico; y tercero, no habrá verdadero desarrollo mientras el imperialismo exista. Pero veamos también si hay alguna otra causa, aunque sea secundaria, de lo contrario esta reunión no tiene objeto, porque ya sabemos cuál es la respuesta: el imperialismo. Quizás hay otro factor oculto por allí que valdría la pena averiguar. Achacarle todo al imperialismo es una ofensa a la razón histórica. Los revolucionarios cubanos tienen décadas en el poder y todavía no logramos saber qué cosa es el socialismo cubano. Nos dicen que no es el ruso, que no es el chino, que no es el otro, pero no nos dicen qué es. Cuando se sienten obligados a decir cuál, recurren a un poeta de álbum llamado José Martí para atribuirle la responsabilidad de todos los desaguisados que cometen». Fernández Retamar se puso como un demonio. Luego agregué que teníamos derecho a exigirle a un régimen con veinticinco años en el poder que dijera qué cosa es, hacia dónde va, qué quiere hacer, pero que no íbamos a aceptar que el inspirador de esto y aquello era Martí o fulano de los palotes, que lo que hace es desconcertar a todo ser pensante. Obvio, desde ese momento quedé con el sambenito de enemigo de la Revolución cubana. Después abandonaron a Martí y se agarraron de Bolívar. Poco a poco el término socialismo fue desapareciendo hasta que se desvaneció completamente. En el fondo, son posiciones políticas desnudas, sin ideología. Su único fin es el ejercicio y usufructo del poder. La expresión maligna de un vicio original: toda sociedad que transita de la monarquía a la república vive un período de desorientación y de desconcierto, durante el cual es necesario un proceso de reordenamiento de las estructuras sociales, en el que la aspiración social se reduce a dos factores que configuran la paz: orden y eficiencia. Como la Independencia fue un gran desorden, se necesitaba un gobierno que impusiera el orden y que permitiera superar la escasez, la miseria, la situación que vivía el país, con lo que, por supuesto, reinaría la paz. Eso es comprensible. No creo que allí haya malignidad alguna de pensamiento. El hombre aspira a eso y los regímenes que aparentemente responden a esas inquietudes se instalan hasta que unos hombres buscan otra dirección cuando se dan cuenta de la realidad: que no proporcionan orden ni eficiencia. Tampoco garantizan la paz. A los venezolanos nos tomó un siglo entenderlo. En el período 1945-1948 se le rompió el espinazo a la república liberal autocrática mediante el estatuto electoral que rescató la soberanía popular.

—*¿Usted no le da valor al petróleo en el proceso histórico venezolano?*

—No se trata de valor, sino que no es determinante en el desarrollo democrático, que es diferente.

—*Así como muchos decían que la democracia se mantuvo por el petróleo, ahora otros tienen la esperanza de que con la caída de los ingresos petroleros caerá Chávez y volverá la democracia...*

—La Venezuela que instauró la democracia en 1945-1948 era un país muy pobre. Vivía en un estado de escasez, faltaban hasta los productos más elementales. Era imposible emprender alguna obra de significación. Si decimos que el desarrollo petrolero permitió que la democracia avanzara no juzgamos el hecho original sino una situación posterior. Los hombres que decidieron instaurar la democracia en Venezuela lo hicieron en una sociedad con unas características que no podían ser menos propicias.

—*¿Eran una vanguardia o el sentimiento generalizado?*

—Me lo he preguntado. No cabe duda de que eran una vanguardia, pero eso no niega que pudiera corresponder con un sentimiento generalizado, aun cuando la sociedad no fuera consciente de ello. Cuando dan el voto a los jóvenes mayores de 18 años, a los analfabetos, sin importar el sexo, aquellos hombres suponían que era una aspiración social. ¿Alguien ha intentado abolir el voto de la mujer o el voto de los analfabetos?

—*Ya no hay analfabetas...*

—¿Están todos en el Gobierno? Las cosas que uno escucha en la Asamblea Nacional y en la Corte Suprema de Justicia son de un analfabetismo agresivo. Sigamos en lo nuestro. Las propuestas innovadoras que no se corresponden con el curso del tiempo histórico mueren al poco tiempo. Solo sobreviven las que encajan con el tiempo histórico. Después pueden sufrir eclipses o adaptaciones, pero perduran. No hay vuelta a la situación originaria. La Revolución francesa cambió los nombres de los meses y de los días, pero al poco tiempo la gente ni se acordaba de eso, porque las innovaciones no pueden confundirse con «novaciones» o modas. La innovación debe partir de una comprensión profunda de lo real, mientras que una «novación» se me puede ocurrir en la noche mientras duermo, pero eso no dura.

—*La personalidad carismática de Chávez...*

—Ahí ha habido una perversión conceptual. Es una inclinación comprensible del espíritu humano que ante una situación chocante, desagradable o riesgosa se atribuya su origen a una suerte de potencia difícilmente combatible o sobrehumana. Yo digo en broma que en la Guerra de Independencia cada vez que se perdía un combate había sido porque Campo Elías llegó tarde, «si hubiera llegado a tiempo habríamos vencido». Nunca la explicación fue que el enemigo era más hábil y capaz. La sociedad democrática venezolana sufrió un período de perplejidad, porque un buen procedimiento, el estatuto electoral democrático, llevó a un resultado que se convertía en la negación de la democracia. No hubo mentes críticas que tuvieran la osadía de decir: «Somos responsables, actuamos mal», sino que salimos a buscar chivos expiatorios: fue CAP, fue Lusinchi, y acudimos al mundo de lo intangible, al hombre carismático que se gana a las masas. Yo recordaba el caso de aquel agitador, según Suetonio, que anduvo creando problemas por Palestina y Galilea en tiempos de Augusto, y que llamaban el Cristo. Esa es toda la mención que hay de aquel agitador que llegó al lago de Tiberia y vio entre los pescadores a uno que se llamaba Pedro y le dijo: «Pedro, ven conmigo, yo te haré la base de la Iglesia universal. Serás el fundador, el referente para toda la humanidad». Pedro dejó sus redes, dejó su familia y se fue detrás de aquel alucinado que iba reclutando a uno y otro. ¿Qué les ofreció que no fuera su verbo, que no fuera algo muy importante, esperanza? La esperanza en una superación propia y ajena que conduciría a un mundo en el que la vida transcurriría mucho más plácida. ¿Con qué los sedujo desde el punto de vista material? Con nada. Eso es carisma. Pablo, que era perseguidor de cristianos, se convirtió en el secretario general del partido y en el gran organizador del partido. Eso es carisma. Pero si se tiene que amenazar, corromper, halagar y tantas otras bajezas, ¿dónde está el carisma? Si lo hubiese, probablemente estuviéramos todos entroncados en el Gobierno, poniendo nuestra inteligencia al servicio de una causa. ¿Conoce a un intelectual digno de ese nombre en el Gobierno?

—*Sí, a Luis Britto García.*

—Ese es el medio de contraste de lo que es un intelectual. ¿Dónde está el carisma? En lugar de decir: «Yo tengo la culpa. Como intelectual no tuve la determinación, el coraje y la lucidez para alertar sobre esto, sino que caí en el juego de un cambio porque Pérez era odioso. Me tragué aquello y soy responsable de lo que resultó»; prefiero repetir que el hombre es carismático, que «uno lo oye y se impresiona». Detrás de eso, ¿qué hay? ¿Poder, lucro, intimidación, corrupción?

—*Todas las anteriores.*

—En los regímenes democráticos había el logrero, pero también el hombre que buscaba realizar una obra que, como profesional y como ciudadano, era capital para él. El símbolo de ese tipo de hombre es el doctor Arnoldo Gabaldón, que tomó conciencia de que el paludismo era el enemigo público número uno de la sociedad venezolana y se propuso exterminarlo. Es uno de los héroes de la nacionalidad; y es una vergüenza que no repose en el Panteón Nacional. Convenció a Betancourt para que pusiera todo el peso del Estado en el combate contra el paludismo. ¿Qué podía ofrecerle Gabaldón a Betancourt? Convicción, lucidez, esperanza… Cosas intangibles. No hay infiltración, no hay soborno, no hay cohecho, no hay nada. El carisma es ser capaz de inducir a otro que no comparte mis ideas a asumirlas mediante la persuasión.

—*¿Qué ocurre ahora?*

—Los verbos son sobornar, amedrentar, exaltar rencores y poner en juego la frustración social e individual.

—*¿Un gran manipulador?*

—Y un gran frustrado.

—*¿Por qué llegó tan alto?*

—No. Su sitio más alto, en su condición de militar, era ser un oficial y nunca lo fue. Ahora puede repartir grados, pero nunca pasó de ser un mal estudiante, mantenido allí un poco por conveniencia y mediante recursos extracurriculares. El triunfo obtenido con base en el dolo, el engaño y la mentira nunca es una realización satisfactoria para un espíritu equilibrado.

—*¿Tiene problemas de personalidad?*

—El Colegio de Psicólogos y el Ministerio de Salud prohíben que se analice la personalidad del presidente Chávez. El mejor camino para ser devorado por la frustración es ver lo obtenido por otro como si le hubiesen arrebatado a uno algo que de hecho le correspondía. Chávez le dice al pueblo que es pobre porque el otro es rico, y que si se repartiera no habría ricos ni pobres. El socialismo demostró que esa fórmula no funciona. Está sobradamente comprobado.

—*Cuando llegó, dijo que iba a perfeccionar la democracia, que habría auténtica democracia, verdadera democracia, pero esos objetivos los fue modificando a medida que tomaba el control de Pdvsa y de la Fuerza Armada. Después, la oposición le entregó el Poder Legislativo, que a su vez le entregó el Poder Judicial.*

—No estoy de acuerdo. El Parlamento no es un Parlamento, es un agavillamiento.

—*Pero toma decisiones que son legales, aunque no sean legítimas. Modificó la ley del Tribunal Supremo de Justicia que le permitió al Ejecutivo controlar también el Poder Judicial, con lo que eliminó el equilibrio de poderes. Dejó de hablar del «proceso» para sustituirlo por «revolución socialista».*

—Esta es la segunda invasión de Cuba a Venezuela, del fidelismo. Hay un hecho deslumbrante. La sociedad democrática venezolana vivió un momento de estupor. El 24 de noviembre de 1948 hubo un gran golpe, un golpe militar, pero nunca habíamos vivido la experiencia, ni tampoco imaginamos que la democracia pudiese conducir a la instauración de un régimen que significara la destrucción de la democracia. No había precedentes en la historia de Venezuela ni en la historia de la democracia. Hubo una reacción de estupor, de asombro. No se tenía idea sobre cómo actuar. La formación democrática impedía que se concibiera una salida violenta, pero comenzó el aprendizaje de la resistencia. Hablo de un brevísimo período, diez años. El aprendizaje de cómo contrarrestar aquella situación significó marchas de más de quinientas mil personas de todas las edades y de todos los estratos protestando en las calles, el paro, la huelga petrolera, la actuación de los militares, el referéndum revocatorio, pero ninguno de los líderes tenía experiencia de cómo manejar la situación ni de cómo afrontarla. Se comienza una resistencia de tanteo, pero siempre dominada por la concepción democrática de la lucha política, por eso el revocatorio y por eso la abstención.

—*¿Democrático o pacífico?*

—Tengo un punto de vista que no es muy ortodoxo. El programa político más completo y más desarrollado que haya producido la sociedad venezolana en su historia es democracia y libertad. Si se hace una encuesta entre diez personas, posiblemente se obtengan diez acepciones de democracia y otras diez de libertad. La sorpresa es que todos lo sienten igual y tienen la misma creencia, que su realización personal requiere de democracia y de libertad. Hay una gran diferencia entre una idea y una creencia: la idea necesita demostración y la creencia no, porque está más allá de toda necesidad de demostración. Los pueblos no mueren por las ideas sino por las creencias.

—*La gente cree en la democracia y cree en la libertad, pero también cree en el socialismo… El régimen ha avanzado y ganado partidarios para el socialismo…*

—Todavía quedan tres áreas que son claves y en las que el régimen ha fracasado en sus intentos de controlar. La primera es la Iglesia. No logró liquidarla ni sobornarla; al contrario, ha asumido una posición más firme. La segunda es la opinión pública, a la que el aparato de propaganda del Estado ha intentado vanamente mediatizar. Creó cuatrocientas emisoras de radio, pero su audiencia es decreciente, cada día se escuchan menos, mientras que los órganos básicos de la democracia que quedan después de la medida contra RCTV se mantienen en sus posiciones. El Gobierno no ha logrado controlar la opinión, por eso necesita reprimirla. La tercera es la juventud. El régimen logró mediatizar el movimiento sindical, el Ejército y las demás instituciones del Estado, pero en la juventud, en la Iglesia y en la opinión pública se anida la democracia. Si el régimen lograra neutralizar esas tres áreas, habría echado las bases para un gobierno autocrático. El silencio abre las puertas de la servidumbre. Si la Iglesia se doblega como la cubana, si la prensa cede al miedo y si a la juventud la vence la indiferencia o la apatía, el régimen perfecciona su círculo. ¿Ha progresado? No, todo lo contrario. La sociedad democrática está viva, palpitante. Cuando se incorporan los jóvenes, con sus diferencias y pugnas, no hay vuelta atrás. Los une una sola creencia: democracia y libertad. El adversario no ha podido constituir un movimiento estudiantil ni un movimiento sindical, mucho menos una Iglesia propia. Tampoco los medios de comunicación del Gobierno son los más escuchados y atendidos.

—Pero la mayoría está con el Gobierno, con Chávez...

—El pueblo democrático que procura un gobierno del pueblo, por el pueblo y para el pueblo siempre ha sido minoría. La conciencia democrática implica un nivel de lucidez, en cuanto a la correlación entre el derecho y el deber; entre la libertad como concepto individual y la libertad como concepto social. Es duro de aprender. Las potencias de la república son la soberanía nacional, que es una abstracción, y la soberanía popular, que es una concreción: el individuo. En la monarquía en el extremo estaba Dios, pero en la república está el individuo, que es responsable de la determinación de su vida y del conjunto social en el cual se desenvuelve. Aprender eso lleva tiempo. A nosotros nos ha costado mucho, pero hemos aprendido. La profecía ha ido quedando desnuda. Al comienzo tenía oropeles, pero ha devenido en un régimen autoritario que disfruta la riqueza pública y que atropella los valores. Eso lo percibe la gente cada día con más claridad.

—Diez años no son nada desde el punto de vista histórico. La confrontación militar para lograr la independencia duró poco más de diez años, pero eso fue muchísimo tiempo para quienes la vivieron...

—Las fuerzas de la historia son difíciles de percibir y de apreciar. Con la aceleración de los tiempos históricos, no fueron quince años de guerra sino treinta. Posiblemente, esos quince años de guerra serían uno o dos años de guerra en términos actuales. Parece un juego de palabras, pero es la verdad. No es lo mismo ir a una guerra antes, cuando no se tenían ni mapas, que ahora, que la guerra parece un juego de Nintendo. La aceleración de los ritmos históricos es implacable y los parangones muy engañosos. Cuando Bolívar estaba en Lima, necesitaba mes y medio para enterarse de lo que sucedía en Caracas. Hoy es inmediato, en tiempo real. Afrontamos un fenómeno sobre el cual no se tenía ninguna experiencia; ni la clase dirigente ni el pueblo. Ha tomado tiempo generar los anticuerpos. Cuando yo me reúno con estudiantes, que lo hago con frecuencia, termino siempre mi perorata con esta expresión: «Tenemos la misma angustia, pero en diferente grado. No logro resignarme a la idea de que mi vida pueda terminar en esta situación, que no es solo de negación de valores. Tengo una obra hecha a la que puedo añadir algunas cosas, pero ustedes tienen por delante una vida que construir o que destruir. El mensaje que les doy es muy sencillo, consta de una sola palabra: apresúrense». No los incito a la violencia, sino a tener la percepción del sentido de urgencia. Corren el riesgo de quedar en la nada.

—*¿Chávez es un caudillo?*

—Una de las cualidades fundamentales del caudillo, y la que tenía más repercusión en el no ciudadano, en los remanentes del siervo, del súbdito, es la valentía personal. Por lo que dicen los más allegados, parece que el caudillo actual carece de ese don. ¿Un caudillo cobarde? ¿Un caudillo que escurre el bulto? Caudillo sería el que pueda decir: «Yo hablo así porque estuve 15 años en La Rotunda, con grillos de 30 libras, y no me doblegué». O que anduvo por los llanos perseguido y no se rindió, que era poseedor de cualidades que hacían que fuese animalmente admirado: la virtud del tigre o del león mezclada con la del toro bravo. Un hombre que podía compensar la debilidad y la fragilidad de todos los que lo rodeaban. Yo no uso el término caudillo para la Venezuela actual, un liderazgo sí es posible. Un líder puede ser cobardón y escurridizo. Los caudillos en Venezuela murieron cuando aquel grupo de alucinados completó la sociedad venezolana. Ahora para ser caudillo se debe convencer a las mujeres, a los hombres, a los muchachos y a los analfabetos.

VII

Carrera Damas reconoce que haber sido trabajador clandestino en México y vivir precariamente lo ayudó a comprender muchas cosas; sobre todo le estimuló la confianza que podía tener en sí mismo. La vida le cambió completamente después de un divorcio juvenil, cuando conoció a Alida, la esposa y madre de sus hijos; pilar fundamental tanto de su vida familiar y sentimental, como de la espiritual: «No solo ha respetado, velado, coadyuvado, a mi desarrollo intelectual, sino que también ha sido una colaboradora muy eficaz en el trabajo profesional. Ella pasaba a máquina mi trabajo, con una capacidad crítica extraordinaria: me hacía observaciones, me señalaba repeticiones. Yo corregía y ella volvía a copiar. Fuimos un equipo también en las labores diplomáticas. Las mujeres tienen más firme el cable a tierra, a la realidad».

—El fundamentalismo islámico utiliza un arma secreta contra la cual no hay defensa: la supresión de la frontera entre la vida y la muerte. Pero no la muerte infligida a otro, sino la propia muerte. Quienes abrazan esa actitud extrema ven la muerte como la plena realización de la vida. Un ejemplo es la muchacha de 16 años de edad que con un cinturón de bombas se inmola en una mezquita o en un mercado en medio de un grupo de gente como ella, viejos, niños. Está convencida de que es la forma de realizar su vida. Es difícil de entender. Quizás la manera de combatir esa arma sea la vida misma, que el modo de sancionar a una persona con esa motivación profunda sea condenarla a vivir; es decir, colocarla en una situación en la que no pueda quitarse la vida. Si se suicida estaría realizando su justificación vital. Hace un buen número de años hubo un programa de Naciones Unidas sobre los factores y condiciones que estimulan o desalientan la creatividad científica y cultural en el mundo. Se hicieron varios seminarios, uno en América Latina, otro en África y un tercero en la Universidad de Kuwait, dedicado al mundo islámico. Viví dos experiencias que me impresionaron mucho. Una fue que le escuché al físico paquistaní Abdus Salam, del Instituto de Física de Trieste, un discurso introductorio en un inglés excelente, pero cada cierto tiempo él cantaba o declamaba algo en árabe y seguía luego en inglés. Yo estaba sentado al lado de un historiador egipcio con quien desarrollé una buena relación. Le pregunté qué decía, me respondió que esperara. La copia que nos dieron del discurso venía en inglés, pero tenía unos pasajes escritos a mano. Inferí que eran los que él había dicho en árabe. Le pregunté a mi amigo qué decía ahí y me respondió que eran versículos del Corán. Le insistí en que me los tradujera. Tardó en responderme que no me lo podía decir, que la palabra del profeta no se debe traducir, porque si la traducción no se corresponde exactamente con lo que el profeta expresó de la voz de Alá se comete el peor pecado en que puede incurrir un musulmán. Le alegué que había traducciones del Corán. «Sí, pero no hechas por creyentes islámicos, sino por no islámicos que han estudiado el árabe. A nosotros nos está prohibido traducir, porque traducir puede ser inexacto, falseado», me dijo. «¿Cómo hacen en las escuelas en África?», le pregunté. Me respondió que los muchachos corean pero no entienden. La maestra explica cosas relacionadas, pero no traduce. Ellos tienen que aprender a repetir, por el sonido, la palabra de Alá en árabe. Eso me causó un gran efecto. Un físico que ganó el Premio Nobel por descubrimientos notables no se atreve a violar la palabra del islam. Luego, hablando con mi amigo egipcio y con otros musulmanes, entendí el discurso de un graduado en química, en Oxford, Inglaterra, que dijo que a los occidentales, a los infieles, a nosotros, pues, nos esclavizaba la búsqueda de la verdad y la procura del éxito, que algunos asocian con el desarrollo científico y cultural, pero a ellos no. Para los musulmanes, la verdad y el éxito están en el Corán. La verdad es lo que enseña el Corán y el éxito es vivir de acuerdo con el Corán. En consecuencia, eso que los infieles tienen como consustancial a la vida, sea el científico que investiga, el hombre que inventa, el hombre que quiere sobresalir, no rige para el fervoroso y auténtico creyente. Una verdadera revelación. Si, por ejemplo, un movimiento fundamentalista en Irán logra con la bomba atómica suprimir a Israel, como lo han proclamado, e instaura la más completa y total tiranía sobre el mundo árabe, tendría bajo su control la mitad del petróleo del mundo. El cuadro sería terrible, porque no es un movimiento modernizador, sino su negación.

—*Si lo que quieren es morir y lo hacen por su propia mano, la otra parte se evita tener que matarlos...*

—No. Se trata de morir matando. Las personas que se ponen un chaleco explosivo y se detonan en una mezquita están combatiendo por Alá. Los kamikazes famosos de la Segunda Guerra Mundial, que dejaron al mundo estupefacto, eran cuatro muchachos en una posición desesperada, pero ¿cómo se lucha contra un enemigo que no tiene territorio, no tiene Estado, no tiene estructura jurídica, no es localizable, sino que está diseminado, incluso, en el propio patio?

—*Bush debió haberse hecho esa pregunta cuando le declaró la guerra al terrorismo islámico. Pero todo depende de quién dirija la religión. La Iglesia ortodoxa rusa, que pudo ser el peor enemigo de Stalin, fue su mejor aliada... Las creencias las tiene que difundir, controlar y aplicar alguien. Siempre hay un cerebro. Tampoco se trata de un enemigo homogéneo: los wahabí de Arabia Saudita tienen contradicciones con los sunitas y con los chiitas.*

—Más que movimientos son culturas. Un disidente islámico dijo que él creería en estos fundamentalistas cuando le demostraran que pueden construir un avión 747 con la misma facilidad con que lo destruyen con una bomba. Desde el siglo VI, cuando los árabes tradujeron los conocimientos del mundo griego y demás, no ha habido una sola contribución significativa científica o tecnológica generada por el mundo islámico. Ellos luchan contra Occidente con los productos de Occidente. Dicen que no necesitan el progreso, pero viajan en avión y hablan por un micrófono. No se sienten obligados a violar la ley islámica de la búsqueda de la verdad y del éxito, pero todo lo que venga de afuera es bienvenido. El islámico que no se pone el cinturón de explosivos piensa en su vida como una realidad concreta, lo malo es que los otros, por su capacidad de sacrificio, de esfuerzo, logran controlar la sociedad.

—*Habría que determinar si el movimiento crece a medida que son más los que mueren...*

—En definitiva, el nutriente de ese movimiento y sus posibilidades de expansión lo producen aquellos a quienes combate. En la medida en que el capitalismo no logra poner las cosas en orden y aumenta el número de pobres, de oprimidos, de desesperados, ese nutriente se incorpora al movimiento. Ahora cuentan con colaboradores de todas las nacionalidades, no son necesariamente de origen arábigo. Todo el que tiene un resentimiento fuerte contra el imperialismo o se considera víctima del capitalismo y entra en una fase de desesperación, es un militante potencial de un movimiento de esa naturaleza.

—*Chávez ha fortalecido sus nexos con Irán...*

—Solo puedo decir que en el fondo lo que hay es una profunda ignorancia. Supone que basta con que A sea adversario de B para que ch sea aliado de A. En verdad, no se relaciona con un aliado sino que se subordina a una fuerza que no puede controlar ni influir. ¿Cómo se le puede ocurrir hablar de Caín y Abel en una reunión en Teherán y dar por sentado que todo el mundo conoce lo de Caín y Abel, y señalar «como dice la Biblia»? Lo digo con pena, vergüenza y dolor: hay una profunda ignorancia. Con Irán no cabe posibilidad alguna de alianza. No existe un elemento común. El enemigo es el imperio, sí, pero la percepción es muy diferente. Nosotros somos parte del imperio. Nuestros valores son iguales a los del imperio. Podemos disentir, pero somos parte de los valores de Occidente. Desde el punto de vista de un islámico fundamentalista, somos tan poco merecedores de confianza como los que nacieron en Londres o en Nueva York.

—*La Unión Soviética utilizó esas fuerzas islámicas en la Guerra Fría...*

—La tragedia de Rusia es que ellos son la frontera de Europa al mundo islámico. Durante el reinado del padrecito de los pueblos, Stalin, la «hazaña» fue frenar el mundo islámico, no ganarlos para la civilización occidental. Los musulmanes no podían radicarse en Moscú, tampoco en la vieja Rusia zarista, pero ahora en Moscú viven cerca de tres millones de musulmanes.

—*No es un choque de civilizaciones...*

—No, porque no existe una civilización. Si entendemos por civilización un desarrollo científico-tecnológico, no podemos hablar de civilización islámica, sino de cultura islámica. Todo el fundamento científico-tecnológico que utilizan los islámicos es occidental.

—*Si ganasen la guerra contra los infieles, su destino sería perder todas las conquistas civilizatorias que han obtenido de Occidente...*

—¿Habla del islam o de Venezuela? Aquí celebran como una gran cosa una fábrica de bicicletas con tecnología iraní. ¿Acaso Irán está en el tope del desarrollo tecnológico en este campo? Ahora comprar es considerado, y anunciado, como un gran éxito. Compramos elementos clínicos a través de Cuba, que a su vez compró a terceros países, y nos recetan medicinas sin registro farmacéutico, pero como vienen de Cuba no lo consideran necesario.

—*¿Por qué?*

—¿Será porque estamos en manos de militares? Nuestros militares han dado muestras de muy poca eficiencia, ni siquiera saben conservar los juguetes bélicos que los civiles les pagamos. A los pocos meses de usarlos no sirven para nada; pero no les importa, compran otro nuevo. La Fuerza Armada venezolana no participa en ninguna misión de paz importante, en algo que justifique su existencia. ¿Se ha visto mayor muestra de incapacidad e ineficiencia que la que dieron las FAN en la tragedia de Vargas? Fue lamentable. Debieron haber hecho un pequeño esfuerzo para tratar de justificar su existencia. Comenzaron a construir una carretera entre Amazonas y Bolívar, pero jamás la terminaron. Uno se pregunta ¿por qué Venezuela, que venía con un gran empuje de desarrollo cultural, científico, tecnológico y hasta industrial, es tributaria hoy de países cuya tecnología es mucho más atrasada que la que tenía antes del ascenso de Chávez al poder?

—*El expresidente Pérez dijo que el gran fracaso de la democracia venezolana fue la formación de los militares… No formó militares democráticos ni buenos militares…*

—El militar requiere una educación específica, como la Medicina, pero la formación de militares democráticos solo la logra una sociedad democrática, no una escuela militar. Lo básico es que el militar, entrenado, capaz, diestro, valiente y todo lo demás, entienda su papel en la sociedad; y eso solo se lo puede enseñar la sociedad misma. Lo importante es que el militar tenga presente siempre su relación de dependencia con respecto al ciudadano, y no al revés.

—*Eso no está claro en el Estado venezolano.*

—Nunca lo ha estado. Esa es una herencia pesada y larga, que viene desde la abolición de la monarquía. Se había avanzado. Soy de los que piensa que para completar la formación democrática del militar

141

es necesario que el militar ejerza la porción de ciudadano que hay en él. Había que reconocerle el derecho al voto, como es en los países socialmente más avanzados, para que estuviese socialmente comprometido, se sintiera un ciudadano con una función específica dentro de la sociedad y no alguien que goza de un estatus especial o superior al de ciudadano. Concederle el voto fue un paso necesario para completar la ciudadanía.

—*Significó politizar la Fuerza Armada y convertirla en la fuerza de choque o en un partido político. Se dice que la FAN es la maquinaria política de Chávez...*

—No estoy seguro de que se pueda sacar esa conclusión. Yo quiero pensar que se sembró un principio, y tiene que crecer entre la abrumadora presencia de una tradición centenaria. Tardará en abrirse paso. Quiero creer que en un futuro no muy lejano el militar entenderá que como militar lo determina la relación mando-obediencia, pero que como ciudadano tiene el pleno derecho al ejercicio de la libertad. En la medida en que logre arbitrar un equilibrio entre ambos tendremos militares ciudadanos. Llevará tiempo, no es cosa de decretarlo y esperar cinco o seis años. El cuadro que pinta Venezuela es muy curioso. ¿Por qué hay necesidad de tener un ejército marginal como la milicia? Si los militares estuvieran tan ajenos a lo que es el ejercicio ciudadano de la libertad y de la crítica, no se necesitaría un ejército marginal, que fue ideado para controlarlos y hacerles contrapeso, y que depende directamente de la jefatura política. Es el mismo caso de Hitler, primero con la SA y luego con los SS. El padre de los pueblos, Stalin, además del Ejército, tenía lo que llamaba las fuerzas del Departamento del Interior, que era otro ejército que controlaba o contenía a los militares. En Venezuela tenemos un número grande de militares que han demostrado una inquietud ciudadana.

—*Pero no tienen mando.*

—Lo tuvieron y pudieron haber seguido allí lucrando tranquilamente. Sin embargo, tenemos que reconocerles un mínimo de preocupación y de inquietud. Arriesgaron y expusieron sus carreras. No creo que el balance de las Fuerzas Armadas, desde ese punto de vista, pueda ser desdeñado. Generales, almirantes, coroneles hasta grados más bajos... Eso que la gente irresponsable toma a broma, lo de la plaza Francia de Altamira, yo lo respeto.

—Quizás tenían visión ciudadana, pero no visión militar. Un militar no abandona a sus soldados para ir a gritar a una plaza...

—La verdadera fuerza real en contra de este sistema militarista que padece Venezuela consiste en la arraigada conciencia democrática de sus opositores. La democracia y la libertad siempre trabajan a futuro. Cuando yo comparo en el siglo de mi vida aquel país de mi infancia con este otro, en el que impera el atropello y la violencia, no lo hago para constatar que esta no es una dictadura como la de Gómez. No. Yo mido otra cosa: el grado de avance de la sociedad con lagunas, dificultades, resabios, vestigios. No se puede concebir un cambio social acelerado y perfecto, pero el balance no me deja lugar a dudas: si 80 % o 90 % de una oposición democrática es capaz de levantar la cara, es porque aquella siembra a futuro de la democracia no ha retrocedido y, además, está saliendo airosa de una tremenda prueba, la de estos diez años. Se mantiene abierta la puerta del futuro. La tendencia histórica: libertad y democracia, es un programa lento, que cuesta mucho mantenerlo, la gente se desespera y se desalienta. Pero, ¿podemos decir que la vocación democrática y de libertad de la sociedad venezolana ha decaído?

—No. Pero la contraparte ha sido bastante exitosa en su cometido y en su violencia para imponerse...

—Rechazo la relación que hace. Solo puede ser tolerante el fuerte; el falsamente tolerante no. No hablo de fuerza física, sino de convicción, firmeza, lucidez, claridad. Cuando un régimen acentúa la intolerancia, revela que le falta fortaleza.

VIII

Prefiere no nombrarlo. Pocas veces pronuncia el apellido Chávez. No pue-de disimular la desazón que le causa, y apenas se le escucha arrastrar la zeta final hasta fulminarla con una especie de chasquido irreproducible. Le dice «el hombre este», «el que desgobierna» y hasta «este señor», pero nunca lo llama por el nombre de pila. Tampoco lo reduce a un insulto. Le desagrada y no lo disimula. Es una rebeldía del espíritu, una confa-bulación de la razón.

—Si la libertad de expresión no está basada en la libertad de información, es un cascarón vacío. Sin información ¿sobre qué se expresa uno? Sobre abstracciones. ¿Quién conoce hasta qué punto el Gobierno ha comprometido a nuestros nietos con los doscientos tra-tados que ha firmado con otros países? Nadie conoce los compromisos adquiridos con Rusia, con Irán y con Cuba. Si la libertad de expresión que defendemos es poder hablar mal de un gobierno, es muy triste como libertad de expresión. Poder insultar es una visión casi infantil de la libertad de expresión.

—*Las denuncias referidas a los impedimentos al libre acceso a la información no tienen eco...*

—Uno de los puntos débiles de la conciencia democrática del venezolano es suponer que libertad de expresión es sinónimo de liber-tad. El asunto se discute desde hace mucho tiempo. En 1861, Ricardo Becerra decía: «Hay que discutir el presupuesto, el presupuesto no es un asunto administrativo ni económico, es político. Siendo político es un asunto de la sociedad, y debe ser discutido en la sociedad y por la sociedad». En el mundo anglosajón el problema político número uno es el presupuesto. Durante veintisiete años fui profesor universitario, pero no recuerdo que se discutiera el presupuesto. La preocupación se limitaba a saber si lo habían aprobado. Si a una sociedad se le impide que tenga acceso pleno a la información fundamental, ¿qué valor tiene la libertad de expresión?

—*En la Asamblea Nacional no se discute, los parlamentarios se limitan a levantar la mano en señal de aprobación y a alabar al comandante…*

—La democracia está en la sociedad, no en las instituciones, que son siempre intimidables, corruptibles. Son grupos de intereses. El diputado tiene una preocupación de diputado por encima de su condición de ciudadano. No recuerdo que en el Congreso después de 1948 se haya discutido la enseñanza o la instrucción como contenido.

—*En la sociedad tampoco.*

—En el gobierno de Jaime Lusinchi formé parte de la comisión que hizo el plan educativo nacional. Se discutió el fondo de la educación, pero se quedó en el papel. En el ministerio chocó con los intereses sindicales, grupales. Gentes de todas las tendencias, con Arturo Uslar Pietri a la cabeza, que no era propiamente un adeco o un simpatizante, elaboró el plan educativo nacional. Consultamos a dirigentes sindicales y magisteriales, a personas expertas en educación, y se formuló el plan educativo nacional, que fue inmediatamente saboteado por el cuerpo administrativo del Ministerio de Educación. Se necesitaba demoler toda aquella tramoya de demagogia, de corrupción, de ejercicio arbitrario del poder, enquistada en ese ministerio. El autoritarismo trasladado a la administración pública significa que si un maestro piensa por sí mismo o es disidente se le aplica la autoridad o la demagogia. El ministro era rehén de las agrupaciones gremiales, igual que en otras áreas de la administración pública, cuya crisis ahoga la experiencia democrática desde el punto de vista político. ¿Esos hombres eran perversos o incapaces? Quizás las dos cosas. La conclusión era aterradora. Como el sistema educativo estaba tan deteriorado, se nos ocurrió proponer un sistema educativo paralelo que fuese creando las condiciones para sustituir el otro. Concebimos un plan educativo nacional para darle el mayor impulso posible a la formación del ciudadano. El punto central era el preescolar. Propusimos que el maestro de preescolar pudiese llegar a tener el rango administrativo y el prestigio social del profesor de posgrado, para que no tuviese que abandonar el preescolar para subir en el tabulador salarial y realizara su carrera como profesor de preescolar. Era una manera de construir ciudadanos. El gran reto de la sociedad venezolana, como de toda sociedad que venga de un régimen monárquico absoluto, como el nuestro, es construir ciudadanos: convertir súbditos fervorosos en auténticos ciudadanos.

—*Ahora el sistema militarista se propone cambiar la estructura educativa de acuerdo con las orientaciones de expertos cubanos y de ortodoxos comunistas. El Ministerio de Educación se ha dedicado a montar un artificio ideológico acorde con lo que ellos creen que debe ser la sociedad socialista y el hombre nuevo...*

—¿Han formado ciudadanos?

—*El propósito no es formar ciudadanos, pero son exitosos captando gente para sus filas...*

—Logran sus objetivos inmediatos, pero no son exitosos. ¿Dónde están los ciudadanos soviéticos? ¿Dónde está el hombre nuevo? Hoy Rusia es un Estado gansteril, la más clara muestra de que el socialismo soviético no formó ciudadanos ni mucho menos el hombre nuevo. Este régimen ha intentado erradicar hasta el último vestigio de aquel ciudadano que veníamos construyendo. Como Hitler y Stalin, montaron una estructura para erradicar al ciudadano y solo le quedan los acólitos del sistema. El esquema de Cuba, pero ya la historia enterró eso. Sobrevive, con oxígeno, en Corea del Norte, pero fracasó en Italia, en Alemania, en Rusia, en España y en China. En Cuba solo se requiere que se abra una rendija para que resurja el monstruo del capitalismo, que está agazapado en el fondo de la conciencia hasta del último cubano, como pasó en Rusia, en China y en Vietnam. Son intentos fallidos.

—*Pero pueden durar la vida de una persona...*

—Y hasta dos generaciones y tres. En la Unión Soviética se mantuvo cuatro generaciones. Sin embargo, es fallido.

—*¿Por qué los pueblos insisten en tropezar con la misma piedra?...*

—Los pueblos no. Tendríamos que recordar una frase de la tragedia griega: «En el poder los conocerás». El poder enceguece. No es que cierre las entendederas, sino que ciega. En el poder se guarecen los residuos primitivos del hombre: resentimientos sociales, políticos, económicos, culturales... El hombre realmente libre y realmente fuerte, en el sentido de su equilibrio interior, seguro de su propio valor, no necesita signos exteriores de poder ni la subordinación de otros para ser él mismo. Le basta con ser. El hombre libre no tiene que estar exhibiendo libertad ni tiene que estar diciendo a cada rato: «Voy a ser un hombre libre». No. Simplemente es libre. Desde el momento que necesita decírselo a los demás se esclaviza a un concepto. El poder, entendido como lo estamos viviendo, puede ser el pozo de la mediocridad, del resentimiento social, de la ignorancia, de la codicia, del miedo, de la cobardía. En los regímenes de carácter totalitario el miedo encuentra su refugio. En todo conglomerado social subyacen depósitos de eso. Nunca olvidaré el impacto que me causó un acto en el Museo Militar, en los comienzos del régimen, en el que el presidente ante el ministro de la Defensa y de todo el Alto Mando Militar dijo que antes de su llegada al poder los ascensos a general los daba la barragana del presidente. No hubo uno solo que se parara y se fuera, o al menos arrugara la cara. ¿Por qué actuaban así?, ¿por convicción ideológica? No, por miedo, que es una fuerza de este esquema. Mussolini, Hitler y Stalin lo aplicaban sistemáticamente.

—*Cuando la sociedad tiene que recurrir a la violencia para imponer el orden de los «ciudadanos», ¿qué falla?, ¿la sociedad que se rebeló o los militares que salen a disparar a mansalva?*

—En todo régimen institucional se define la función de la Fuerza Armada, su carácter de guardián del orden. Cuando un movimiento de cualquier tipo desborda la policía y la Guardia Nacional, se acude a las Fuerzas Armadas. Es lo normal institucionalmente. En Estados Unidos, cuando la Guardia Nacional interviene militarmente para controlar disturbios, nadie piensa que van a dar un golpe de Estado para sustituir a la sociedad civil. No, ese es el esquema normal. En una sociedad que está estructurándose democráticamente es posible que una situación de disturbios generalizados sea aprovechada por los que los instigaron para, mediante una tergiversación institucional, sustituir el poder civil por el poder militar.

—*¿Una sustitución ideológica?*

—No le veo mucho peso a la ideología. Más bien se trata de «hombres viejos con hambres viejas», como decía un cínico amigo. Parece una broma, pero puede ser revelador. Hay serias dudas de que el llamado «Caracazo» fuese algo espontáneo. Obviamente que no.

—*El «Caracazo» fue más exitoso de lo esperado por sus promotores…*

—Hubo una coincidencia de factores. Las propias Fuerzas Armadas estuvieron incapacitadas para actuar como hubieran podido hacerlo.

Cuatro hombres apertrechados en un bloque del 23 de Enero podían mantener una situación de zozobra en una gran área durante horas, aunque abajo había uno o dos tanques de guerra. Si esos tanques disparaban sus cañones, aquello se acababa en tres segundos, pero mataban a doscientas personas. No podían hacerlo, tampoco lo hicieron. Pesó la conciencia democrática. Los militares estaban allí para preservar la institucionalidad, no para masacrar al pueblo. No lo hicieron. Algo los reprimía, algo había en sus conciencias.

—*¿Los valores democráticos?*

—Cuando Carlos Andrés Pérez promovía su candidatura, me llamó la atención que expusiera un programa muy coherente, imbuido de concepciones modernizadoras, en el orden democrático y en el orden económico, además de un programa de austeridad. Pérez le reprochaba a los empresarios de los medios haber suprimido los editoriales de los periódicos, tan necesarios para fomentar la conciencia ciudadana. También les reclamaba a los dueños de las televisoras que transmitieran los noticieros muy tarde en la noche, a horas cuando la gente no los podía ver, en lugar de ser el elemento fundamental de la programación. También lo escuché quejarse de que la política había dejado de ser doctrinaria y se había convertido en una pugna de pequeño y bajo nivel. Creo que mucha de la gente que lo escuchaba tomaba sus palabras como un simple programa electoral, y no como un «yo voy a hacer». Pensaban que cuando llegara al gobierno las cosas seguirían iguales. Había razones para suponerlo y también intereses. Hubo, paralelamente, acuerdos con sectores importantes porque estaba previsto un ajuste económico y un aumento salarial. Un cuadro muy bien tramado y muy bien hecho. Sin embargo, la actitud de los intelectuales, a mi juicio, era sumamente perjudicial. Casi todos se dedicaron a hacer mofa de la democracia: hablaban del carnaval electoral y presentaron la juramentación de Carlos Andrés Pérez como la coronación. No se daban cuenta de que no ponían en tela de juicio a un hombre sino a un proceso sociopolítico. Hubo gente sensata que se dejó llevar por aquella idea del Carnaval. Cuando llega el momento de poner en práctica el programa, el mundo empresarial rompe los acuerdos y no cumple con las mejoras salariales. Lo que comenzó como una justa protesta popular contra el aumento del pasaje del transporte público fue explotado por grupos predispuestos a subvertir el orden. Fue un elemental saqueo, muy similar a los que ocurren en países desarrollados cuando se va la luz. Sucede en Nueva York y también en París. No tuvo el carácter de una protesta popular revolucionaria. Fue un tumulto explotado políticamente, un acontecimiento que impactó mucho y asustó. Es posible que eso haya acentuado la tendencia de la gente a pensar que se necesitaba un gobierno que pusiera orden. El esfuerzo demoledor de la prensa y de los medios de comunicación fue terrible. Lo de Locoven fue terrible. Todavía hoy, cuando uno menciona a Carlos Andrés Pérez, gente que no está con este régimen reacciona casi con furia; y cuando se le señala que el gobierno de Pérez dio un gran paso en la concreción de la soberanía venezolana al nacionalizar el petróleo y el hierro, les parece que se hablan insignificancias. En 1946, Betancourt dijo que la nacionalización del petróleo podría requerir un Ayacucho; sin embargo, en 1975, un hombre, porque el régimen presidencialista así lo permitía, tomó la decisión de hacerlo realidad y no se le reconoce; todo lo contrario, lo llaman Locoven.

—*No se formaron ciudadanos, sino que se puso más atención en ganarse el afecto del pueblo, de las masas anónimas y manipulables.*

—La tarea de formar ciudadanos comenzó inmediatamente después de la ruptura de la Gran Colombia. El famoso texto de don Francisco Javier Yánez, *Manual político del venezolano*, era una manera de decirles a los venezolanos qué cosas eran ser un ciudadano y cómo debía desempeñarse, porque nadie lo sabía. Nadie. El ciudadano, sometido a un gobierno severo que era casi monárquico, podía desarrollar progresivamente ciertos aspectos de la libertad, pero cuando se levanta la tapa y todos entran a ser ciudadanos se descubre que solo una pequeñísima proporción de las personas tiene idea de qué es un ciudadano. Los militares nos decían «atención, ciudadano» y no se sabía si era un reconocimiento o una ofensa. «Ciudadano, sus papeles», era una manera de decir que el civil no valía tanto como el militar. La gran diferencia entre el ciudadano y el concepto de pueblo es la misma que hay entre lo abstracto y lo concreto. El pueblo es una abstracción, el ciudadano no. Es un ente que tiene nombre, apellido, derechos, obligaciones, etc. Algo real. La ciudadanía puede ser una abstracción, pero el ciudadano es un individuo y un sujeto de derecho. Tiene deberes y derechos en cuanto a capacidades para reclamar. Además, es la fuente de legitimación, no solo de legalidad, del poder. El ciudadano con su voto es el que hace al presidente, el que hace el poder. El poder real está en el ciudadano, no en el pueblo. Debemos corregir el enfoque y pasar de la democracia, que es el pueblo como abstracción, a un ente mucho más concreto: la República, que es el ordenamiento que el pueblo se da. La República es una concreción consustancial con la soberanía popular, no con la soberanía nacional. La soberanía popular se realiza en el ciudadano, un hombre solo, con su conciencia, detrás de una cortinita y ante una urna en la que deposita el voto. Ese es el ciudadano. Equivocado, acertado, ilustrado, analfabeta, mujer, hombre.

—*Frente a esa propuesta aparece la consigna «¿votar para qué?».*

—Algunas personas confunden las fallas de la administración pública y del gobierno con las fallas del régimen sociopolítico. Las fallas de este régimen son tan importantes que, en definitiva, sirven para justificar la implantación del socialismo del siglo XXI. Yo escuché aterrado a los candidatos a alcaldes de los municipios metropolitanos de Caracas decir que el programa del socialismo era resolver el problema de la basura, del agua, del tránsito. Imaginar a Marx o al propio Stalin diciéndole a la gente que resolver el problema de la basura, el problema del agua y el problema del tránsito es el programa del socialismo del siglo XXI, después de diez años de gobierno, causa risa, amarga, pero risa. Al decir que se necesita el socialismo para recoger la basura, para resolver el problema del agua y agilizar el tránsito, reconocen que no han sido capaces de superar los problemas que reducen a la población a la elemental supervivencia.

—*No hay que confundir las campañas electorales con la realidad. Las campañas electorales son parte del arte de prometer. Los planes de gobierno no tienen que ver con recoger la basura; prometer que van a recoger la basura les sirve para obtener votos y mantenerse en el poder…*

—Llegar a ese punto después de diez años gobernando y no poder decirle al pueblo: «Nuestro propósito es reconstruir la estructura jurídica o legal para que el pueblo tenga esta posibilidad o la otra», sino ofrecer recoger la basura, caramba, es bien desconsolador. Si en cualquier otra parte del mundo a un político se le ocurre proponer como gestión recoger la basura, lo menos que cultiva es risa. Hay cosas que pertenecen al normal funcionamiento de la administración pública y no puede ser considerado un elemento político. Si ocurre es porque no se dirigen a ciudadanos, sino a cuasisúbditos, a siervos. Es un irrespeto a la condición de ciudadano condicionar su ejercicio de ciudadanía a la satisfacción de necesidades básicas, que es lo que significa votar por alguien que promete recoger la basura. Esa es su obligación, no una gracia o un regalo. Reducir al ciudadano a la condición de receptor de benevolencias es una forma de ventajismo político.

—*¿No fue así en los cuarenta años anteriores?*

—No. Se estimuló la participación social, la educación, la política, y la economía. Se incrementó exponencialmente la demanda social. Algo loable. No es lo mismo gobernar para una sociedad en la que uno salía a la calle y casi no veía mujeres, hablo de 1948, que hacerlo para una sociedad en la que por poco hay que apartar a las mujeres para ver a los hombres. Todas están detrás de algo, trabajando, moviéndose. La demanda social creció exponencialmente, pero se topó con una administración pública incapaz de encausar o satisfacerla. Se vivía un reto aceleradísimo, gigantesco, que no permitió estructurar los cuadros burocrático-administrativos necesarios. Cuando se tiene una demanda social tan gigantesca y solo se cuenta con funcionarios incapaces de manejar más de cinco personas, el colapso es inevitable, y se crea en la población un justo resentimiento. Ese caos se lo atribuyen al sistema sociopolítico.

—*¿Por qué ahora, cuando es mayor la improvisación y la ineficacia de los cuadros gerenciales, no se han multiplicado las protestas ni se le echa la culpa al Gobierno?*

—Opera un fenómeno bien curioso. La gente actúa con un criterio de realidad. Sabe que el que le sigue al hombre que está en la taquilla de quejas no es el jefe civil ni el presidente del concejo municipal, tampoco el gobernador, sino el jefe del Estado. Es una manifestación de realismo político esperar que, si está roto el baño de la escuela, sea el presidente el que ordene que lo reparen. Este régimen ha estimulado el rebrote de la condición de súbdito, que espera que el monarca le resuelva desde la falta de medicinas en el dispensario hasta las fallas de la electricidad; y si no lo resuelve es porque no está enterado. En las protestas en la televisión, ¿qué dice la gente? Que el presidente debería apersonarse. Algo realista, pero malo, no puede traducirse en rebeldía. La historia es cruel. La escasez y la miseria, lejos de generar rebeldía, generan servidumbre. ¿La gente que protesta porque no le dan su casa traducirá su inconformidad en una acción política? Hay signos de que pareciera que sí. Nuestra esperanza es la ineficacia castrense, que debemos medirla en relación con sus propósitos. Como ellos mandan pero no pueden hacer, sustituyen su gestión por algo muy elemental: «Si yo mando a hacer, ya está hecho». Mandar, de esa forma, significa entorpecer, impedir, obstruir, dificultar la gestión que no está dentro del esquema mando-obediencia. El militar es genéticamente ajeno al esquema democrático de funcionamiento. Las regiones militares instauradas por Chávez son una ocupación militar del país. La idea es que el poder civil sea sustituido por una estructura militar que dependa directamente del presidente, y que significaría la abolición de la República. No habría la obligación de consultar la opinión de la soberanía popular. Un hecho me indica que las regiones militares van a fracasar. El concepto de democracia descentralizadora ha calado en una porción muy considerable de la sociedad y ha generado intereses locales que se sentirán directamente amenazados por la centralización, sea civil o militar, y reaccionarán. La centralización militar encontrará muy serios obstáculos. El objetivo es demoler una sociedad democrática y pluralista, embrollona, con grandes dificultades de funcionamiento, pero en la que la gente se siente libre y vive de esa forma, para construir la nueva sociedad que proponen algunos alucinados.

—*Pero parece más un problema psiquiátrico que político, de acumulación personal de poder.*

—La autocracia y la democracia son antítesis, sin términos medios. Es imposible una autocracia «mediodemocrática» o una democracia «medioautocrática». La república moderna es un mecanismo de legalización y de legitimación del poder que obedece a criterios claros. El principal es el ejercicio de la soberanía popular. El autócrata no puede estar por encima de la soberanía popular. No importa que se conserve el término «República Bolivariana de Venezuela», el problema es que todo el andamiaje de la república entre ese titular y el ciudadano desaparece cuando el presidente asegura que él interpreta la voluntad popular. Permanece el cascarón, pero es abolida la soberanía popular.

—*Lo hizo Pérez Jiménez.*

—Hay una diferencia. Pérez Jiménez estableció una dictadura militar inicial, pero luego se vio obligado a hacer unas elecciones, que perdió, y para mantenerse en el poder se convirtió en un dictador pleno. Aun así, recurrió a una figura de carácter republicano: el plebiscito.

Si no hubiese existido la estructura republicana, no habría sentido la obligación de llamar a elecciones, aunque tuviera que falsear los resultados. Chávez descubre ahora que mientras subsista la estructura republicana tiene que consultar, y eso lo pone en el trance de querer anular la soberanía popular por vías autocráticas. Ha habido varios intentos, como el falso plan de magnicidio, destinado a provocar una reacción que justificara un decreto de emergencia, pero no le resultó. La sociedad no mordió el anzuelo. La gente se rió del magnicidio, la conspiración solo la creen los tres locos de la Asamblea Nacional, y la invasión por el imperio ha sido anulada. En todo caso, ha montado un dispositivo para que la República se vacíe de contenido y el poder quede en manos de la cúpula militar.

—*¿La Fuerza Armada lo obedece y lo sigue ciegamente?*

—Eso no se puede garantizar. El 23 de noviembre de 2008, el gobierno militar chocó con el legado de Rómulo Betancourt. Vamos a una etapa superior del enfrentamiento…

—*¿Una guerra?*

—No. Una etapa superior del enfrentamiento quiere decir que los estados no controlados por el gobierno militar no solo funcionan con una autonomía política legal y legítima, sino que también desarrollan intereses locales que tendrán el propósito de hacer valer su autonomía, y el conflicto será mayor. La situación creada podría conducir a una exacerbación del voluntarismo y de la prepotencia de la gente del gobierno, que terminará haciéndolo más odioso a la sociedad. La incapacidad, la ineficiencia y la mediocridad razonablemente prepotente conducen al mal gobierno; pero si por el miedo, el resentimiento y el temor, la prepotencia crece, será peor todavía. Es como si el principio destructivo que lleva dentro de sí se tradujera en arbitrariedad.

—*Si desapareciera Chávez, la situación no sería de tranquilidad. Quizás ha pensado que el país se vaya con él…*

—Fue el razonamiento de Hitler al final: «El pueblo me ha fallado, el pueblo merece que conmigo sea destruida toda Alemania». Dio la orden de destruir. No tengo angustias con respecto al futuro de Venezuela. Hace diez años vaticiné que en dos o tres generaciones Venezuela sería la primera sociedad democrática de América Latina. A pesar de todo lo que estamos viviendo, mantengo ese vaticinio.

La tenacidad demostrada por la porción democrática de la sociedad venezolana es insuperable. Su consolidación es indudable.

—*¿Cuál es el peor daño que el régimen le ha causado a la sociedad venezolana?*

—El deterioro de la civilidad, de valores que costó mucho restablecer después de la Guerra de Independencia y de las guerras civiles del siglo XIX. Se había avanzado. La prueba más extraordinaria, masiva y abrumadora fue la conducta de la mujer, de los analfabetos, de los mayores de 18 años, a partir de 1946, a quienes de pronto les dijeron: «El destino del país está en sus manos, háganlo». Captaron el mensaje y asumieron la responsabilidad. Los valores de la civilidad han sido dañados. Los pueblos necesitan que quienes gobiernen gocen de credibilidad. Dios no puede hacerlo todo. Tiene que haber unos hombres que lo ayuden. Eso ha sido dañado, y no solo por la corrupción económica, sino también por la corrupción de la conducta ética: el ladronzuelo convertido en juez; el asesino convertido en agente de la justicia, todas esas cosas; y, sobre todo, la impunidad frente al delito, que se ha extendido hasta llegar a hechos insólitos. Restablecer la civilidad requerirá un gran esfuerzo, pero no es imposible. Venezuela tiene un referente de orden cívico.

—*Este régimen incluyó a los marginados, a los olvidados, a los miserables de la Tierra, que repiten que Chávez los enseñó a pensar…*

—Eso es una ficción. Chávez no ha combatido la exclusión. ¿A quién ha incorporado a la vida civil?

—*A los indígenas…*

—Los indígenas están peor que nunca. El problema indígena no es un problema de gobierno y no lo resolverá ningún gobierno. Es un problema histórico de otra naturaleza que solo será resuelto en el ámbito de una evolución de la sociedad: cuando pase de ser una sociedad de dominación a ser una sociedad de convivencia. Eso es más difícil que convertir súbditos en ciudadanos. Lo más curioso es que los recogen de las calles de Caracas y de otras ciudades para llevarlos a su lugar de origen. No son considerados ciudadanos que pueden circular libremente por el territorio nacional. Un guahibo o un guarao en Valencia no ejerce un derecho ciudadano, sino que está fuera de su lugar de origen.

—*¿Dónde podría ampliar Chávez la inclusión?*

—La democracia asocia la inclusión con el esfuerzo del individuo por desarrollarse mediante alguno de los canales de ascenso social verticales: la vía económica, la educación, ingresar en la academia militar o en un seminario religioso.

—*En la revolución, para ascender no se necesita estudiar, basta con ser fiel al líder…*

—Entonces no es inclusión, es soborno que lo reduce a un estado de mendicidad. No es inclusión, porque no logra ascender en la estructura social.

—*Reciben títulos universitarios sin estudiar y buenos puestos sin tener las capacidades…*

—Es soborno. La instrucción funciona cuando la persona desarrolla deberes y derechos, no cuando recibe gracias.

—*¿Es malo recibir gracias? Siempre se habla de la justa distribución de la riqueza, que en términos generales se entiende como reparto.*

—En una república, la gracia convierte al recibidor en un ente de derecho. Al principio la sanidad se llamaba beneficencia pública; luego, asistencia y servicio social; finalmente, derechos sociales. La Constitución de 1961 estipula derechos sociales y económicos, no beneficencia pública. El cambio no es puramente lexicográfico, sino de contenido profundo. Chávez intenta devolvernos a la condición de beneficencia generalizada. No es para el individuo que pide asistencia, sino que un gran sector de la sociedad queda reducido a esa condición, pero tampoco quiere decir que abarque a los adversarios. El Estado ha sido incapaz de garantizar un servicio de sanidad eficiente para su propia gente. La inclusión es una gran mentira. Lo que tenemos es la sustitución de la condición de ciudadano por una condición que se acerca mucho a la del súbdito. Estos sistemas totalitarios, por definición, no pueden convivir con el ciudadano, que entre sus muchos «vicios» tiene el de buscar iguales y buscar la fuerza en el grupo, en la organización.

—*¿El «hombre nuevo» no es la perfección del ciudadano?*

—El primero que ofreció el hombre nuevo fue Cristo. Tenemos mucho tiempo buscándolo. Rousseau habla de los derechos del hombre y del ciudadano. No los pone juntos. Una cosa son los derechos del hombre y otra los del ciudadano. El hombre es, en primer lugar, ciudadano, que quiere decir que es un hombre libre, y libre quiere decir, fundamentalmente, no estar sujeto a una potestad que desconozca su libertad. Es sujeto de poder, no objeto de poder. El ciudadano, valga la blasfemia, es el dios de la república. Así como el rey derivaba su poder de Dios, la república deriva el suyo del ciudadano.

—*¿Se repite en Venezuela el proceso cubano?*

—No. Los cubanos tenían una muy breve y accidental experiencia de vida republicana, y ninguna experiencia de vida democrática e independiente, cuando se impuso la revolución. La sociedad no estaba integrada todavía y Cuba era un país profundamente racista, con una gran separación étnica. La república, entendida como forma legal del poder, y la ciudadanía, como realización de la soberanía popular, no habían cuajado. Por otro lado, nosotros ganamos la independencia, a los cubanos se la dieron. Es muy duro, porque ellos lucharon por su independencia, pero no la concretaron, aunque sostengan que sí. La independencia se las dio Teodoro Roosevelt. Cuba todavía está en un proceso de afirmación de su nacionalidad. Reconocer que su independencia fue resultado de una intervención militar de un poder tan odiado por los cubanos como el estadounidense es duro y difícil. Es comprensible que sean renuentes a hacerlo. Nuestro caso es diferente. Ganamos la independencia luchando contra nosotros mismos durante más de quince años. Si se cuenta el número de tropas peninsulares que vinieron, resulta que no fueron más de diecisiete mil hombres, y eso es una gran diferencia. Logramos la independencia a un precio altísimo. La tercera parte de la población pereció, el relativo logro civilizatorio de fines del período colonial se vino al suelo, la agricultura permaneció en absoluta decadencia hasta finales del siglo XIX. Se pagó un precio tan alto que muchos venezolanos llegaron a asegurar que fue un pésimo negocio alcanzar la miseria por la vía de la independencia.

—*¿Ahora alcanzaremos el socialismo por la vía de la miseria?*

—No. Está históricamente demostrado que nunca se llega al socialismo. No tengo dudas de que la sociedad venezolana atraviesa una difícil prueba, que significa retroceso, estancamiento y pérdida de oportunidades. Muchas sociedades han atravesado situaciones similares, pero hay un elemento que permite tener cierta certidumbre histórica: los cambios históricamente legítimos una vez que arraigan en la sociedad no pueden ser erradicados sino por renovaciones provocadas por esos mismos cambios, que corrigen, acentúan, aceleran, pero no por hechos sacados de la contextualidad histórica. Nosotros durante más de sesenta años practicamos la democracia, porque como fenómeno sociopolítico, no como aspiración, la democracia nació en el período 1945-1948. La certidumbre viene de que no he visto un solo caso en que uno de los logros en esa dirección haya sido erradicado. Han sido falseados, ignorados, calumniados, lo que se quiera, pero nunca erradicados. Se corresponden con una necesidad evolutiva de la sociedad. No es el sueño de un hombre. ¿Quién fue el primero que quiso hacer una república bolivariana? López Contreras y terminó mal. Ahora otro trata de hacer lo mismo y termina en nada.

—*Como la ignorancia de los militares que mandan es superlativa, quizás Chávez cumple el sueño del Che y crea dos, tres o más Vietnam en América Latina...*

—Los tres problemas que mencioné –retroceso, estancamiento y pérdida de oportunidades– se corresponden con la realidad, pero al mismo tiempo existe la fuerza de la continuidad histórica, que consiste en la supervivencia de elementos que significan una evolución, un cambio que puede ser negado, ocultado, pero que por estar muy arraigado en la sociedad rebrota con más energía y, a veces, en formas absolutamente inesperadas. La crisis financiera actual ha significado el regreso a sus países de origen de un buen número de migrantes, muchos de ellos con años de vivencia en sociedades desarrolladas. Es el caso de los polacos en Gran Bretaña, pero también de los ecuatorianos y salvadoreños. ¿Qué efecto va a tener esta gente cuando regrese a su país, qué contaminación va a traer, por haber vivido en una sociedad desarrollada durante cierto número de años? ¿Podría alguien imaginar la repercusión que eso puede tener en estas sociedades que hasta ahora pagaban ese seguro de vida («Tengo un mal gobierno y no puedo garantizarle a mi gente que se desarrolle civilizadamente, entonces que se vaya y que mande dinero, remesas»)? Ahora esos migrantes vienen con una carga ideológica a buscar empleo y a tratar de tener un nivel de vida que de alguna manera se compare con lo que tenían. No van a regresar a meterse en un tubo. ¿Qué efecto van a tener en estos países? Es lo que los historiadores llaman una causal independiente. Nadie podía preverla. Todo lo contrario, los gobiernos luchaban para que se abrieran más las puertas. Hace años un colega mexicano me decía: «Si todos los habitantes de Jalisco que viven en Estados Unidos regresaran, sería la bomba atómica». Basta con que unas cuantas de estas personas regresen a sus países para que haya un efecto. Son una amenaza para el equilibrio falaz que estos países han logrado sobre la base de una exportación solapada de mano de obra, no diría esclava, pero servil. Ir de la pobreza sin esperanza a una pobreza con esperanza es una cosa, pero regresar de esa pobreza con esperanza a una pobreza sin esperanza es más duro.

—*Una cosa es desayunar con esperanza y otra muy distinta cenar con esperanza...*

—Tengo confianza histórica en el porvenir de la sociedad venezolana. La siento fuerte, poderosa. La veo en la calle y la veo históricamente. Esta sociedad que viene de muy abajo en poco tiempo logró convertirse en un ejemplo para el mundo. Temo, sin embargo, que al impulso democrático del ciudadano venezolano, su arrojo y valentía, se le conteste con terror, asesinatos, cárceles, persecuciones; que se quiera borrar a sangre y fuego su espíritu democrático.

—*Cuando llegaron al poder se vanagloriaban de ser defensores de los derechos humanos, pero no han resuelto el problema de las cárceles ni el sistema judicial funciona mejor. Hay personas que llevan presas varios años sin que les hayan presentado cargos...*

—Los derechos humanos son una creación de ayer, desde el punto de vista legal y sistematizado. Otra cosa eran los derechos del hombre y del ciudadano. Los derechos humanos se corresponden con una abstracción que se llama humanidad, que es sujeto de derecho. Un gran logro. Es una de las armas que ha fabricado el hombre para rescatar o instaurar su humanidad, o para hacer válida su condición de ser humano, que está más allá de la invocación de la soberanía. La gran potencialidad de la democracia y del ejercicio de la soberanía popular quizás no es claramente visible, pero crece. La ciudadanía está implantada y habrá una acentuación de esa ciudadanía con repercusiones profundas en la estructura del régimen militarista. Es una fuerza difícil de medir, pero que puede llegar a ser indomable. Así como el virus de la democracia contamina a mucha gente en el Gobierno, otros reflexionan sobre el riesgo que corren. Se dan cuenta de que la impunidad que se refugiaba en la soberanía nacional no les basta. Un hombre del poder que ignore eso, ¿dónde puede refugiarse?

—*En Cuba, en Corea del Norte.*

—Eso es refugiarse en una cárcel. Toda la libertad de Idi Amín en Arabia Saudita consistía en ir cada cierto tiempo al aeropuerto a esperar el avión que tocaba en Uganda y le traía una cesta con las cosas que él comía allá. La otra opción, la verdadera, es una cárcel estadounidense o una cárcel de máxima seguridad en Holanda. Hay que acordarse de Milosevic.

—*No se ha llegado a esos niveles de criminalidad…*

—En ese plano estamos en un terreno de indeterminaciones todavía. No hay una codificación de lo que llamaríamos el derecho positivo, ni tampoco en qué consiste la violación de los derechos humanos. El derecho de injerencia cada día toma fuerza y será poderosísimo.

—*La invasión de Irak no es la manera de resolver el problema de los déspotas…*

—Los hechos históricos, si se consideran en su momento inicial, tienen un sentido, pero si se consideran en su proyección pueden llegar a ser la negación de lo inicial. En el caso de Irak, ya mucha gente ni siquiera recuerda a Saddam Hussein. Es pasado, tan pasado como Noriega, que tampoco nadie menciona. Lo que sucede en Irak podría tener una tremenda proyección histórica: una cuña modernizadora y democrática en el mundo islámico. Hasta ahora, la única imagen de una democracia moderna en esa zona es Israel. Los demás están inmersos en sus formas tradicionales. Una cuña democrática moderna en Irak cambiaría la relación de poderes. De ahí la resistencia tremenda, y de que todos los adversarios de la modernización democrática se hayan concentrado en Irak. Tienen conciencia de que si se establece una democracia moderna corren un peligro tremendo. La estrategia de Irak no parece tan equivocada. Es un hervidero de modernidad y de desarrollo. Tienen tres años de guerra y eso le cuesta al Gobierno estadounidense mucho, pero como historiador pienso que le está saliendo rápido y barato. Ya nadie piensa que Estados Unidos se quiere quedar en Irak para siempre. ¿Fracasó la política de Bush? Ahora no es fácil decirlo. Bush le dijo a su gente: «Será una guerra larga, difícil y cruenta». Nadie le creyó, pero Estados Unidos libra una guerra larga, difícil y cruenta. Cuando van a Afganistán y a Irak, ¿qué le dicen al norteamericano?: «Más vale pelearlos allá que pelearlos aquí». Siempre será mucho más económico políticamente para Estados Unidos pelear allá que pelear en su tierra. ¿Dónde está el estúpido?

IX

Carrera Damas ha desempeñado las cátedras Simón Bolívar de las universidades de Cambridge, Gran Bretaña, y de Colonia, Alemania; y la Cátedra Bacardí para Investigadores Eminentes de la Universidad de Florida. También el Seminario de Doctorado en la Universidad Andina Simón Bolívar, en Quito, Ecuador. Preside el Comité Internacional de Redacción de la Historia General de América Latina; es miembro del Comité de Redacción de la Historia General del Caribe; de la Historia de América Andina y del Buró de la Historia del Desarrollo Científico y Cultural de la Humanidad. Ha dirigido los volúmenes V de la Historia General de América Latina y IV de la Historia de América Andina. No es especialista en Simón Bolívar, aunque escandalizó a los historiadores «oficiales» con la publicación de El culto a Bolívar. «Hartos como estamos de los remedos de Simón Bolívar, es imposible dar un paso sin tropezar con la presencia de Bolívar. El culto a Bolívar es parte importante de la sociedad venezolana».

—Hace cuarenta años presenté *El culto a Bolívar* como el bagaje ideológico del venezolano y lo que eso encierra como potencialidad, tanto en un sentido constructivo como dañoso. Fue arriesgado y lo pagué caro, pero no me arrepiento en absoluto. Ha significado un punto de partida de una búsqueda que otros han llevado adelante mejorando, enriqueciendo, ampliando el conocimiento del bagaje ideológico del venezolano.

—*¿Por qué no se especializó en Bolívar?*

—No creo que sea el tema importante. El personaje es importante, pero lo que realmente ha pesado en el mundo ideológico del venezolano no es la figura histórica de Bolívar, sino lo que de esa figura ha hecho el culto a Bolívar, que es diferente. Es lo que sucede en todas las religiones. El culto a Bolívar es la segunda religión de los venezolanos, y como sucede en todas las creencias, llega un momento en el que el personaje nuclear se va difuminando y se convierte en una entidad poco menos que inalcanzable. Desde mi formación marxista, tengo la preocupación de tratar de entender los mecanismos de articulación entre el individuo, el grupo, la clase y la sociedad. La Venezuela que sale de la independencia es un país invertebrado. El proceso de integración que comenzó en 1777, con la creación de la Capitanía General, se detuvo con la independencia. Lo que salió de aquella terrible guerra de diez años y lo que vino después fue realmente un país desintegrado. La guerra a muerte, el exilio, la prisión, la miseria. ¿Qué actúa como factor integrador entre el individuo, el grupo, la clase y la sociedad? La Iglesia proponía una respuesta: «Todos somos hermanos». Pero quizás para los hombres era más expresivo algo que tuviese que ver con su realidad directa, que era decepcionante. Nada de lo que esperaban de la independencia lo estaban viendo. Los hombres que gobernaban, que habían participado en la lucha, quedaban como los grandes responsables de un gran sacrificio inútil. Después de catorce años de haber roto con España, la sociedad vivía en una situación lamentable. Recurrieron a un instrumento ideológico. Había que hacer de la independencia el objetivo no solo fundamental sino suficiente de todo aquel sacrificio: «Matamos trescientas mil personas, nos sumimos en la miseria, destruimos todo, pero logramos independizarnos». Ese resultado suficiente, compensaba todas las pérdidas. A medida que pasa el tiempo, la gente se da cuenta de que esa independencia estaba vacía de contenidos reales para sus problemas concretos; se necesitaba algo más, algo que pudiese articular al individuo con el grupo, con la clase y con la sociedad. ¿Qué era ese algo? Una fe, una creencia. La manera de que esa creencia se asentara sobre algo que fuese universalmente aceptado o que pudiese ser universalmente aceptado, era una figura que no estuviera en el escenario. Ni Páez ni Soublette, tampoco Monagas. Se necesitaba una figura cuya proyección pudiese ser llevada por los medios generales de comunicación a una valoración ajena a lo inmediato. Se acordaron de Simón Bolívar, que había sido execrado; también el pueblo de Jerusalén prefirió a Barrabás en lugar de Jesús. Había sido execrado pero simbolizaba aquella cosa excelsa ante la que todos consentían el sacrificio. Montan el culto a Bolívar. Eso fue calculado y premeditado. Comienza con la frustración que se vivía durante el gobierno de Páez, que es el primero que propone que se le rindan honores al Libertador, quizás quería exonerarse de la culpa de ser señalado como el enterrador de Colombia, la obra máxima de Simón Bolívar. El calco con la religión cristiana católica es impresionante. Comienza la idea de reivindicar a aquel hombre, y voy a llegar a la blasfemia: Bolívar resucita en alma y cuerpo. Traen los restos a Caracas y los ponen en una antigua iglesia que pasa a ser la catedral de esa nueva perspectiva, que se incorpora en el aparato educativo con los famosos catecismos de Antonia Esteller, de Rafael María Baralt y Ramón Díaz. Todo lo que se enseñaba en las escuelas estaba construido alrededor de Bolívar, pero había un problema: Bolívar aparecía como el líder de los conservadores. Cuando viene la Guerra Federal, Antonio Guzmán Blanco hace de Bolívar el arquetipo del liberal, desde ahí todos los venezolanos somos bolivarianos. ¿Qué nos vincula como individuos, como grupo, como clase, como sociedad, desde el recogelatas hasta el señor que tiene un yate en Martinica? Bolívar. Nadie se declara antibolivariano. Pagué caro denunciar ese artificio. Así como Dios está presente en todo, de por sí, no porque se le invoque, también Bolívar está presente de por sí, no porque se le invoca. De la misma manera como se le atribuye a Dios una voluntad, a Bolívar también se le atribuye. Si se cae una mata es la voluntad de Dios; si pasó esto, Bolívar lo quiso. El mundo de las ideas convertido en un artificio real. El primero que intentó establecer la Venezuela bolivariana fue Eleazar López Contreras, que era un genuino bolivariano, pero cuando estos dicen «República Bolivariana de Venezuela» son una mala parodia de López Contreras en 1937-38. Ahora ha habido una evolución, incluso este régimen indigesto, que comenzó con la idea del culto a Bolívar, lo fue abandonando porque se produjo un cierto hastío de Bolívar. No lo han olvidado del todo, pero han tenido que hacer un Bolívar socialista. Lo que ha cambiado no es la invocación de Bolívar sino que el socialismo es la nueva deidad. Bolívar ya cumplió su papel. No dicen «Patria, Bolívar o muerte», ni llaman a realizar el ideal de Bolívar, sino el socialismo. En la Ley Orgánica de la Fuerza Armada Nacional Bolivariana se dice que Bolívar fue un presocialista y Simón Rodríguez un socialista avanzado[3]. Ahora el culto es al socialismo, quizás la delirante pretensión de proseguir, adelantar y hasta perfeccionar la obra del personaje que fue considerado ejemplar.

—*¿Ser historiador significa aislarse de la realidad?*

—Cuando yo hablo de conciencia histórica, me refiero a la posibilidad de ver las cosas en una proyección más amplia. Los hombres que han hecho la política, como Rómulo Betancourt y otros, han tenido sentido histórico y respeto por la historia. Desde muy temprano, desde que comencé a estudiar Historia de Venezuela, sentí incomodidad porque intuía que había cierto grado de inadecuación entre la interpretación de la historia y los hechos interpretados. Por ejemplo, citan a Antonio Guzmán Blanco diciendo que Venezuela es como un cuero seco, que si se pisa una punta se levanta la otra. Lo señalaban como una prueba de su conocimiento profundo de la esencia de la sociedad venezolana. Leyendo la biografía de Alejandro Magno de Plutarco encontré que el cuero seco está citado ahí, en relación con la preocupación de Alejandro de cómo organizaría su imperio y dónde podía situar la capital. Consultó con un sabio persa, que en lugar de responderle extendió en el suelo un cuero seco de res. Se paró en una punta y después en otra, hasta que se paró en el centro, y ninguna punta se levantó. Eso lo interpretó Alejandro como que el sabio le indicaba dónde debía poner su capital. Sin embargo, eso se lo atribuían a Guzmán como una demostración de sabiduría y de conocimiento de la sociedad venezolana. También me encuentro con lo del «gendarme necesario», señalado igualmente como un conocimiento profundo de Venezuela. Resulta que en Francia, después de 1870, con la crisis del imperio, la Comuna y toda aquella cosa, apareció el general Jean Marie Boulanger, que había sido muy distinguido en la represión de la Comuna, un hombre muy apuesto, muy vistoso, etc., que se convirtió en líder de un partido

---

3 La educación militar, debe tomar como inspiración las bases filosóficas y el pensamiento educativo y social venezolano de Simón Bolívar, quien fue un pensador presocialista que, con una claridad política extraordinaria, señaló a «la igualdad establecida y practicada en Venezuela» como el basamento «exclusivo e inmediato» del sistema de gobierno al que visualizó como «el más perfecto» y el de Simón Rodríguez «el Sócrates de Caracas», quien profundizó aun más que Bolívar en el proyecto socialista original para las naciones suramericanas. «Cada uno para sí, y Dios para todos», era según él «la máxima más perversa que puede haber inventado el egoísmo». En este sentido se extrapola esa igualdad social que debe estar contemplada en la nueva educación militar, en todos los espacios, lugares y momentos.

que apoyaba la restauración de la monarquía. Como la sociedad estaba tremendamente asustada con lo que pasó con la Comuna y permanecía como un trauma terrible, el lema en relación con Boulanger era «el gendarme necesario». Se entendía por gendarme lo que por rigor es dentro de la acepción francesa: un hombre de armas encargado de mantener el orden. No es un soldado ni un militar. Es el encargado de mantener el orden para que la sociedad pueda funcionar. Laureano Vallenilla Lanz, que poco después estuvo por Francia, tomó el concepto y lo trasladó a Venezuela. Su gran contribución al conocimiento profundo de la sociedad venezolana es «el gendarme necesario», una traducción literal del término francés. Hay una colección de hechos semejantes que me preocupaban mucho. Tenía la impresión de que en vez de reflejar un conocimiento de la historia de Venezuela era una forma de eludir una reflexión propia sobre nuestra historia, por temor a que no cuadrara con los criterios tomados como respetables, desde el punto de vista científico. Como por ejemplo: «Bolívar reformador agrario», «Boves repartidor de la propiedad». Nuestra historia está llena de esos elementos y me creaba una gran inquietud. Dábamos por codificados conocimientos que no se correspondían con la realidad histórica. En mis dos trabajos hasta ahora fundamentales *El culto a Bolívar y Boves, aspectos socioeconómicos de la Independencia*, intenté demostrar, y no por afán de destruir mitos sino para establecer la realidad, que todo esto era una traslación de visiones muy posteriores. En el caso del agrarismo vemos que el agrarismo mexicano de la revolución fue trasladado y endosado a Bolívar y a Boves, aun cuando no había relación real entre estos dos fenómenos. De ahí viene mi aproximación crítica a la historia de Venezuela, pero no tanto por el afán de demoler erróneas concepciones, sino como una manera de invitar a que se busquen visiones ajustadas a la realidad. Cuando yo escribí el libro sobre el culto a Bolívar, creía que estudiaba un fenómeno que había llegado a la culminación del absurdo. Lo que ha sucedido en los años recientes me revela que estaba apenas en la raíz del problema. En el libro digo algo que creo que es de Voltaire, que no hay mayor muestra de tontería que tratar de cambiar las creencias de un pueblo cuando no se tienen fuerzas suficientes para ello. Yo creí que iba a suscitar una toma de conciencia sobre el culto a los héroes, pero lo que vino después me demuestra que el resultado ha sido mixto. Hay un grupo de personas que sí captó el problema, como Luis Castro Leiva, Manuel Caballero, Elías Pino y Tomás Straka, que han estudiado el problema seriamente, pero en el seno de la sociedad sobrevive todavía ese factor casi mágico, que llamo la segunda religión, en la que Bolívar figura casi como dios, que es explotado no solo por personas con propósitos nefastos, sino también por personas que deberían tener como tarea iluminar, aclarar y tratar de que la gente ponga los pies en la tierra. Bolívar se ha convertido en un vector. Transmite cualquier mensaje. La base para que el vector funcione es que no corresponda a una realidad concreta y pueda ser adaptado a cualquier contenido. Eso nos permite hacer un Bolívar socialista, por ejemplo. Lo curioso de esto es que el fenómeno que creía que había culminado o estaba culminando con el advenimiento de la democracia, tenía y tiene una potencialidad tremenda. Todavía hoy hablar de estas cosas no es bien recibido por mucha gente, porque es como agredirlos en su fe. Cuando al hombre se le perturban sus creencias, se siente agredido. En el caso de Boves fue diferente. Escribí sobre Boves cuando se pretendió presentar la reforma agraria como una aspiración histórica, vinculada con el agrarismo mexicano, pero sin decirlo, y hacer de Boves el primer repartidor de la tierra. Yo me opuse. Lo estudié muy a fondo y no encontré indicio alguno de que Boves tuviese el propósito de repartir la tierra. En realidad lo que hacía era utilizar los bienes del adversario para retribuir a los que estaban en su bando. Un elemental reparto del botín. Ahí sí parece que he tenido un poquito de éxito. No se volvió a hablar de Boves agrarista, repartidor de la tierra. Las proposiciones y formulaciones que implican sacudir, no digo transformar, los atavismos y formas arraigadas requieren un tiempo muy prolongado. En la Escuela de Historia de la ucv, por ejemplo, cuando estudiamos a Laureano Vallenilla Lanz nos dimos cuenta de que se necesitó más de medio siglo para que se aceptara que la Independencia fue una guerra civil. Cuando Vallenilla, que no era ningún revolucionario, formuló ese concepto le cayeron encima todos los patrioteros. No voy a defender a Vallenilla por mil razones, pero fue un acto de una tremenda osadía intelectual. Pensó que la guerra de la independencia había sido una guerra civil, de venezolanos contra venezolanos, y lo dijo. El resultado fue que todos le cayeron encima, tocaba algo sagrado. En 1961, cuando publiqué *El culto a Bolívar*, tocaba una fibra sagrada. Se ha necesitado casi medio siglo para que aquella idea sea valorada, critica-da, trabajada. Tampoco se trata de sustituir una creencia por otra. No. Una cosa es el pensamiento político y otra cosa es el conocimiento. Si el conocimiento histórico choca con el pensamiento histórico, se crea una situación de conflicto. A la larga prevalecerá el conocimiento, pero en lo inmediato la creencia se impone. Esto es algo que vale la pena considerar cuando se evalúa la democracia venezolana: lo planteado de 1945 a 1948 significaba un choque tan profundo con las creencias de la sociedad, no solo de los militares, que tomó sesenta años para que prevaleciera sobre lo que era una creencia atávica del venezolano y que estaba vinculada con el ordenamiento monárquico.

—*¿Cuáles son las mentiras de hoy?*

—Un gobierno o un sistema político, como lo queramos llamar, que quiere hacer del antiimperialismo la justificación de su política interna de supresión de la democracia, de limitación de la libertad, no ya de expresión sino de información, y que entiende el imperialismo de una forma tan absurda que llega a hablar del imperialismo español durante el Descubrimiento y la Conquista, genera curiosos mitos y erro-res garrafales. Reivindicar las sociedades aborígenes como las originarias de la sociedad venezolana es antihistórico. Las sociedades aborígenes a las que se refieren los antropólogos y arqueólogos son las antecesoras de las sociedades aborígenes que todavía hoy subsisten en Venezuela, pero no de la sociedad implantada criolla. Los indígenas constituían un universo no integrado y en constante pugna. Eran sociedades en una permanente lucha, y violenta, no simple oposición. Se habla de manera arbitraria de una homogeneización del mundo indígena. No se puede hablar de resistencia indígena al invasor. No. El invasor mani-puló, utilizó, las contradicciones existentes entre los indígenas. Querer hacernos creer que descendemos de un universo indígena homogéneo es una tontería. En Venezuela hay personas de ascendencia caribe o arahuaca, no lo dudo. Es perfectamente posible, pero no se puede vin-cular una sociedad como globalidad con una ficción de globalización del mundo indígena. Hay otro aspecto significativo: la necesidad que tienen los gobiernos de carácter dictatorial de negar la sociedad crio-lla. Durante el gobierno de Pérez Jiménez hubo un asomo de esto, de Tiuna, Guaicaipuro, etc., como ahora con este gobierno. ¿Será por-que la democracia es producto de la sociedad criolla, la antítesis de la tiranía, mientras que el absolutismo es el nervio de la autocracia, del régimen dictatorial? ¿Será una especie de añoranza ancestral por una sociedad tribal? La democracia es producto de la sociedad criolla; no de la sociedad aborigen, a milenios de la democracia. Si se tiene el propósito de abolir la democracia, de destruirla, de minarla, no debe extrañar que se eche mano de una legitimidad ancestral.

—*Pero cuando los indígenas abandonan sus comunidades y se van para las ciudades, los recogen y los envían de vuelta a sus miserias...*

—Una vez en México, en una conversación con historiadores, se me ocurrió decir que después de haber recorrido el país por tierra había llegado a la conclusión de que para los mexicanos el indio bueno era el indio muerto, porque había dejado ruinas que podían ser visitadas por los turistas estadounidenses, ingleses, etc.; pero que el indio vivo les olía mal. Hay una gran hipocresía. Se oculta la marginación, el rechazo, la destrucción de esas sociedades indígenas en nombre de la exaltación del indigenismo, que es lo que se pretende hacer y lo que se hace. Cuando quieren socializar a los pueblos indígenas, practican la misma política que se utilizó en los siglos XVI y XVII: la reducción a poblados. Les construyen aldeas «socialistas» a los indígenas y los ponen a vivir de una manera «socialista», como lo concibe algún antropólogo trasnochado. Los indios, por la Constitución, son ciudadanos venezolanos, pero un indio montado en una motocicleta es diferente de un indio caminando descalzo por la selva. ¿Acaso los indios no son ciudadanos sino una especie particular? Es absurdo plantearse el problema en esa forma.

—*¿Cómo plantearlo?*

—Nadie lo sabe. La autogestión es la fórmula mágica que algunos antropólogos han escogido. Yo digo, maliciosamente, que el único cambio que ha habido para las sociedades aborígenes, que estaban sometidas a misioneros, soldados, rescatadores y comerciantes, es que ahora se les ha añadido otra plaga: los antropólogos, que puede muy bien ser el disfraz del comisario político del partido socialista. Nadie ha encontrado una fórmula que sea una solución humanamente aceptable entre sociedades enfrentadas con diferente grado de desarrollo cultural. No digo uno mejor que otro, sino diferentes, tanto en grado de control social como de control del territorio. Cuando se enfrentan en un mismo territorio siempre prevalece el más capacitado, desde el punto de vista de su cohesión social y de su control del territorio.

—*¿Por qué la dinámica de la sociedad criolla no es válida para la sociedad aborigen?*

—Se pretende que los indios deben quedarse en el tiempo y tener una evolución acorde con el estadio en que se hallaban cuando llegaron los españoles. Si nosotros recorremos en una década determinado trayecto, ellos deben recorrerlo a su velocidad, que es muy lenta, casi la misma de la edad de piedra. No tengo la solución, pero en Venezuela se registra un caso que tiene validez universal: una sociedad de cazadores y recolectores que en cinco siglos pasó a ser una sociedad urbana, agrícola, comercial, moderna. Una evolución que a la humanidad le tomó milenios, los guajiros o wayuu lo hicieron en quinientos años. Cuando llegó el peninsular, ellos eran cazadores-recolectores en una tierra que no atrajo al peninsular porque era inhóspita, seca y árida. Posiblemente fue el pastoreo de especies que ellos no tenían, y que trajo el colonizador, el resorte que los llevó a esa evolución acelerada. El pastoreo les permitió iniciar el despegue de cazadores-recolectores a lo que son hoy. No puedo afirmarlo, pero a lo mejor los llevó a un cierto grado de estabilidad en el territorio, por algo simple: la mejor manera de conservar los alimentos es el pastoreo. Eso lo aprendieron de los conquistadores, que llegaban con una piara delante. No tenían problemas de conservación ni de manutención. El hecho es que en cinco siglos tenemos una sociedad wayuu con estructuras que conservan líneas esenciales de su civilización y de su cultura, además, según las malas lenguas, saben manejar los AK-47. Un caso prodigioso. Si esto fuese cierto, se podría pensar en la posibilidad de un Estado plurinacional, en el que cada una de estas sociedades comience a ensayar una nueva forma de relacionamiento.

—*Si la población criolla supera los veintiséis millones de habitantes, y la indígena apenas cuenta un par de centenares de miles, que constituyen dieciocho etnias, ¿vamos a ser un país plurinacional en función de esa minoría?*

—Ahí está el punto. La situación es muy diferente de lo que existe en el mundo andino, o en México y en Centroamérica. Las modas antropológicas tienen que ver con los náufragos del socialismo autocrático, que a falta de «masa obrera» andan buscando una masa sucedánea. Hubo un momento en que la correlación entre las sociedades aborígenes y la sociedad criolla, aunque siempre desproporcionada, estaba dentro de dimensiones manejables. Nosotros éramos cuatro millones de habitantes en 1945, ayer, pero de pronto la sociedad criolla recibió un refuerzo de millón y pico de inmigrantes, genuinos europeos en su mayor parte. Entonces, la sociedad criolla se agiganta, no solo desde el punto de vista demográfico, sino también en lo cultural. Se moderniza, se hace más densa. Ya comenzamos a ver un nuevo tipo de criollo, que no se corresponde con lo que llamaríamos el criollo tradicional, como decía Mariano Picón Salas. Es otro venezolano. No es que la distancia con el indígena haya aumentado, sino que es mucho menos transitable. Crear una diferenciación entre la sociedad criolla y las sociedades aborígenes, fomentarla, estimularla, es tenerle miedo a la democracia. Es la única explicación que encuentro. Todo el afán de este régimen ha consistido en romper el esfuerzo de ilustración, de formación de una sociedad más analítica, crítica, comprensible. El arma más temible para las sociedades aborígenes de todo lo que puede venir de la sociedad criolla no es el alcoholismo ni la sífilis, sino el dinero, que cambia la estructura mental de la persona. No en el sentido de acumular, sino por lo que significa como concreción del poder. Una moneda es un arma terrible para bien y para mal. La sola penetración de la economía monetaria en el mundo indígena tiene un efecto demoledor incalculable.

—*¿Qué podemos aprender de los indios?*

—Si violara todos mis principios de historiador que se quiere científico, diría que la única potencialidad de la sociedad aborigen es algo que el criollo ha perdido por razones de evolución cultural y civilizacional: el arte de la supervivencia llevado a su más elemental expresión. El criollo moderno no tiene la capacidad de supervivencia individualizada que posee el indígena, porque depende de un contexto social que le suple las fuerzas y las herramientas necesarias para sobrevivir. El indígena que con un simple destornillador arregla un motor fuera de borda traslada a una época distante de su evolución su capacidad de supervivencia en condiciones primitivas. Los pescadores venezolanos hacen lo mismo en altamar. El criterio es que no hay un mecánico, ni un taller, pero en verdad es el arte de la supervivencia. Eso no demuestra una aptitud creativa especial, sino el ejercicio de un elemental sentido de supervivencia, cuando el medio no puede proveer los remedios.

—¿Cuál es el interés en reivindicar a los indígenas, aunque solo sea de palabra? ¿Ganarse su voto?

—No creo, en absoluto, que sea inocente este indigenismo que vivimos ahora en Venezuela, que es mucho más marcado que en países con sociedades indígenas estructuradas, perdurables. Yo nunca hablaría de indigenismo refiriéndome a los mayas, por ejemplo. Los mayas son una de las grandes civilizaciones de la humanidad. Tenían un altísimo grado de desarrollo cuando llegaron los europeos y han alcanzado una evolución extraordinaria. En Venezuela, la situación es muy diferente. La distancia que podría haber entre la civilización maya y las tribus del sur del Orinoco no es mensurable históricamente. No existen criterios para medir la distancia histórica que hay entre pueblos selváticos, que llevan una vida de supervivencia, y sociedades urbanizadas con grandes ciudades de piedra, por ejemplo. Los incas consideraban salvajes a los indígenas selváticos. Es un problema de evolución histórica.

—Chávez dice que antes de la llegada de Colón, en Venezuela había un socialismo indígena, antiimperialista, y la gente se lo cree...

—La sociedad implantada criolla se establece en correlación con la base aborigen, pero también con una base africana múltiple, porque no solo hablamos de la ascendencia subsahariana, sino también de los canarios, que son africanos. Si algunos contribuyeron a la formación de la sociedad colonial venezolana fueron los canarios. Atribuirle la esencia de la nacionalidad a las sociedades aborígenes lleva al exceso de querer hacer de Guaicaipuro un luchador por la independencia nacional y en contra del imperialismo español, una grosería desde el punto de vista histórico. No quiero armar polémicas. Es cierto que Miguel Acosta Saignes hizo aportes importantes, como los primeros esbozos de la antropología y algo de arqueología, no hay que desconocerlo ni disminuir su significación, pero su proyección de la sociedad aborigen como base de la sociedad actual es históricamente incorrecta. Hay otro mito: «Los esclavos luchaban por la libertad». No. Los esclavos luchaban por su libertad, que es muy distinto. Nadie ha podido probar que la libertad, como concepto, estuviera presente en ellos, por una razón quizás fundamental: procedían de sociedades esclavistas y muchos de los que vinieron como esclavos a Venezuela ya eran esclavos en su propia sociedad. Federico Brito Figueroa y los otros tomaron los documentos de instrucción policial, de las represiones, para argumentar las supuestas rebeliones de esclavos. Todo esclavo que se alebrestaba participaba de una insurrección; algunas veces fue así, pero generalmente eran formas de protesta o de insubordinación. El policía que hacía la instrucción podía poner cualquier cosa que perjudicara a la víctima, que ese esclavo quería destruir la propiedad, que quería violar a las mujeres del blanco, todos los crímenes imaginables, pero sobre todo el más feo en aquel momento: que era partidario de los franceses, que habían abolido la esclavitud. ¿Cómo hicieron para tomar una instrucción policial y sacar de allí un conocimiento válido de lo que era la realidad de los esclavos? Esos artificios historiográficos son los que me preocupan. No pretendo haber establecido la verdad, pero reclamo más respeto al sentido crítico de quien lee historia.

—*¿Por qué una sociedad medianamente avanzada acepta la restitución de mitos que se creían superados? ¿Acaso el interés político inmediato vale más que la verdad?*

—En un cierto nivel y sector de la sociedad venezolana ha habido un propósito de revaluar no a Bolívar, sino la conciencia histórica venezolana basada en el culto de Bolívar, porque el objetivo del estudio no es Bolívar. Bolívar era un personaje histórico como Ramsés ii, como Napoleón o como cualquier otro, sobre el cual se pueden emitir todos los juicios imaginables. Lo realmente inquietante ha sido el culto que se le rinde. El mito es un componente del inconsciente colectivo que puede refluir a un estado latente en un gran sector de la sociedad, pero conserva su potencialidad y puede resurgir, si las circunstancias son propicias, hasta en los niveles ilustrados. El mito es una simplificación que no necesita explicación ni un gran desarrollo. Es una carga de conceptos reducida o comprimida en una fórmula mágica: «Como dijo Bolívar...», pero sin explicar dónde lo dijo, ni cómo lo dijo ni en qué circunstancias. Ese esquema tan elemental, que podríamos atribuir a un escaso desarrollo intelectual, lo encontramos también en el mundo académico. No es simplemente una fórmula simplificadora del lenguaje, es algo mucho más grave: es la renuncia a aventurar un enfoque directo, responsable de aquello sobre lo que se quiere hablar o de lo que se quiere considerar. Una especie de antídoto contra esa enfermedad que se llama la creatividad, y que te exonera de todo esfuerzo tanto de comprensión como de explicación. Comprender y poder explicar lo comprendido es la angustia que tenemos todos los que trabajamos con un sentido de responsabilidad. Sabemos la enorme dificultad que hay en el tránsito de lo comprendido a lo bien explicado.

—*La sociedad hizo esfuerzos muy costosos para educarse, para tener un ciudadano más informado y más despierto. Ahora la disposición del Estado es entregar títulos, pero no contenidos o conocimiento. Basta repetir lo que diga el comandante.*

—El desarrollo crítico, intelectual, está vedado. Hace vienticinco o treinta años que no leo un trabajo crítico de un cubano sobre el marxismo. A los exiliados cubanos también les cuesta mucho. No me extrañaría, por ejemplo, que un gobierno militar-militarista, como el actual, prohíba toda valoración crítica de Simón Bolívar, si se le entroniza como la representación del socialismo. Criticar al Libertador sería tan grave como hubiera podido ser fustigar en Rusia a Carlos Marx, a Lenin, no ya a Stalin que gobernaba. Lo más grave es que en estos momentos el deficiente desarrollo intelectual de nuestra sociedad se constituye en una grave amenaza para la libertad de investigación, para el desarrollo crítico del conocimiento de la historia. Podemos llegar a situaciones tan serias que las vedas socialmente establecidas en relación con la esclavitud y el mundo indígena podrían generalizarse y llegar al extremo de que haya una especie de índice, al estilo de los peores tiempos, que prohíba el estudio o el examen crítico de cuestiones centrales.

—*¿Los intelectuales no son un muro de contención?*

—¿Cuánto tiempo y qué circunstancias se necesitarán para que cambie la actitud de la sociedad no ante Bolívar, sino ante el culto a Bolívar? Es impredecible. Siempre me ha llamado la atención que los franceses tienen a Napoleón en Los Inválidos, en una tumba majestuosa, pero no se les oye invocar a Napoleón para justificar problemas del presente. Nadie dice: «Vamos a arreglar con los sindicatos, como dijo Napoleón». Yo no juego con las ideas. Conozco la potencialidad que en un sentido u otro pueden tener. El mundo de los intelectuales no es un mundo de ángeles, de personas bien intencionadas. El día que el intelecto funcione en una sola dirección se acaba la ciencia. El mundo intelectual ha generado infinitas maneras de retrasar, de dañar, de corromper, pero también ha generado infinitas maneras de avanzar, de adelantar y de mejorar. El intelectual, por lo general, estaba condenado a vivir de las migajas de la sociedad. Era un dependiente de la sociedad. Para sobrevivir, para realizarse como intelectual –escritor, poeta o artista– necesitaba el patrocinador, el padrinazgo, el mecenas, el Estado; y se volvió proclive a congraciarse con el que de alguna manera le deparaba las posibilidades. El ilustre José Rafael Pocaterra decía en *Tierra del sol amada* que en aquella Venezuela de Cipriano Castro y Juan Vicente Gómez hasta para editar una plaqueta de poemas era necesario dedicárselo al presidente de la República y al gobernador del estado. Una vez, mi amigo y profesor de bachillerato José Fabbiani Ruiz me dijo: «Tú no sabes lo difícil que era ejercer un poquito de autonomía crítica». Y esto lo añado yo: «No solo porque te pueden llevar a la cárcel, sino también porque puedes perder el favor». La subordinación del intelectual al régimen, a los poderes o a los poderosos, ha sido una constante en nuestra historia como en todas las historias de todos los pueblos del mundo.

—*Extraña que durante cuarenta años de democracia hayan sido tan radicalmente críticos, pero tan asquerosamente adulantes en los diez años que lleva este régimen…*

—No. Llegamos a esto precisamente por haber sido críticos. Si no hubiéramos sido críticos, no hubiéramos percibido signos con los que no estábamos a gusto, no los hubiéramos podido magnificar, no hubiéramos podido construir una nueva teoría de lo que debería ser. Vivimos una crisis de la democracia, no de la antidemocracia. Yo soy producto de dos factores: de la democracia y de la autonomía universitaria. No solo porque se me permitió vivir en libertad intelectual y realizar una obra, sino porque también me liberó de mecenas, de padrinos y de sombras protectoras. La democracia y la autonomía universitaria me permitieron darle rienda suelta a mi capacidad crítica y a mi sentido histórico.

—*¿Por qué la actitud crítica, nutrida y estimulada por el ejercicio de la democracia, se convierte en un riesgo para la propia democracia?*

—La democracia venezolana es extremadamente joven. La parieron de 1945 a 1948, pero inmediatamente le dio un orzuelo: la dictadura de Marcos Pérez Jiménez. Volvió a robustecerse a partir de 1958-60, pero le tocó vivir una situación terrible: la lucha contra las guerrillas inspiradas en Fidel Castro y financiadas por Cuba. Una infancia muy dura y muy difícil. Además, tropezó en su desarrollo con un obstáculo muy grande: no logró consolidar el elemento fundamental de toda democracia, la concepción pedagógica del poder. Cuando el señor vencido en las elecciones estadounidenses es el primero en decir «acaban de elegir a mi presidente», pone la institución por encima de su propio afán y demuestra que se siente inserto en una estructura contra la cual no tiene posibilidad ni necesidad de actuar. El perdedor teme que el vencedor lo hostigue y lo lleve a prisión. Lo ampara la institucionalidad. Eso ha requerido casi dos siglos de evolución. Nosotros estamos todavía en los comienzos de ese proceso. Hay que desintoxicarse del largo pasado, deslastrarse. La democracia venezolana comenzó amparada en un principio muy importante: la concepción pedagógica del poder, que pasó un poquito inadvertida, pero toda la preocupación desde 1945 en adelante fue formar ciudadanos. El poder era un recurso para formar ciudadanos. Los hombres que promovieron e instauraron la república liberal democrática utilizaron los métodos tradicionales y también una nueva realidad sociopolítica. Concibieron el poder como el medio para formar los factores de poder: el partido del pueblo, el pueblo para un partido y una burguesía democrática. En el partido del pueblo cabía todo el mundo. Un pueblo para un partido quiere decir educación, sanidad, participación, organización sindical, etc. El otro factor, no menos importante, es el desarrollo de una burguesía moderna que pudiese ser elemento fundamental de la democracia. Había que dotar a la democracia naciente de una sociedad que pudiera evolucionar hacia una sociedad genuinamente democrática. Esos elementos no existían. Había que crearlos. Rómulo Betancourt se reúne con los sindicatos, y va a explicarle a la gente del Táchira, a la gente de Maracaibo. Si se analizan sus discursos, la idea es explicar, consultar, tanto lo que se hace como lo que se ha propuesto hacer. Era un llamado a la conciencia crítica, aunque fuese embrionaria. El ciudadano sabía qué hacían aquellos hombres y adónde querían llegar, qué cosa era posible, qué era imposible. Rendían cuentas. No estaban adoctrinando ni arengando. Fue una actitud permanente, una concepción pedagógica del poder. Después del año 1958, quizás por la lucha contra la guerrilla, eso se va perdiendo y el discurso político se convierte en mera fraseología. La gente no se siente ante un planteamiento que pueda percibir, evaluar y, también, controlar. Todo aquel período de enfrentamiento violento entre 1960 y 1963 significó una tremenda sangría de la potencialidad de la sociedad venezolana. Los numerosos jóvenes que murieron o quedaron maleados de una parte y otra, tanto los reprimidos como los que reprimieron, tanto el guerrillero como el que lo combatió, retrocedieron a esquemas no democráticos, de barbarie, que significaron un grave daño estructural para la sociedad venezolana en su propósito de formar una generación de relevo. Difícilmente se puede justificar como lucha ideológica matar un policía diariamente, como no se puede razonar como lucha ideológica el asesinato de Alberto Lovera. Ahí no hay lucha ideológica sino un combate planteado en términos de barbarie, de parte y parte. El daño fue recíproco. Un buen número de los jóvenes que perecieron eran de los más inquietos, los más creativos, los más capaces de comprometerse con una idea de sacrificio, de esfuerzo, no los achantados, los comodones y demás. Pagaron caro. Causó en el seno de la democracia la psicosis de la pérdida del poder. En quienes atendieron el problema en esos años el asunto se redujo a «hay que permanecer en el poder a cualquier precio», que fue el abandono de la concepción pedagógica del poder y el comienzo de la degradación de los partidos, que se van diluyendo. Como golpe final se añade la crisis del socialismo autocrático, que dejó el esquema ideológico sin punto de anclaje, porque todos se definían con respecto al comunismo: uno era socialdemócrata, otro era democristiano, pero no eran comunistas. Una vez que se derrumba ese término y que el propio Partido Comunista abandona sus principios, el universo político queda sin ancla. Yo diría que la culminación del deterioro de la concepción pedagógica del poder se manifiesta en aquella locura en que los partidos pusieron su suerte en una especie de jugada de dados. AD con un caudillete, el partido socialcristiano Copei con una reina de belleza y el Partido Comunista con un Edmundo Chirinos como candidatos a la Presidencia. La pérdida del sentido pedagógico del poder fue total. Entonces una persona que tiene una estructura mental primitiva, elemental, del más rancio ancestro autocrático, militarista y demás se convierte en salvacionista. Anunció que iba a salvar a la sociedad de aquel caos en que se encontraba, de aquel desconcierto, y sucedió lo peor: la sociedad le creyó. Eso no lo inventamos nosotros, también lo vivió la sociedad italiana, lo vivió la sociedad alemana y lo vivió la sociedad francesa con el gobierno de Vichy, que giraba en torno a la figura del general Henri Pétain, al que se le rendía culto popular. Es un fenómeno históricamente repetible. No le resto trascendencia o importancia, solo quiero decir que no es un atributo de nuestra sociedad. El atributo de nuestra sociedad es la otra parte, la que queda semioculta: a lo largo de ocho o de diez años cuando no menos de 40 % de la sociedad, estadísticamente, pero probablemente mayor, se ha mantenido en una posición que se corresponde con la concepción democrática inicial. Ese es el hecho importante, el otro es el accidente histórico, por muy doloroso que sea. La crisis de la democracia venezolana se explica por la pérdida de la concepción pedagógica del poder.

—*Ahora tenemos un dictador pedagógico…*

—El discurso cambió. No hay rendición de cuentas, sino una arenga, un llamado constante a seguir una verdad que solo él sabe, que no explica, que no somete a valoraciones verdaderas. Nunca consulta sus ideas a la ciudadanía. Informa decisiones, asuntos que ha resuelto, anuncia proyectos, pero no consulta. Los náufragos del socialismo autocrático encontraron un salvavidas en este militar-militarista para poner en práctica sus ideas obsoletas y comprobadamente fracasadas. Vieron una única posibilidad de rasguñar el poder, pero están históricamente condenados: se encaminan ideológicamente hacia la extinción. Cuando el Partido Comunista subasta sus principios ancestrales, se convierte en un chulo. La autocracia le extrae lo último que podía dar, que es muy poco. Como fuerza no ha aportado nada. Es un bagazo. Sus dirigentes no tuvieron el coraje intelectual, ideológico y político de algunos movimientos europeos que sí se reubicaron en el mundo político y llegaron a explorar alternativas al socialismo. No tuvieron ese coraje por una enfermedad que nos afecta a los venezolanos, sobre todo a los intelectuales: el horror a la creatividad. Por ese miedo, si vamos a resucitar el socialismo, decimos: «Como dijo Bolívar». Presentamos un Bolívar socialista, pero no somos capaces de formular una teoría de nuestra realidad. La única ocasión en que se formuló una concepción de la sociedad venezolana, una teoría de la política o de la estrategia, la hizo Rómulo Betancourt, que diseñó las tácticas y concibió los instrumentos. Una demostración de creatividad comparable con la de Simón Bolívar después de 1818. Una capacidad de reflexionar sobre lo real, no porque lo dijo Bobbio, sino porque percibe en la realidad elementos que significan posibilidades de acción, de intervención, de desarrollo, y tiene el coraje de expresarlo y de hacerlo. Desgraciadamente, los venezolanos hemos caído en una especie de incapacidad. Otra gran demostración de creatividad a mediados del siglo xx fue que

Arnoldo Gabaldón concibiera la necesidad de liberar a Venezuela de su enemigo público número uno: el paludismo. Creó la concepción de aquella lucha, diseñó una estrategia, montó un aparato, promovió la acción y la motivación social para eliminar el paludismo. Un ejemplo para muchos países del mundo. Si en realidad nosotros honráramos el Panteón Nacional, allí debería estar Arnoldo Gabaldón, con todos los títulos. Esos son casos contados. También hay signos de creatividad en los venezolanos que se empeñaron en crear una civilización industrial en plena zona tropical húmeda y selvática: Puerto Ordaz, con siderúrgica, aluminio, metalmecánica, procesamiento de carbón, hidroelectricidad, todo aquello. Recuerdo el discurso de Betancourt en 1941 cuando comienza a actuar AD: «Veo las chimeneas en Guayana procesando el hierro y produciendo las maquinarias y los tractores…». En ese año, parecía una cosa de alucinados, pero la obra más importante que los venezolanos hemos realizado está en Guri, en Sidor, fue un acto de creatividad mayor. Una sociedad que produce esos casos de creatividad en menos de medio siglo no es una sociedad de impotentes ni una sociedad sin futuro. Ambos hechos requerían tres elementos fundamentales: creatividad, continuidad y eficacia. Debemos añadir otro elemento: la nacionalización de la industria petrolera, que pasó a manos de la sociedad venezolana con un alto nivel de eficacia. Sin embargo, en el mundo intelectual los venezolanos padecemos de «horror a la creatividad». Pareciera que el mundo tecnológico obedece a factores que ignoro. A los venezolanos nos gusta fabricar héroes, pero tenemos a la mano héroes verdaderos y no nos damos cuenta. El ingeniero Efraín Carrera, que coordinó el Guri, fue un hombre digno de consideración y de respeto. El general Rafael Alfonzo Ravard es el excepcional caso de un militar que dejó obra real, con sentido y de gran proyección: la Corporación Venezolana de Guayana y la estructuración de Pdvsa.

—*El actual dictador rescata otro tipo de héroes: Guaicaipuro, la Negra Hipólita, Fabricio Ojeda…*

—Un nuevo Olimpo. Todo Olimpo necesita un Zeus, un Júpiter tonante. El dictador se construye su propio Olimpo, él beatifica y santifica. La sociedad quizás lo soporta porque no lo toma en serio. ¿Alguien de cierto respeto intelectual ha respaldado, asumido, esta propuesta del nuevo Olimpo? Nadie. Quienes lo aceptan son los cuatro logreros que medran con el régimen. Tampoco hay un signo de que los nuevos héroes hayan calado en la conciencia histórica del venezolano. Que el pretendido Zeus lo vocee, lo diga y demás, tiene el valor de una brisa. Ninguna mentalidad medianamente respetable ha asumido esto como una nueva concepción de la historia de Venezuela.

—*¿Ni siquiera Luis Britto García?*

—He estado leyendo al marxista J. R. Núñez Tenorio y su curiosa consagración. Dijo que debíamos «creer en la reencarnación del espíritu de Bolívar». Un marxista-materialista que habla y cree en la reencarnación como algo realizado en Chávez no puede ser una propuesta seria, científica, de un intelectual, de un filósofo, de un marxista. Pareciera más bien la acción de un desesperado que busca enchufarse, o cualquier cosa, todo menos rigurosidad de pensamiento. En estos que hablan de reencarnar en el espíritu de Bolívar, no veo sino dolaricidad. Quizás lo único positivo que deje sea el hastío del culto a Bolívar y habrá que buscar otra cosa.

—*Ha ocurrido. Ahora prefieren al Che Guevara… El socialismo es un asunto de fe, ellos dicen «que creen en el socialismo».*

—Supongo que debe haber un determinado número de personas tan obnubiladas como el general Müller Rojas, que cuando lo veo hablar lo imagino sentado en el banquillo de Nuremberg. Un militarista incurable. Salió de la Gobernación de Amazonas justamente por su comportamiento autocrático. Nunca ha demostrado tener un pensamiento y una conducta democráticos. Es un militarista primitivo, obsecuente con el poder. Su manera de sentir el poder es sirviéndole con entrega total. En la democracia se sentía incómodo porque no tenía a quién servirle, a quién entregarse totalmente, en esa relación primitiva de mando-obediencia, de la que muy pocos militares logran emanciparse y que llega a ser parte de su naturaleza íntima. Yo creo que Müller es una personalidad constituida de la elemental relación mando-obediencia, que cuando encuentra un mandón a quien servirle se siente mejor que sirviéndole a alguien que delibera…

—*O que lo obliga a deliberar…*

—O que le impide ejercer su vocación militarista autoritaria. Entre los que están gobernando en Venezuela la vocación autoritaria es una constante. No tienen ni el más mínimo decoro institucional, de sentido institucional. El mundo ha cambiado y la responsabilidad es individual, imprescriptible. Quizás los militares venezolanos, por falta de información o de lucidez, no se han dado cuenta...

—*Tampoco se han percatado de que ya no existe el Muro de Berlín...*

—Están un poco atrasados en la información. ¿Por qué mantuvieron que el juicio de Miami por el caso del maletín era teatro, y que no tenía ninguna importancia? Porque quieren eludir la realidad, una realidad en la que se sienten amenazados. No se necesita ser muy lúcido para pensar que si el dinero salió de Pdvsa y era para financiar la campaña de la señora Cristina Fernández de Kirchner, no fue una idea del presidente de Pdvsa, sino que fue de más arriba. Por eso prefieren decir que el juicio fue una farsa, que no tiene ningún valor, que no existe. Se ha ido formando un acervo de pruebas que en cualquier momento pueden conducir a situaciones semejantes a las que afrontó Milosevic. El miedo los lleva a creer que si cierran los ojos la realidad no existe.

—*¿Cuando reivindican a Zamora y al Che Guevara hacen su propia pedagogía del poder?*

—La concepción pedagógica del poder la sitúo históricamente en dos grandes momentos de la historia de Venezuela. El primero fue la transición de la monarquía a la república, me refiero a los hechos posteriores a 1821, del Congreso de Cúcuta, en adelante. Proponerle la república moderna liberal a una sociedad monárquica de trescientos años era un salto tremendo. Era necesario enseñar la república. Ya la monarquía se sabía. Significó montar todo un dispositivo del Estado orientado en esa dirección; por ejemplo, un sistema educativo basado en la concepción republicana, y tantas otras cosas. Había que enseñar la república porque ni los hombres que estaban montando la república la habían vivido, en el sentido propio, institucionalizado. Hubo conatos en 1811 y en 1819, en Angostura, pero una república estatuida con una administración pública, un Estado organizado y demás, nadie la había vivido. Los dos elementos básicos de una república son el carácter institucional y el carácter social. El institucional es la separación de poderes, que es la barrera contra el absolutismo; el social, la formación del ciudadano. Había que formar ciudadanos partiendo de súbditos. Ese proceso es largo. Se mantuvo una especie de tutela sobre el ciudadano, que es lo que llamo la república liberal autocrática, y que era ejercida sobre el resto de la sociedad por los más ilustrados, varones, mayores de 21 años, que supieran leer y escribir. Perdura hasta 1945, cuando comenzó la instauración de la república liberal democrática y el proceso de formación de ciudadanos pasó a ser el principal problema del Estado, de eso dependía su existencia. No se concibe una república liberal democrática sin ciudadanos. La enseñanza comienza por un señor que se declara y se reconoce dictador comisorio: Rómulo Betancourt, de 1945 a 1946. Lo primero que hace es crear un estatuto electoral que cambia completamente las reglas del juego y establece pautas de funcionamiento social que divergen completamente de lo anterior. Se le dice al venezolano: «Tú eres ciudadano y tienes tu pedacito de poder sobre la totalidad, no solo sobre tu vida». Un cambio sideral. Ese esfuerzo se traduce en una Constituyente. Inmediatamente, el dictador comisorio depone su poder ante ese poder constituyente, que lo designa presidente provisional, cargo que ejerce hasta la elección del nuevo presidente. Una lección de pedagogía política tremenda. No es solo el discurso, la declamación pedagógica, es la práctica. El ejercicio pedagógico del poder situaba al ciudadano en primer lugar: todo dependía del ejercicio de la soberanía popular. Ese cuadro no es el actual ni remotamente. No es ejercicio pedagógico del poder.

—*Cuando Chávez habla de historia y de socialismo, ¿qué hace?*

—Adoctrinar. Predicar. Hay una palabra en francés, «*palatiner*», que es un hombre que en las ferias ofrece una medicina que sirve para curar el dolor de cabeza, las caries y también los sabañones, todos los males. Habla y habla, habla tanto que la gente termina comprándole el frasco. Eso no es un ejercicio pedagógico del poder, sino la utilización del poder con fines muy diferentes de la formación de ciudadanos. No siento respeto alguno por la prédica oficial.

—*Cuando se rescatan frases como la de Cipriano Castro sobre «la planta insolente del extranjero»…*

—Esos nombres de la historia son utilizados cuando se quiere negar la proyección y la significación de los otros. Fabrican símbolos, pero a partir de figuras históricas que gozan de tres ventajas: una, son muy poco conocidas, como el caso de Zamora, de quien sabemos casi nada y lo que hay son meras suposiciones; dos, son figuras históricas que han sido objeto de censura o de rechazo por aquello que se quiere destruir; nadie asocia a Zamora y a Castro con la democracia; y tres, son figuras que de alguna manera pueden ser traducidas a una problemática moderna con la cual ellos no tuvieron relación. Por ejemplo, la distancia que hay entre un Cipriano Castro peleando con el ferrocarril alemán y el imperialismo de nuestro tiempo es insalvable históricamente. Por una circunstancia elemental, ¿por qué estaban los alemanes invirtiendo aquí?, ¿vinieron a la fuerza? No. Fueron invitados a venir. No vinieron por imposición. Hubo una incitación y por eso obtuvieron una serie de ventajas, de prebendas, para que se instalaran. Éramos una sociedad paupérrima. Vivíamos en un atraso y una regresión terribles. La sociedad era incapaz de generar factores dinámicos para su propia evolución. Insertos en un mundo que avanzaba aceleradamente hacia el capitalismo, ¿de dónde podrían surgir los factores que permitieran una evolución de esa sociedad?, ¿de la exportación de cueros y de unos pocos sacos de café? No. La incitación a que viniera el capital extranjero nace con la República. En 1821-1822, el Congreso de Colombia los estimula a venir; es más, casi les reprocha que no hayan venido a invertir. Venezuela era el más escuálido de los mercados. Un barquito con cuatro cosas abastecía el consumo por tres años, para un producto que fuera más allá de lo elemental. Al imperialismo, que es un hecho moderno, en función de la Primera Guerra Mundial y demás, se le hace retroceder hasta la llegada de Cristóbal Colón, pero eso no tiene fundamentación histórica. El imperialismo es un fenómeno reciente. La fase precedente, el colonialismo, se desarrolla fundamentalmente en África, en Oceanía y en Asia, en la segunda mitad del siglo XIX, quizás un poco antes. Hay un abuso de la historia cuando se quiere hacer de Cipriano Castro un símbolo del antiimperialismo. Se viola el sentido histórico. Castro era un dictadorzuelo, que peleando por el poder, con sectores de su propia camada, su propia gente, solicita el apoyo y la protección del escuálido capitalismo norteamericano o europeo que comenzaba a invertir en Venezuela, que luego se convierte en un factor de poder y que llega a su apogeo con Juan Vicente Gómez.

—¿*Se viola el sentido histórico?*

—Quiero decir que es un atropello del sentido histórico, que se aprovecha de la incipiencia, falta de sabiduría o ciencia, de la conciencia histórica del venezolano, todavía no bien estructurada. Hay diferencias entre el pensamiento histórico y la conciencia histórica; y diferencias entre la conciencia histórica básica y la conciencia histórica crítica. Son niveles diferentes, con distintos factores y componentes. Estamos en una fase en la que predomina el pensamiento histórico básico: «Nosotros hicimos la Independencia», «Bolívar fue un gran hombre», ese tipo de cosas; y entramos en una fase de conciencia histórica, pero todavía nos falta para llegar al nivel en el que predomina el sentido crítico histórico. Los niveles inferiores no desaparecen, perduran socialmente y se manifiestan, pero el predominante es el otro. Estamos en una fase intermedia en que la conciencia histórica crítica, más informada, con formación académica universitaria, influye en el pensamiento histórico básico y determina nuevas búsquedas, nuevas orientaciones, pero sin predominar. Cuando inauguré la cátedra Fray Diego de Baños y Sotomayor, en el 60 aniversario de la Facultad de Humanidades, titulé mi conferencia «Achicar la sentina de la historiografía venezolana», que significa eliminar todos esos remanentes del pensamiento histórico primario que se apoyan en una concepción de la historia patria, de la historia oficial, presentes en el segundo nivel. Para poder llegar al tercer nivel hay que achicar el segundo nivel de esos elementos. Digo achicar la sentina porque todo barco que navega acumula en la sentina aguas, no necesariamente usadas, sino filtraciones, etc., y cada cierto tiempo hay que achicar. El término está utilizado en propiedad de significado. El tercer nivel sería que una conciencia histórica crítica predomine sobre los rezagos de las dos etapas anteriores.

—*Ahora la sentina no se achica, sino todo lo contrario: vivimos un momento de retroceso, de vuelta a la historia básica.*

—Aplica un criterio muy absoluto. El esfuerzo del Gobierno se ve claramente en esa cosa que se llama el Centro Nacional de Historia, que es una rama del Ministerio de Interior, para el control ideológico de la sociedad. Yo lo interpreto como la resistencia de la sentina a que la achiquen. Ellos saben, algunos no son tontos, que están condenados por el desarrollo historiográfico: no tienen un mensaje perdurable y de proyección que llevarle a la juventud. Yo visito con frecuencia universidades, centros de estudios históricos, etc., y puedo decir que nadie sale defendiendo esas peregrinas tesis de Guaicaipuro y la resistencia indígena. En el mundo intelectual hay sembradas varias concepciones de la sociedad, un poco quiméricas, altruistas, etc., pero el desarrollo real de la sociedad indica que nunca antes había habido tanto auge de la propiedad privada y de la iniciativa individual en Venezuela como durante el período anterior a Chávez. Nunca se valoró tanto al individuo ni nunca hubo una exaltación del individuo comparable: se mandaron de quince mil a veinte mil jóvenes a estudiar al exterior. El individuo fue llevado a la máxima expresión, la fuerza de la sociedad era puesta en respaldo del individuo para que se realizara en las mejores condiciones, sin que fuese necesario tener recursos económicos o condición social especial. Sacaban a un muchachito de Achaguas y lo mandaban a estudiar a Houston, sin que antes hubiera conocido Caracas. La sociedad democrática en sus dos versiones, la socialdemocracia y el socialcristianismo, trabajaba en el desarrollo de fundamentos sociales, de la empresa privada y del individuo. En algunos sectores de la misma sociedad sobrevivían enfoques cuestionadores, que iban un poco a contrapelo. Una cosa que condené entonces y lo sigo condenando, que hace un daño terrible, es lo que llaman en las escuelas el trabajo de equipo, un cultivo de la mediocridad: no hace mejor al malo ni óptimo al bueno. Ese tipo de cosas, que eran hasta injustas, estaban implantadas en la mente de personas que no veían la auténtica realidad social. Así, si se tiene un símbolo llamado Bill Gates, siguen pensando que ese símbolo es malo, que la alternativa es que todos seamos Bill Gates o que no haya Bill Gates en absoluto. Falta de sentido histórico, por no decir falta de simple sensatez. Es anular la posibilidad de desarrollo en la sociedad, mediocrizar, que es la manera como ellos se sienten seguros. La peor falta que puede cometer una persona que ingresa en una organización en la que reine la quietud de la mediocridad es tener la disposición de realizar algo diferente con su esfuerzo. Inmediatamente se convierte en el enemigo. Cuando publiqué mi libro sobre el culto a Bolívar, fue esa la reacción del universo de los historiadores.

X

Carrera Damas asume como un error no haber sido más militante tanto en la vida pública como en la vida política. Apreciaba mucho su autonomía intelectual y mantenía celosamente su autonomía crítica. La historia, sin embargo, le enseñó que en las motivaciones políticas la pureza no es lo que más ha abundado, que si se quiere cumplir un precepto que es fundamental, la responsabilidad social del historiador, no se puede quedar en la observación y el diagnóstico, sino que tiene que participar en la búsqueda de un remedio, de lo contrario incumple ese deber fundamental. «Soy mi propio juez, pero no estoy seguro de que seré absuelto».

—Quizás debí asumir una forma más activa y militante. No puedo disociar mi condición de ciudadano de mi condición de historiador. Uno no puede llevar la confianza en la historia hasta la vanidad de creer que se vive para la historia. Aunque la historia le entra fuerte a la función de alcahueta, es implacable con quienes creen trazarle el rumbo. Los que creen que viven para la historia y hacen la historia terminan relegados, por lo general y cuando más, a un pie de página. Yo como historiador podría estar estudiando el siglo XVIII o el XIX, que tiene problemas y conceptos muy importantes, como considerar la vida la primera y principal propiedad del hombre. Podría estar estudiando el pasado remoto, ¿y lo que está sucediendo? No puedo desentenderme. Sería traicionar mi condición de historiador. Nadie defiende la libertad de otro sin estar defendiendo la propia. La libertad es una sola. No se puede ser indiferente ante el maltrato, la vejación o la eliminación de la libertad del otro sin que de hecho implique consentir igual trato para la propia. Es el abecé, lo elemental. Felizmente, los jóvenes, que podrían desentenderse del presente confiando en que las cosas pasan, han acuñado esta consigna: «Nos están robando el futuro». Ellos no pueden ser indiferentes ante el presente, porque en ese presente les están robando el futuro. Y son capaces de una actitud ejemplar, de defender valores fundamentales: la libertad y la democracia.

—*¿Sigue siendo marxista o usted renegó de ese pensamiento?*

—Rómulo Betancourt dejó de ser comunista porque era un genuino marxista. Suena extraño o contradictorio. Mi formación fue dentro del humanismo marxista, y por tener ese asidero básico ninguna de las cuatro derivaciones del marxismo me podían satisfacer: el fascismo italiano, el nacionalsocialismo alemán, el leninismo y el estalinismo. La más alta revolución del marxismo original es haber formulado el concepto de humanidad, esto que hace que todos seamos todos. El marxismo ha contribuido al mejoramiento humano en una forma contradictoria, llena de dificultades, de derivaciones incorrectas, como, por ejemplo, el concepto de la lucha de clases, que no busca la unidad de la humanidad; tampoco el cristianismo original dejaba de ser sectario. Lo realmente importante es que se le atribuye como finalidad la formación del hombre nuevo, que no es diferente de lo que se proponía el hombre de Galilea. Los métodos varían, pero la esencia del problema es la misma. Yo no he tenido necesidad de hacer una renuncia expresa de mi formación inicial, marxista, porque nunca la he tomado como otra cosa que un punto de partida. Nunca como un credo que haya que vigilar en su pureza. Pretender la pureza del marxismo es confesar que no se ha entendido el marxismo, que es lo que abunda. El marxismo es una de las proposiciones elaboradas por la humanidad para acercarse a lo real. Hay fallas y defectos, pero también contribuciones importantes. Todavía en las universidades estadounidenses me identifican como historiador marxista venezolano. No sé si soy marxista. Cuando escribo y coincido con Marx los dos somos felices, pero si no coincido lástima para Marx, digo en broma. Marx ha sido fundamental no para comprender la historia, sino para trabajar en su comprensión.

—*En diciembre de 2008, por la antigua Constitución, debimos haber escogido el tercer presidente del siglo XXI; sin embargo, todavía al que llegó al poder en 1998 le quedan varios años de mandato legal.*

—Cuando digo que la República está en peligro, me refiero básicamente al resultado de la conjugación de dos factores, que diferencio de cualquier otro régimen político: el genuino ejercicio de la soberanía popular y la separación de poderes efectiva y real. Por «genuino ejercicio de la soberanía popular» entiendo la legitimidad del poder, no la legalidad. La ley siempre puede amañarse, ajustarse, pero si no hay un libre ejercicio de la soberanía popular (libertad de expresión, de opinión, de información, de organización, etc.) es inútil hablar de soberanía popular, aunque haya elecciones. El voto es la expresión final de una complejidad de factores. El otro elemento, la separación de poderes, es la garantía contra el retorno, siempre posible, de tendencias absolutistas en quienes ejercen el gobierno. La República se basa en esos dos elementos. Nuestra estructura republicana obliga a la consulta popular para auscultar la soberanía popular. Este régimen no ha podido suprimir la obligación de consultar a la soberanía popular, pero la ha rodeado de complicaciones que tienden, si no a anular, a vulnerarla, y que llega hasta el establecimiento de lo que llamo el «Ministerio de Elecciones», que es el Consejo Nacional Electoral. El gobierno sabe que una porción muy considerable se le ha opuesto tenazmente, que no ha logrado penetrar más allá de lo que fue su capital inicial.

—*Cuando fue elegido por tercera vez obtuvo siete millones de votos…*

—Sí, pero dentro de un esquema que no es la genuina expresión de la soberanía popular, sino condicionada por el aparato del Estado, el ventajismo y la integración y a cómo está integrado el aparato electoral. En Venezuela, las elecciones de consulta plena de la voluntad popular se inauguraron en 1946, con la elección de la Asamblea Constituyente, que fue regida por un consejo electoral en el que participaban todos los partidos sin que ninguno predominara, y en el que el dinero no podía hacer lo que se supone hubiera querido hacer. Ese hecho, que se mantuvo con altibajos en la República, ha desaparecido. Ahora la consulta a la soberanía popular está condicionada, desde las cadenas de radio y televisión hasta el uso de los fondos. Sin embargo, un factor ha crecido en intensidad: 45 %, si no más, de la sociedad sigue manteniendo una actitud de oposición, de resistencia activa, comunicacional, que ha determinado que hasta en el seno de las propias fuerzas del gobierno surjan escisiones, diferencias, actitudes. La estructura republicana, que no ha podido ser demolida del todo, impone un proceso electoral en el cual la participación no solo tiende a ser muy numerosa, desde el punto de vista de la votación, sino de las aspiraciones y eso hace mucho más difícil que este aparato de control pueda funcionar eficazmente, a menos que se recurra al desconocimiento del aparato mismo.

—*¿Puede repetir lo que hizo Pérez Jiménez en 1952, que detuvo los escrutinios para dar luego un resultado que le favorecía?*

—Es posible, pero sería incompatible con el estado de alerta que existe en la sociedad venezolana. Ha tenido que montar un aparato alternativo: las zonas militares, que tienen poderes muy amplios y que dependen directamente del presidente de la República; una especie de virreinatos o proconsulados al estilo romano. Veo en riesgo la República. La idea es sustituir lo sustantivo de la gestión pública con estas zonas militares o estos procónsules, con lo que la República queda reducida a un cascarón vacío, y la administración constitucional a un mínimo de subsistencia: solo la gestión militar tendría poder efectivo. Es el perfeccionamiento del Estado militar-militarista. La administración pública no tendría la fuerza de la representación de la soberanía popular, que se traduce en tomar decisiones, manejar fondos, trazar planes de acción, etc., sino que estaría supeditada a una jerarquía militar que obedece al presidente. Una situación como la que se vive en Cuba. La llaman República de Cuba, pero en verdad es el Partido Comunista y el líder. Lo demás es un cascarón. Punto.

—*Conociendo la ineficacia y la ineptitud de los militares venezolanos, lo desorganizados que son, no podrán competir de manera ventajosa con los gobernadores elegidos por ese 45 % de la soberanía popular…*

—Estamos enfermos de democracia. Suponemos que la gestión pública debe procurar la salud del pueblo, pero en el caso de un gobierno militar-militarista, los objetivos son otros: controlar el poder y liquidar al adversario. En la medida que logran monopolizar el poder y destruir, pulverizar al enemigo, el término que usan ahora, tienen éxito, son eficientes y son capaces. Todo lo demás es fantasía nuestra. No necesitan ni el orden ni la eficiencia para más nada. La prueba concreta y objetiva es el estado Vargas. Diez años después del deslave sigue en la misma situación en que se encontraba al día siguiente del desastre, quizás peor. Creemos que cuando nombran a un militar director de tránsito su función es organizar con el propósito de que las personas no pierdan tiempo en colas, disminuir los accidentes viales, etc. No. Eso es absolutamente ajeno al fondo de la cuestión: controlar el poder y monopolizar la administración pública; la gente que sobreviva como pueda. No van a perder el sueño tratando de arreglar los problemas, si no implica desviar para sí beneficios directos. Estoy convencido de que el objetivo del régimen no es adelantar una política de construcción, sino de demoler la democracia del pasado y consolidar el poder militar, para su propio beneficio personal. Se llenan de entorchados, de estrellitas, pero también de signos de dólar, de libras o de lo que fuere. La administración pública ha sido asaltada por el militarismo. Antes tuvimos gobiernos controlados por los militares, pero la administración pública estaba, básicamente, en manos de civiles. La administración pública requiere saber leer y escribir, y saber administrar.

—*Durante la democracia, ¿los militares eran controlados por el poder civil?*

—Claro. La prueba es que los ascensos los definía el Poder Legislativo. Ahora los decide el presidente, como comandante en jefe de las Fuerzas Armadas. El Gobierno está controlado en todos los aspectos por un pequeño núcleo de militares, y la administración pública ha sido entregada como botín al sector militar. Uno encuentra militares sin las competencias y las capacidades en funciones públicas que requieren credenciales que garanticen y persuadan a la sociedad de que sus asuntos están en las manos idóneas. Los militares nunca han demostrado eficacia. Voy a decir más. Cuando ocurrió la tragedia de Vargas, me sentí profundamente ofendido por la incompetencia que demostró la Fuerza Armada para asistir a la sociedad civil en semejante trance. Una costosísima Fuerza Armada, llena de pompa en los desfiles en homenaje al padre de la patria y todo lo demás, pero incapaz para prestarle auxilio a un sector de la sociedad que vivió el deslave. Que hubiera gente en las azoteas de los edificios durante dos y tres días, sin agua ni comida, porque no era posible que se les auxiliara, fue tremendamente revelador. Una ofensa al pueblo venezolano.

—*Cuando los militares gobiernan lo hacen a través de una camarilla, pero aquí el único que manda es Chávez. Tampoco es una junta militar como las de antaño.*

—Los que gobiernan son militares, aunque no usen el uniforme. Los militares controlan el poder y han asaltado la administración pública. Muchos visten un traje civil, pero han sido nombrados en esos cargos por ser militares, no por ser expertos o técnicos probados. No solo me refiero a los cargos de elección popular, sino a puestos como jefe de barrenderos del aeropuerto de Maiquetía. Es impresionante la cantidad de cargos que ejercen los militares. En dictaduras anteriores eran militares el ministro de la Defensa y los jefes de Guarnición de Caracas y de Maracay, que controlaban el poder, pero los ministros de Comunicaciones, de Hacienda o de lo que fuere, eran civiles con credenciales: destacados médicos, ingenieros reconocidos, que aportaban a la función pública su crédito profesional y asumían una posición responsable en el ejercicio de sus funciones. Ahora el teniente tal y el capitán cual pueden desempeñar cualquier cargo porque «aportan» orden y eficiencia, dotes de las que carecemos los civiles por definición de los militares, y de una manera ontogénica, pues no se trata de una carencia que podamos superar: los civiles somos desordenados e incapaces; los militares, ordenados y capaces. El resultado es que no hay un solo aspecto de la administración pública que funcione eficazmente y dentro de los principios básicos del ejercicio democrático del poder. Por circunstancias, puede haber un mandón que se presente como eficiente en un área, como fue el jefe del Seniat, que resultó después una persona comprometida en manejos no muy claros. Uno se pregunta si eso significa declarar a la sociedad en estado de incapacidad permanente y, por tanto, en necesidad de tutela.

—*Fue lo que ocurrió en Cuba.*

—No podemos compararnos con lo que se vive en Cuba; es el error que cometen quienes pretenden repetir aquí lo que se dio en Cuba porque no entienden la diferencia. La sociedad cubana tenía tres lastres encima: primero, era una sociedad de muy escasa integración interna, el porcentaje de población no libre hasta fines del siglo XIX era enorme; y no se convierte a una persona no libre en ciudadano moderno en tres décadas, se requiere un proceso sociohistórico, psicosocial, exigente y prolongado; segundo, la sociedad cubana no había conocido otra forma de gobierno que no fuese monárquica o el régimen militar de excepción. Por las intervenciones norteamericanas y por las dictaduras, nunca había tenido un sistema de autogobierno; y tercero, la sociedad cubana nunca disfrutó o vivió la libertad, salió de la monarquía en 1898 y entró en un período de control militar: la dictadura de Machado, conatos de condición republicana democrática con Prío Socarrás y luego la dictadura de Fulgencio Batista. Una sociedad sin experiencia histórica en cuanto a democracia y libertad. Venezuela es diferente.

—*Pero se repite el proceso de convertir a la sociedad en mendicante...*

—Es un fenómeno cierto. Insisto, convertir a un súbdito en ciudadano es una tarea prolongada y difícil. En un gran sector de la sociedad venezolana todavía sobrevive el atavismo monárquico. Se cree que si la cosa anda mal es porque el rey no lo sabe, y para que la cosa se arregle el rey debe saberlo; si el rey lo sabe, no puede andar mal. Si necesito algo, no lo exijo, lo espero como una gracia, o lo imploro, como un súbdito sumiso. Ese atavismo es parte del inconsciente colectivo. Veamos el otro lado del asunto. Hemos avanzado, 45 % de la población, o más, no vive esa actitud. Ha sido capaz de crearse un universo propio para satisfacer sus necesidades o procurar satisfacerlas. Vive en función de su capacidad. Más de cinco millones de personas mantienen una relación con el régimen que no es de obediencia-limosna. Haber mantenido esta actitud durante diez años demuestra un gran avance de la sociedad venezolana. Vamos avanzando y estamos encaminados. Un porcentaje altísimo en cualquier sociedad moderna, que es lo que pretende demoler el régimen militar-militarista.

—*¿Por qué necesita convertir a la sociedad en mendicante?*

—Para impedir que sus integrantes se formen como ciudadanos. El hombre que tiene su casa, su carro o su negocito se siente con derecho a tomar sus propias decisiones. Lo que este régimen trata de impedir es que la autonomía económico-libertaria se generalice, que es lo que el régimen cubano logró evitar y determinó un atraso de cincuenta años. La sociedad cubana es una sociedad de dependientes del poder central. Creyeron que podían hacer aquí lo mismo que en Cuba porque son muy ignorantes. La burguesía venezolana no se fue y la pequeña burguesía tampoco, y quedan periodistas que escriben cosas en los periódicos. Quizás la mayor ventaja para quienes estamos con la democracia, además de la fuerza que nos da creer en la democracia, sea que somos menos ignorantes. Ellos, por prepotentes e ignorantes, creen que pueden erradicar el resultado de una evolución histórica, y eso no es posible.

—*Cuando vemos la actuación de los partidos de oposición y la manera como reiteradamente yerran en sus tácticas y estrategias, podemos pensar que todos los avances del chavismo en su objetivo de pulverizar la República se deben a esos errores...*

—Yo acepto eso siempre que pongamos por delante «muchos», pero no «todos». Hay mucha responsabilidad, sí. Quizás el legado que quedará de la crisis de los partidos políticos, que es real, es que la sociedad aprenda a actuar y a orientarse sin el tutelaje partidista. El grado que nos faltaba para ser una sociedad democrática es lo que ocurre ahora, que la sociedad le dicta la plana a los partidos y no al revés. Vivimos bajo la tutela de los partidos porque la democracia era incipiente, no estructurada, y los ciudadanos conscientes eran muy pocos. Quizás sea muy aventurado decirlo, pero uno de los resultados históricos no buscado, no deseado, de esta crisis de la democracia, es que la sociedad ha aprendido a tomar sus propias decisiones y orientaciones.

—*Betancourt hablaba de enseñar al ciudadano a pensar por sí mismo...*

—Me toca una fibra que he trabajado mucho. Betancourt entendió que era necesaria una teoría de la democracia en Venezuela, y como no la había la formuló. Por eso digo que Betancourt es el padre de la democracia moderna en Venezuela. Formuló la teoría, definió estrategias y tácticas, pero además creó el instrumento: el partido político policlasista, moderno, con el fin de que existiera un partido del pueblo, así se bautizó AD, con el objetivo de crear un pueblo para el partido: el ejercicio de la democracia.

—*Pero cuando llega la crisis de los partidos, la sociedad no tiene dirigencia, no tiene faros...*

—Esta sociedad no se creó fuera de la estructura política, es producto de la democracia. En la medida que la sociedad se desarrolla en democracia, crece en su diversidad, en su capacidad de expresión, en su capacidad de generar reivindicaciones. La democracia no genera sumisión; todo lo contrario, estimula disidencia, reclamos, pugnas. El desarrollo de la sociedad democrática desbordó el sistema político.

—*Al sistema político o a la dirigencia...*

—Hablo de los partidos. Los desbordó. Eso es real. Los partidos dejaron de diferenciarse, de tener capacidad de conducción de las masas y se confiaron en el control burocrático. Aquel señor que se ufanaba diciendo «tengo cuatro millones de inscritos y obtendré cuatro millones de votos», a la media hora descubrió que esos millones de votos eran solo el suyo, un voto. La sociedad había avanzado tanto en su desarrollo democrático que el aparato político quedó estancado, rezagado, incapaz de conducir, mucho menos de canalizar la sociedad, tampoco de orientarla. Fue real y lo vimos a simple vista, sin necesidad de espejuelos. En este momento hay un descontrol, un desbarajuste, pero a la larga, en la medida en que sea un avance en la formación ciudadana, dará fundamento al establecimiento de un régimen sociopolítico democrático, basado en una sociedad democrática. En esta dolorosa situación hemos avanzado, y mucho, en cuanto a la formación de una sociedad democrática. La población democrática es consciente de que a ella le corresponde tomar la decisión, no a un líder ni a un partido.

—*Mientras eso ocurre, el militar-militarista domina más posiciones, copa más colinas...*

—No. Se debilita. Trata de copar más colinas y de montar un dispositivo, pero se debilita. En cambio, su adversario se fortalece; no se ablanda ni se dispersa. Hace tres años, Chávez le recomendaba a la oposición que se uniera, que se enseriara. Lo decía con sorna, pero no lo ha vuelto a hacer.

—*José Vicente Rangel lo hace...*

—Sí, pero en otro sentido: procurar que la oposición se vincule con el chavismo blando. Su papel de siempre, de serpiente que tienta con la manzana. El otro no aconseja, sino que ordena que conviertan al adversario en polvo cósmico: «¡Pulverícenlos!». Eso quiere decir que, contra su voluntad, este pueblo democrático no se ha debilitado, sino que se ha fortalecido, al punto de volverse temible. Por eso aumenta las amenazas. Ya no dice «si ustedes no votan por mí votan por el imperio», o «si no votan por mí están votando contra la revolución y están votando contra Bolívar». No. Ahora amenaza con que si no votan por él, mandará los tanques. ¿Eso es fortalecimiento? ¿Eso denota control o capacidad de convocatoria? Diría que es todo lo contrario. El aprendiz de brujo despertó en la sociedad, por rechazo, capacidades de movilización, de comprensión del momento histórico, y ahora el aprendiz pretende controlarlas rompiendo la escoba, pero como en la película de Walt Disney, aparecen mil escobitas, y todo se le vuelve una verdadera catástrofe. No tengo la menor duda de que la oposición del pueblo venezolano ha crecido y se ha consolidado. Es más consciente y sabia. Por eso Chávez montó un aparato para ignorar el resultado, que no es negarlo: «La oposición tiene sus gobernadores, pero el poder lo tengo yo».

—*¿Es posible un autogolpe?*

—Si por golpe se entiende intervención militar, debo confesar que carezco siquiera de un mínimo de información del mundo militar. No lo digo por cautela o por prudencia, sino porque realmente es así. Hay una serie de conjeturas sobre qué piensan los militares, que si están conformes o si hay sectores inconformes, pero también hay un indicio cierto: el 2 de diciembre de 2007 el gobierno no tuvo el apoyo que habría necesitado para cambiar el resultado electoral, y no le quedó más recurso que minimizarlo, pero en secreto. Todavía no se sabe el resultado. No sabemos con exactitud con cuánto perdió el gobierno. También hay que tomar en cuenta que las fuerzas del mal, los militares, han perdido cohesión, organización y capacidad de convocatoria. Aparece la desilusión y el desengaño, etc. La oposición, en cambio, no solo no ha disminuido y no se ha seguido fragmentando, sino que también ha dado pasos concretos que demuestran que la persistencia del régimen está seriamente amenazada por su propio debilitamiento y por el fortalecimiento del adversario. Cuando un hombre amenaza con los tanques es porque está desorbitado, en plena caída. Siempre surge un imponderable. ¿Cuántos de sus seguidores están decididos a caer con él? Es muy normal, muy humano, hacer este cálculo. ¿Hasta dónde llega cada uno? Lo dijo Miquilena: «Yo lo acompañé hasta que me di cuenta de que estaba loco». Eso fue lo que expresó, con otras palabras, el que fue uno de los grandes responsables del montaje inicial. Quizás Miquilena, porque es más veterano, más zorro, más lúcido, más tigre, lo que se quiera, se dio cuenta de eso hace un par de años, pero ¿cuántos comienzan ahora a darse cuenta de que corren un gran riesgo? Nacional e internacionalmente crece la conciencia de lo que llamaban los hombres del siglo XIX la vindicta pública institucionalizada, los delitos que pueden ser objeto de procedimientos judiciales aun veinte años después de cometidos.

—*Al contrario, se presenta como muy sólido…*

—Parece un bloque sólido, pero cada día son más los desprendimientos. ¿Qué nuevo sector social se ha incorporado al proceso, qué personalidad, qué institución o qué grupo? Ninguno. Solo cuenta con empleados públicos obligados y los integrantes de esa ficción de ejército secundario que es la milicia. Imagino que los militares, que tienen alguna idea de lo que es el combate, se reirán. Tienen que ver a la tal milicia como un grupo de adocenados incapaces de alguna acción concertada. Si ellos, que fueron formados en academias, entrenados, no son propiamente capaces, ¿lo serán las milicias?

—*Se dedican a lo mismo que los militares de carrera: a vender verduras y pollos en los operativos de Mercal...*

—Eso quiere decir que Chávez tampoco ha logrado crear una fuerza que se oponga a los militares tradicionales. Se tiene como un axioma que el poder desgasta, en este caso no solo lo ha desgastado, sino que literalmente ha deteriorado el mismo núcleo que se consideraba el poder. Por un Arias Cárdenas que regresa, hay veinte que se han marginado o distanciado.

— *Francisco Rivero se sumó al régimen...*

—¿El filósofo de la Metropolitana? Debe ser muy ilustre ese Francisco Rivero. Debe ser como ese otro que se dice intelectual e historiador: Luis Britto García, o el triste Arístides Medina Rubio, el exdirector de la Biblioteca Nacional, gentes sin ningún prestigio académico, social ni político, que viven de una especie de subordinación bien remunerada, pero nada más.

XI

Carrera Damas se ufana de que posee una fórmula infalible para encon-
trar un restaurante donde se coma bien en una ciudad a la que se llega
por primera vez: preguntárselo al primer gordito feliz que se tropiece. Para
otros asuntos y necesidades, las fórmulas de identificación o localización
son más complejas.

—Hay que reconocer que este es un régimen de facto. No basta
ser elegido para ser legal y legítimo. Su origen fue legal y legítimo,
pero lo abandonó y pervirtió al tratar de instaurar un régimen para
el cual no fue elegido. La forma de ejercer el poder y la finalidad del
poder determinan la legalidad y la legitimidad, no solo la formación
del poder, también importantísima y esencial. Por ejemplo, el respeto
de la Constitución y de las leyes, el celo por la separación de poderes,
el respeto de la soberanía popular y la finalidad del poder, que consiste
en la definición de políticas que no pueden ser solo para beneficiar a
un sector, ni para enfrentar a un sector con otro ni para hostigar, acorralar, perseguir a un sector; tampoco puede desatender la percepción
nacional de las necesidades, ni puede ser de carácter personalista ni con
el propósito de usurpar y de monopolizar el poder. Este gobierno traía
una agenda secreta. Nunca le dijo al pueblo venezolano que si resultaba presidente iba a cambiar la Constitución, que iba a establecer el
socialismo, que iba a establecer vínculos con todos los gobiernos militares y despóticos del mundo, que iba a aliarse con Saddam Hussein.
Tampoco dijo que Venezuela iba a ser cubanizada. Jamás mostró ese
proyecto. Yo leí con atención todos esos documentos, incluida la obra
del pretendido evangelista Agustín Blanco Muñoz, y nada de lo que ha
aplicado aparece allí, todo lo contrario, afirmaba: «No soy comunista»,

«el marxismo ya pasó, es una tesis que se puede conocer, pero que no tiene vigencia en el mundo contemporáneo». Lo repitió infinidad de veces. Cuando yo oigo a representantes extranjeros decir que Chávez fue elegido en elecciones libres, obviamente que es verdad, y ahora puede hacer cuarenta más, pero dentro de una fórmula que no es ni legal ni legítima, ni compatible con lo que le dio origen.

—*Los «gendarmes de la democracia» del planeta han reiterado la legitimidad y legalidad de Chávez, pero habría que preguntarles si aguantarían los cambios que ha hecho en Venezuela en sus países…*

—En el gobernante latinoamericano, en general, hay complicidad interesada, dolarizada, pero en el caso de los europeos hay otra situación. Para ellos los latinoamericanos, especialmente los venezolanos, somos una subespecie observable, estudiable, con curiosidad, etc., pero una subespecie. No creamos compromiso ni de carácter científico ni de carácter ético, mucho menos moral. Lo que puede suceder allá, del otro lado del océano, es un gravísimo hecho, pero entre nosotros es un hecho característico y no se juzga con el mismo patrón. El europeo se juzga a sí mismo desde el punto más alto, y todo lo que está debajo es una anécdota desdeñable. A nosotros no nos juzgan desde el punto de vista de los niveles más altos que hayamos alcanzado sino desde los niveles más bajos de donde procedemos. Ellos tienen milenios y nosotros siglos apenas. En consecuencia, nosotros somos eternamente salvajes, salvo individualidades que se destacan por el talento y la aptitud. Así, el esfuerzo es un dominio del individuo y no de la sociedad en sentido propio. Lo reconoce pero como individualidades, no como expresión de una cultura. Si alguien para hacerse valer como individualidad reniega de su propia cultura, como hace García Márquez cuando dice que somos mágicos y no racionales, le dan la bienvenida con pitas y flores, porque les está dando la razón. En el caso de la sociedad venezolana, hay una gran diferencia. Nosotros hemos realizado proezas, no hablo del satélite que compró Chávez, sino proezas en el mundo contemporáneo. La mayor es que hemos construido el régimen sociopolítico democrático, moderno, más duradero de América Latina y de lo que podríamos llamar del Tercer Mundo. Hicimos un gran esfuerzo por salir del Tercer Mundo; no bajar al cuarto, sino subir al segundo. Lo logramos durante sesenta y dos años, con nuestros problemas, y lo seguimos siendo hoy. El respeto que la sociedad democrática venezolana ha consolidado en los círculos académicos, intelectuales del mundo es muy cierto. La prueba es que, salvo algunos adocenados pseudointelectuales, que también los hay por allá, no hay intelectuales de relieve, hombres destacados, que hayan abrazado la causa chavista. Desde ese punto de vista, los venezolanos vivimos la angustia de ver que el país desaprovechó una oportunidad de oro para emprender un desarrollo vertiginoso, y cómo se deteriora gran parte de lo logrado. Sin embargo, hemos ganado algo muy importante: tenemos conciencia plena, por primera vez, de que nuestro destino depende solo de nosotros mismos.

—*¿Está seguro de que la ciudadanía tiene plena conciencia de que el destino del país depende de su esfuerzo?*

—Cuando uno habla de mayorías, cae en la tentación de la mayoría estadística. Yo veo la sociedad desde un punto de vista histórico. Una sociedad en la que 40 % permanece firme, consciente, reiteradamente activa en el sentido de la democracia, es una sociedad democrática. De ahí para arriba, hasta 100 %, habrá grados hasta llegar a la hez que toda sociedad tiene. No conozco una sociedad en la que pueda decirse que más de 40 % de la población tiene una clara conciencia ciudadana y sentido de sus propios derechos y deberes. La sociedad es un organismo complejo, no es como la serpiente que cambia de piel y asume una nueva. Siempre hay restos, remanentes, rezagos, bolsones…

—*¿Estamos en camino de recuperar la democracia y salvo una situación imprevisible lo vamos a lograr antes de lo que se cree?*

—A finales del siglo pasado dije que, aun tomando en consideración las dificultades que se presentarían, era muy probable que en una o dos generaciones la sociedad venezolana fuese la primera sociedad genuinamente democrática de América Latina, un pronóstico que parecerá aventurado, pues ya se ha consumido la cuarta parte de ese plazo, si consideramos que una generación suele contarse por veinte años. Todavía lo mantengo. El régimen militar está desesperado buscando una bandera, que si Bolívar, que si Martí, que si la verdadera democracia, que si el socialismo, que si la patria… En cambio, la democracia no solo mantiene su discurso, sino que se abre todavía más. Fue el caso de la Copre, cuando entendió que la democracia no es solo un régimen político sino que es, fundamentalmente, un régimen social. La clave de la democracia no es la existencia de un Estado democrático sino de una sociedad democrática. Hemos avanzado, aunque parezca irónico, porque hablamos de estos diez años. Los cambios históricos fundamentales no se realizan sin que haya alguna forma de roce, de contradicciones y hasta de conflicto. No es que me acoja a la tesis de Marx de que la violencia es la partera de la historia, pero la violencia puede tener diversas formas: la sangrienta, la legal, la política, etc. Ha sido larga la marcha de la sociedad venezolana hacia la democracia. El primer intento de plantear la necesidad de llevar a la práctica los principios de la democracia en la organización política y en la sociedad fue registrado y documentado en 1863. Pensar que en 2040, o algo así, la venezolana se habrá estabilizado como una sociedad democrática no es una aventura de la imaginación.

—*En 2040 estaremos muertos...*

—Eso es verdad. Pero lo que pasa es que los historiadores somos eternos, tanto en nuestros errores como en nuestros aciertos. Siempre habrá un historiador jorungón que dentro de cuarenta años diga: «Miren lo que el loco de Carrera dijo en aquel momento y vean en lo que estamos»; o que diga: «Caramba, verdad que el hombre vio claro». La historia tiene su ritmo y su tiempo. A pesar de las amenazas y de los insultos, la gente ha perdido el miedo y ha tomado el asunto en sus manos. No porque no sea temible el otro, sino porque ha decidido no temerle y se atreve a actuar contra la amenaza, contra el insulto, contra la fuerza, contra la prepotencia.

—*¿En Venezuela se aceleraron los tiempos históricos?*

—Nosotros, por el petróleo, tuvimos una gran ventaja sobre otras sociedades. Venezuela era el país de América Latina más vinculado, en la cuestión político-militar, con el escenario internacional al comenzar la Segunda Guerra Mundial. El petróleo que consumían Inglaterra y Estados Unidos era venezolano. De pronto, la sociedad venezolana fue beligerante sin haber declarado la guerra. Era parte de la lucha contra el nazi-fascismo. Algunos venezolanos tomamos muy en serio los postulados ideológicos de la lucha contra el nazi-fascismo, concretamente la Doctrina de las Cuatro Libertades y la Carta del Atlántico. En los documentos de la época eso es permanente, sobre todo en los textos de Rómulo Betancourt. Dimos un salto. De la Venezuela rural, primitiva, gomera, pasamos a ser una sociedad con la pretensión de estar en San Francisco, en la Asamblea de Naciones Unidas, y participar en las decisiones que concernían al mundo. Venezuela era parte del elenco, no era un extra. La república liberal democrática, que se instauró en 1945, es un producto postrero de la guerra. Cuando Europa olvidaba la Carta del Atlántico y la Doctrina de las Cuatro Libertades, aquí se ponían en práctica, para construir una república liberal democrática moderna en un territorio carente de articulación, en una sociedad atrasada que no había desarrollado internamente las fuerzas capaces de sustentar esa república liberal democrática; por eso ocurre la crisis que fue el período de Pérez Jiménez. A mí eso me parece un portento, no solo de la historia de Venezuela, sino de la historia.

—¿*La dictadura de Pérez Jiménez es una recaída?*

—Yo no usaría el término recaída. Lo que operó en un sentido favorable después de 1945 comenzó a funcionar en sentido negativo. La alianza contra el fascismo deviene en la Guerra Fría después del discurso de Winston Churchill en Futon[4]. Por temor al comunismo, lo que se había avanzado al calor de la Segunda Guerra Mundial se vuelve de dudosa aceptación: la primera república liberal democrática fue tildada de comunista. A Betancourt lo acusaban de ser un agente comunista encubierto; dicho así, con todas sus letras. Como la democracia no destruyó, ni podía hacerlo, las fuerzas que habían sustentado la república liberal autocrática militarista de Eleazar López Contreras, del propio Medina Angarita, ni tampoco tuvo tiempo de desarrollar su propia fuerza, los factores conservadores de la sociedad, favorecidos, auspiciados por el cambio en el escenario mundial, rebrotaron y no encontraron fuerzas suficientemente consolidadas que les hicieran frente.

—¿*Chávez es otro rebrote?*

—No. Es otra cosa.

—*Usted lo define como un régimen de facto y militarista…*

—Pero con otro talante. La democracia que se instaura en 1958, que dura cuarenta años, es la que genera el cambio social: más de tres millones de estudiantes, las mujeres metidas en todo, el trabajo, la urbanización y el desarrollo de una sociedad moderna, la inmigración,

---

4 «Desde Settin en el Báltico hasta Trieste en el Adriático, un telón de acero ha descendido a través del continente. Detrás de esa cortina están las capitales de la Europa Central y Oriental tales como Varsovia, Berlín, Praga, Viena, Budapest, Belgrado, Bucarest y Sofía. Todas estas ciudades y las poblaciones alrededor de ellas han caído bajo la esfera de la Unión Soviética».

millón y medio de personas que vienen a enriquecer la sociedad. El país cambia completamente y genera una demanda social justa, real, urgente, apremiante, que no pudo ser orientada y dirigida por el aparato político ni canalizada. La administración pública fue desbordada. No es lo mismo ocuparse de una Caracas de doscientos mil habitantes que de una de tres millones. Carecíamos de experiencia para manejar esa situación de pugna, de crisis. Se abrió una rendija para una propuesta salvacionista, que cuando quiso venir por la vía del golpe de Estado no encontró eco; un signo en el que no nos hemos detenido lo suficiente. Tiene respuesta cuando finge que acepta las reglas del juego de la democracia, porque se vuelve compatible con lo que la sociedad había internalizado como vía política. Hay una gran felonía, un gran engaño, como el que hicieron Hitler y Mussolini. Esto no es igual a lo de Pérez Jiménez, es diferente en muchos aspectos, excepto en uno: el militar-militarismo. Cuando a Pérez Jiménez se le ocurrió nombrar ministro de Educación al coronel José Eulogio Becerra Pérez, hubo un escándalo en la sociedad. La idea de que el gobierno debía ser civil, salvo por supuesto el ministro de la Defensa, estaba arraigada en la sociedad. Los militares monopolizaban el poder, pero no la administración pública, que iba por otro cauce. Resultaba inaceptable un militar en el despacho de Educación. El general Luis Felipe Llovera Páez era una especie de ministro de proyectos especiales, pero era un caso, nunca esta especie de mancha de aceite que hay ahora.

—*¿Por qué la sociedad civil bajo un gobierno criminal, torturador, salvaje, etc., como era el de Pérez Jiménez, no acepta que le nombren a un militar ministro de Educación, pero sí después de cuarenta años de ejercicio democrático?*

—Es la crisis del sistema político. La democracia es un régimen reciente en la historia de la humanidad, todavía en proceso de definición, de deslinde, con respecto a otros regímenes. Los pueblos deben aprender a ser democráticos.

—*Se dice que este gobierno se deterioró más rápido que otros; sin embargo, después de diez años en el poder sigue ganando elecciones…*

—El 2 de diciembre de 2007, los grandes estrategas del régimen militar-militarista creyeron llegado el momento de convocar al pueblo para convalidar su proyecto con una reforma a fondo de la Constitución, y se llevaron el gran chasco. Comprobaron que el pueblo no los acompañaba y como no son respetuosos de la democracia ni de la constitucionalidad, se convirtieron todavía más en un gobierno de facto: ignoraron la decisión popular y han intentado imponer con trampitas por una vía indirecta lo que fue rechazado, sea mediante el Poder Legislativo o por las leyes habilitantes, completamente desvirtuadas. En el derecho constitucional liberal, la ley habilitante es un recurso ante una situación de emergencia, para un fin específico y con una finalidad clara: contribuir a establecer o restablecer el orden, con el fin de que las instituciones puedan funcionar, no para sustituir las existentes. Valiéndose de la supresión de la división de poderes, el régimen militar funciona al margen de la Constitución cuando crea otro poder legislativo, pero concentrado en una sola persona. Entonces, la condición de gobierno de facto se hace absoluta, porque sustituye los poderes constitucionalmente establecidos para llevar adelante por la vía de las leyes habilitantes el proyecto rechazado en el referéndum. Pero hay un obstáculo que no pueden salvar: ellos no pueden decir, sin ahogarse en su propia ilegalidad: «No vamos a convocar a elecciones». Tendrían que abolir la Constitución, lo que haría del gobierno no ya un régimen de facto virtual sino de facto real. Tratan de montar un régimen paralelo al constitucional, que es el régimen militarista total. Está muy claro. La República está en peligro, no la democracia, que está viva en la gente.

—*Podría ocurrir que el gobierno retroceda en su proyecto autoritario...*

—Repetidamente oigo a la gente decir en la televisión que Chávez debería dedicarse a gobernar para todos los venezolanos, algo que no tiene sentido alguno. Los que gobiernan en ningún momento han partido de una consideración global del venezolano, sino de su afán de imponerse. Esa es la realidad, salvo que se vean obligados a dar el paso que dio Pinochet en Chile, con el referéndum. Hay indicios nada pequeños de que algo se está generando en este sentido. Tengo la impresión de que el gran descalabro de este régimen militar-militarista ocurre en este momento, y es la marginalización que vemos luego de una desmesurada ambición de presencia internacional. Se está reordenando el mundo sin que inviten a Chávez siquiera a la galería. El aislamiento mundial del régimen se acentúa. Hay signos concretos, obviamente, de robustecimiento de la oposición y del afianzamiento de la conciencia de que la lucha da resultados. Por otro lado, se confirma el debilitamiento del régimen en cuanto a su capacidad de convocatoria y de control de la sociedad. Se plantea, además, una nueva modalidad de lucha política. Ya no son solo los partidos y los grupos de ciudadanos los únicos que se enfrentan al régimen, ahora se incorporan poderes legales y legítimos por la vía de la expresión de la soberanía popular. No ya excepciones ni rendijas, como había ocurrido antes. Son elementos que marcan el fortalecimiento de procesos que han estado allí en discusión.

—*Después de la derrota de la reforma, el gobierno llamó a las tres erres: revisión, rectificación y relanzamiento...*

—Y como todo lo que ha lanzado, se quedó en palabras. Lo que más me duele es que mientras sociedades emergentes hacen un esfuerzo tremendo por poner un pie en el futuro, este régimen ha puesto los dos pies en el pasado. Cuando analizamos los avances del desarrollo industrial y tecnológico, vemos que el gran hallazgo técnico son los gallineros verticales y las bicicletas construidas por los iraníes, que tienen más de medio siglo de atraso. Eso es doloroso. Compraron un satélite a China, pero no hubo un solo venezolano trabajando en la concepción del aparato; así se puede comprar cualquier cosa. Es la misma facilidad del necio que quería vivir como en París y entonces se traía muebles franceses. La misma tontería. Retrocedemos. Nuestra historia está llena de eso, porque detrás de cada caudillo militar ha habido los obsecuentes doctores de la UCV o de lo que fuere.

—*¿Puede desaparecer el régimen por una implosión?*

—No hay que descartar esa posibilidad, seguramente es lo mejor que podría suceder: robustecería extraordinariamente la conciencia democrática del pueblo; tendría la comprobación de su fuerza y de su derecho a definir su destino. Que sea probable es otra cosa. Si nos fuéramos a los precedentes históricos, hay elementos preocupantes. Lo sucedido con Hitler y con Mussolini es desalentador, pero lo sucedido con Gorbachov y lo sucedido en Chile son elementos alentadores. Creo que en el fondo de muchos venezolanos existe esa esperanza, esa seguridad, de que el régimen implosionará, por la certidumbre de que quienes manejan el Estado no procuran el bien público o no han sido capaces de hacerlo. Nueve años de experiencia permiten sacar esta conclusión, y puede ser un anuncio de implosión.

—*También de una guerra civil.*

—Cuando se cierran los caminos de la legalidad, se incita a los pueblos, tácitamente, a tomar el atajo de la violencia. ¿Va a cumplir Chávez la amenaza de que quienes expresen libremente la soberanía popular no van a recibir ni agua ni pan?

—*La otra opción es que los votos lo consoliden todavía más...*

—Siempre el régimen militar-militarista será transitorio. No es posible erradicar la conciencia democrática del venezolano. Un indicio muy claro son los jóvenes, que no es gente como yo, que se formó y vivió en la democracia, sino nuevas generaciones que entienden que existe una relación fundamental entre la democracia y su realización vital. Un estímulo muy poderoso. El esfuerzo del gobierno militar para crear algo parecido a un movimiento juvenil oficialista no pasa de unos cuantos dolarizados, tampoco se plantea crear un movimiento femenino ni un movimiento sindical. En el caso negado de que el régimen se consolidara con los votos, tendré que acogerme al precepto que he venido predicando y practicando: la responsabilidad social del historiador, que es la que está presente en los mensajes históricos que envío por Internet, que es una manera de decirle a quien los pueda leer y oír que hay otra forma de la conciencia que tiene legitimidad entre nosotros, y que marca una línea en el desarrollo de la sociedad. Mi deber como historiador es vivir con mi sociedad. No es evadirme en el pasado. Mientras el régimen tenga que cumplir con un rito electoral, evidentemente que corre un gran riesgo, porque si 60 % de la gente va a votar hace muy difícil la manipulación del acto de votación y ocurren grandes sorpresas. En las elecciones del 23 de noviembre de 2008 hubo varios ganadores, pero hubo un solo derrotado, que fue el autócrata: Chávez, que convirtió esa consulta regional en un plebiscito. En todas las propagandas estaba su cara y no se lograba distinguir quién era el verdadero candidato. Necesitaba un plebiscito porque no se había recuperado del golpe del 2 de diciembre. Creía que con un triunfo arrollador arroparía esa derrota y quedaría como un error, como una equivocación. Sin embargo, las elecciones regionales le asestaron un golpe todavía más noble.

—*Ha intentado acorralar a los alcaldes y gobernadores que no simpatizan con la revolución ni con el socialismo...*

—El poder central no tiene prerrogativa, supremacía o autoridad sobre los poderes regionales, sean municipales o estatales. Los dos tienen igual grado de legalidad y de legitimidad. Ninguno está subordinado al otro. El gobernador y el alcalde son responsables ante su electorado, no dependen del poder central. El gobierno central usurpa funciones cuando amenaza al poder municipal y estatal con medidas administrativas. El gobierno y la administración pública son entes distintos. Así como el Ejecutivo tiene una capacidad para decidir y actuar en el marco de la Constitución, la administración pública tiene su propio estatus y está sujeta a normas constitucionales y a normas de funcionamiento. La Constitución establece el situado constitucional y el Gobierno no tiene facultades para interferir en el cumplimiento de esa norma. Tampoco es razonable que la primera declaración de los gobernadores recién electos sea decir: «Yo quiero hablar con el presidente de la República». ¿Por qué? El presidente debe querer hablar con ellos como ellos deben querer hablar con el presidente, pero no como una rogativa, sino como componentes del poder. En la medida en que la autoridad regional y la municipal asuman a plenitud su condición de gobierno legal y legítimo, la democracia se verá reforzada. En la medida en que ese sea el funcionamiento normal, la democracia entrará en una fase de asentamiento y de institucionalización. De esta prueba, insisto, saldrán fortalecidos la descentralización y el sentido democrático del poder. Lo nuevo, lo que se propone como efecto de cambio, tiene que luchar y superar y sustituir lo viejo que se considere negativo, pero el único juez válido es la soberanía popular, en estricta observancia de lo que es la república democrática.

—*Chávez se refirió a la lucha de clases en los procesos de elección popular; dijo que no basta ganar las elecciones, sino que se necesita ganarlas con los votos de los estratos populares para que el triunfo sea legítimo…*

—La soberanía popular no distingue clases. En la votación, cada persona representa un sufragio. Es el acto político más individualizado que se pueda concebir.

—*En la democracia burguesa…*

—Yo no conozco otra. La democracia la inventó la burguesía para luchar contra la aristocracia y contra el despotismo. Eso de «democracia burguesa» me parece un contrasentido histórico. Marx y Engels, en el *Manifiesto Comunista*, dicen que la clase burguesa siempre ha desempeñado un papel revolucionario. Chávez no tiene noción de la historia ni del marxismo. Su gobierno no tiene destino, se agota en el ejercicio autoritario del poder. Exacerba la reacción antidemocrática, pero la democracia ha tomado conciencia de su fuerza y ha aprendido una cosa muy importante: la unidad es la fortaleza, pero una unidad democrática. No está negada a la disidencia ni a la diferencia, pero sí obligada a la conjunción en los objetivos fundamentales. Yo he llegado a sentir pena por Carlos Marx. Habría muerto de tristeza de solo imaginar que llegaría un momento en el cual los objetivos de un movimiento socialista fuesen recoger la basura, arreglar las calles y asegurar que el agua llegara a los barrios. Fue lo que les escuchamos prometer a los candidatos que hacían la segunda voz del jefe: recoger la basura, arreglar las calles y asegurar que el agua llegue a los cerros. Ese era el programa del socialismo en un momento definitorio, mientras que del otro lado se hablaba de democracia y de libertad. La desventaja es absoluta, ¿puede tener historia un gobierno que quiere reformar la humanidad sobre la base de recoger la basura y arreglar el tránsito? Esos son problemas municipales en cualquier Estado normalmente constituido. El mensaje ideológico, después de diez años, se ha reducido a promesas de recoger la basura, una demostración de que ni siquiera son capaces de hacer eso.

—*Son marxistas, nunca les preocupó recoger la basura…*

—En las elecciones del 23 de noviembre de 2008 la gente entendió que en ese momento no se luchaba por la pequeña escala municipal, por recoger la basura, sino por la gran escala nacional. Un considerable avance en la formación del ciudadano.

—*¿Chávez tenía razón en convertir las elecciones en un plebiscito, porque era su liderazgo lo que se ponía a prueba?*

—No. Lo hizo violando todas las normas y todas las leyes. Intentaba enterrar su derrota del 2 de diciembre de 2007, y que quedara como un error, como una equivocación, como un accidente. Si no logra demostrar que es el líder, el caudillo, el poderoso, la derrota electoral sería una debacle entre su propia gente. Ya han hablado de reformar la ley electoral, que significa hacer todavía más difícil, menos genuina, imposible, la expresión de la voluntad popular. Fidel Castro la reformó y estableció que solo son candidatos los propuestos por el partido oficial, el Partido Comunista, y no se puede votar por un candidato de la lista sino por toda la lista. Esa es la ley. No debe extrañarnos que hagan esas reformas, que serían legales porque serían aprobadas por la Asamblea, promulgadas por el presidente y publicadas en la *Gaceta Oficial*. Entonces sería eliminada la soberanía popular, que es la más colectiva de las expresiones del individualismo, pero eso solo es posible en una sociedad que no haya conocido la democracia ni la libertad. La nuestra sí la conoce.

—*Pero carece de organización...*

—Carecía. Cuando dije que los partidos históricos no estaban muertos, todo el mundo me lo reprochó, pero han repuntado y ganado fuerza. De los partidos históricos el único que ha perecido es el PCV; los otros, AD y Copei, han sufrido los más tremendos descalabros, los más tremendos golpes, han cometido errores garrafales, pero tienen algo que es fundamental: una obra histórica en la que pueden apoyarse como capital adquirido. El 23 de noviembre de 2008 Chávez, el gobierno militarista, se topó con el legado de Betancourt: la soberanía popular.

—*Los votos obtenidos por el partido único han quintuplicado los del partido democrático que le llegó más cerca... La diferencia es abismal.*

—Comete un error de apreciación. El PSUV es un movimiento informe en torno a una personalidad, no es partido político. Es algo que está todavía en estado de nebulosa. ¿Puede presentar algún logro que se pueda considerar socialmente?

—*La revolución, el socialismo...*

—Eso son palabras en las que nadie cree. Cuando la viejita cumanesa de 105 años de edad va a votar, consagra lo esencial de este logro de la libertad y de la democracia, que es la soberanía popular. Yo le pregunté por qué había votado y me respondió: «¿Qué va a ser de estos jóvenes?». Haber puesto a la sociedad venezolana a transitar el camino de la democracia significó una ruptura con un pasado que la negaba. Ese cambio no es artificial, lo demuestra más de medio siglo de vigencia. Hemos tenido que superar inmensas lagunas y tremendas dificultades. Ha habido negaciones, errores, confusiones, lo que fuere, pero está ahí. Yo pienso que para el Gobierno sería muy grato, por ejemplo, que en las elecciones vote menos de 30 % del electorado. Le serviría para decir que la alta abstención demuestra que el pueblo venezolano está harto de votaciones y que se debe acabar con la republiqueta, como dicen los cubanos. Cuando más de 60 % de los electores vota, le está diciendo que le interesa mucho votar, que le importa mucho la República. La condición de ciudadano está mucho más difundida de lo que originalmente podía pensarse. Frente a las agresiones verbales y de todo tipo, la oposición ha mantenido una actitud de serenidad, de control. No se ha sometido ni se ha rendido, tampoco ha entrado en el juego. La condición de ciudadano es de equilibrio delicado y difícil, dentro de la conciencia del derecho y del deber, y no se aprende fácilmente. Es difícil de aprender, más todavía para un pueblo que nos dio esa sorpresa el 23 de noviembre, y eso quiere decir que vamos rápido.

—*No tanto como quisiéramos.*

—En la década de los años setenta una amiga me invitó a que dictara una conferencia sobre historia a los habitantes de la isla de Arapito, frente a playa Colorada, principalmente pescadores. Por verdadera curiosidad acepté ir. Era gente con la que tenía excelente relación, yo solía pescar con ellos. Me asombró que lo más difícil fuese lograr que se ubicaran en un contexto que abarcara más allá de la isla y del litoral inmediato. Aquello me llevó a plantearme el origen histórico de ciertos valores. ¿Cuándo nació el concepto de patria en el contexto moderno de la república, de Estado independiente? Aunque parezca increíble, todavía a comienzos del siglo XIX los venezolanos se definían, en cuanto a su origen, no por la provincia, tampoco por la región, sino por la hacienda o el fundo en el que habían nacido y donde vivían. Cuando los legisladores se refieren al Estado dicen «la República», cuando se refieren a la sociedad política dicen «la Nación», pero cuando se refieren a momentos extremos, por ejemplo, servicio militar, sacrificios, etc., dicen «la Patria». Pareciera que hay una diferencia sustantiva entre la república, la nación y la patria. La patria tiene que ver con la forma como el individuo siente, más que comprende, la nación y la república; y la siente en el momento crítico, que es justamente cuando tiene que contribuir con su persona, con sus bienes, con todo, a preservar la nación y, por lo mismo, la república. La fórmula más frecuente es morir por la patria. El hombre que va a la guerra muere por la patria, no muere por la nación ni por la república. La patria se corresponde con un nivel íntimo no solo de la conciencia, sino también de la sensibilidad de la persona. Tiene una vigencia extrema, indiscutible. Cuando un déspota le dice al pueblo «el que no vote por mí está votando contra la patria», está pervirtiendo el concepto de patria, porque convierte un acto de correspondencia y de fidelidad en una identificación con una persona y un proyecto personal. Una franca perversión del concepto de patria, cuya fuerza esencial radica en la imposibilidad de definirla y de ubicarla. Morir por la patria es un acto que tiene toda la legalidad y toda la legitimidad. La patria aparece cuando hay que dar la vida y sacrificarse. Cuando el problema es el alto costo de la vida, nadie habla de patria. Ahora con el régimen militar-militarista se pervierte ese sentimiento cuando se le utiliza en causas particulares, por tanto, contrarias al sentido mismo de patria, pues no responden a un estado de conciencia general sino a una finalidad utilitaria, sea de poder o de lucro. El sentimiento de patria tomó cuerpo a medida que la república se asentaba, se estructuraba y, sobre todo, se tornaba inclusiva de la totalidad de la nación. Es decir, en la medida en que todos los que formamos la nación nos identificábamos con un proyecto común, nacional, que en nuestro caso tiene carácter republicano. Cuando el grado de identificación de la sociedad con esos valores llega a convertirse en una creencia que no necesita demostración, que no necesita prueba, el sentimiento de patria adquiere su vigor. Nosotros comenzamos a construir la patria cuando en 1946 completamos la sociedad venezolana, cuando el estatuto electoral incorporó a las mujeres. Hasta ese momento estaba dividida en una minoría que representaba el poder en todos sus niveles y una mayoría cuyo deber era servir a esa minoría, entre otras cosas con su sangre.

—*En las revoluciones que ocurrieron en Venezuela en el siglo XIX se usó el término patria de una manera perversa, siempre llamaban a dar la vida por la patria pero, en verdad, se daba la vida por un proyecto personal de uno u otro caudillo. Nunca fue por la patria o por la libertad, como decían.*

—Yo pediría que se matice un poco ese «nunca». Puede haber aspectos en que sea verdad. Una de las primeras preocupaciones de los hombres del Congreso Constituyente de Colombia, en 1821, fue difundir en la sociedad los valores republicanos mediante la educación, pero también por la vía de ejemplos públicos, entre ellos el juramento que hacían los funcionarios. En esa época parecía bastante claro distinguir el embrión de la patria, en el sentido de que los hombres exponían su vida, su esfuerzo, para construir esa realidad que nadie sabía muy bien cómo podría ser, pero luego durante medio siglo o poco más estos conceptos se diluyeron. En 1940 Venezuela carecía todavía de integración nacional. Regía el concepto o el prejuicio regionalista.

El país era una especie de rompecabezas. La tarea de darle cohesión a aquel conjunto de porciones, muchas veces enfrentadas o sin verdaderos lazos constructivos, la llevó adelante la república liberal democrática, mediante algo que no parecía tener mucha fuerza, pero que tuvo un vigor inestimable: que una mujer de 19 años de edad, analfabeta, en el pueblo más remoto de los Andes, o de Guayana o de Oriente, decidiera sobre el destino de la sociedad, de la nación y del Estado. Algo insólito. En rigor, aquello era como dar un salto al vacío. ¿De dónde se podía sacar la presunción de que aquella jovencita tenía idea de lo que estaba haciendo? Pero lo hacía. Podemos verlo en un sentido alegórico, pero había algo sustantivo. Se daba un paso concreto en la formación de un nuevo valor, que estaba en los escritos, en los papeles, pero que no había entrado en la sociedad: el sentimiento de patria. Lo que era una manipulación de la conciencia pública comenzó a convertirse en el ejercicio de un valor. La persona toma conciencia de que su sentimiento corresponde a una realidad, que es parte de una visión, de una actitud, de una disposición en la que no caben diferencias. No es más patriota el doctor de la universidad que el peón de una hacienda. Todos son patriotas en igual rasero. Servir a la patria ya no es el heroísmo fugaz de morir, sino el ser depositario del destino colectivo, aunque fuese en una fracción, que, por ser igual que cualquier otra, era inmensa. El voto de un analfabeto no valía menos. No. Son valores iguales. En consecuencia, el individuo comienza a sentir una relación mucho más genuina con la colectividad de la que forma parte. No es el orden político, social ni el estatal, sino ser parte de un conjunto en el cual todos participan en la decisión del rumbo o del camino que tome la sociedad. Puede haber muchas proposiciones, pero la respuesta es equivalente: yo voto por un partido o por el otro, por una idea o por la otra, pero mi acto es igual al de cualquier otro. En ese momento el sentimiento de patria comienza a cambiar. Después viene la verdadera estructuración de la nación: vialidad, transporte, comunicaciones, economía, monedas, etc., y el individuo no simplemente abriga ese sentimiento de patria sino que es parte y sustancia de ella. Ese concepto de patria es diferente, en calidad, de lo que era antes. Quienes intentan ahora manipularlo con un criterio absolutamente político retroceden a tiempos que deberían estar superados. Cuando Cipriano Castro hace la famosa proclama de «la planta insolente del extranjero que ha osado hoyar el sagrado suelo de la patria», la patria estaba llena de extranjeros, de inmigrantes. Si la planta de ellos no era insolente, ¿quiénes eran los insolentes?, ¿los que ni siquiera desembarcaron porque bloqueaban el país? Esos son usos perversos del concepto de patria para mover un sentimiento. ¿Quiénes sirven a la patria hoy? Todo ciudadano está obligado a dar la vida por la patria, pero ese es un acto instantáneo. Hay otra dimensión del heroísmo: vivir por y para la patria, con el trabajo, la obra, la participación, con todo, que queda como subestimado y que puede requerir mucho más valor y mucho más coraje que dar la vida por la patria. El mayor heroísmo es el cotidiano: ser excelente en el trabajo, producir, respetar al prójimo, contribuir al bienestar común. Ese es el verdadero heroísmo; el otro, el de tomar un fusil e ir a morir en un campo de batalla obviamente es un heroísmo que, por fugaz, no es comparable con el otro. Siempre he rechazado ese concepto bélico del héroe, siempre he pensado que se puede ser héroe en cualquiera de los ámbitos de la vida social, siempre y cuando el desenvolvimiento de la persona conduzca a un sentido de superación, de bienestar y sobre todo de solidaridad, en el sentido de procurar el bien común.

—*El militar ve a los héroes desde el punto de vista del combate...*

—¿Se puede concebir un heroísmo inconsciente? Dentro de la estructura militar, ordenar a un hombre que vaya a matar o a morir significa que ese hombre no actúa por deliberación propia. El acto que va a realizar –matar o morir– no surge de su voluntad. En los países civilizados, el heroísmo militar es cuando se va más allá del cumplimiento del deber. Se supone que el deber no es una libre determinación, pero ir más allá del deber sí, y es donde radica el genuino heroísmo. Para los militares, sobre todo para estos militares nuestros que nunca han peleado sino con sus esposas, sus amantes y sus hijos, el concepto de heroísmo no ha sido sometido a esa prueba. Tampoco el deber. Cuando hablan de heroísmo se refieren a un sentimiento, a un concepto aprendido, pero no vivido. Se dice también que solo los que lucharon por la independencia eran heroicos. ¿Y los otros, los venezolanos que luchaban en contra, no eran heroicos? ¿Por qué no? Eran valientes y luchaban por sus creencias. Omitir el heroísmo del otro lado no es una concepción genuina del heroísmo, es parcializada. ¿Cuántos venezolanos reconocen heroísmo en la entereza de Carlos Andrés Pérez cuando fue acusado por los malos manejos de un fiscalete de la república y fue llevado, incluso, a la cárcel? Se le acusó de cuanto se le podía acusar y en ningún momento dijo «yo no fui» o «fue otro», sino que tuvo la entereza de soportar aquel linchamiento. Se sentía responsable de un valor fundamental: el decoro de la democracia venezolana.

—*¿Eso es morir por la patria?*

—En la medida en que se identifique la patria con ciertos valores, sí. Para Pérez, la patria era la república liberal democrática y se sentía responsable de su permanencia. No se refugió en una embajada. Con una integridad ejemplar, tampoco rehuyó aquel terrible aprieto de cárcel, juicio público y todo lo demás. Es un hombre que asume completamente todo aquel proceso de vejación y de humillación. Nadie puede decir que intentó dar un golpe de Estado o que intentó valerse de lo que podría tener como fuerza militar o lo que fuera. Lo suyo fue un acto de conciencia democrática y ciudadana ejemplar. ¿Por qué desagrada tanto Carlos Andrés Pérez y la gente no quiere que se le recuerde? Porque es un reproche vivo a todo el mundo. Pérez es execrado porque su ejemplo no tiene precedentes en la historia de Venezuela. Si Pérez hubiera acudido al expediente de la asonada militar, ¿dónde quedaba el mensaje democrático? En cierta forma se inmoló para preservar el mensaje democrático. Caramba, si lo que estoy diciendo es verdad, entonces no es un reproche, sino una cachetada a todos los que se agacharon ante el asunto y para quienes la figura de Pérez resulta intolerable. Porque ayudó a establecer la democracia en Nicaragua, ese fiscalete acusó y un tribunal llevó a la muerte política a un hombre que había sido fundamental en el establecimiento de la república liberal democrática en Venezuela. Por supuesto, en el origen se ocultaba la venganza de una persona que no lo perdonaba porque lo destituyó del Ministerio de Relaciones Exteriores. Un verdadero patriota nunca se hubiera permitido que ese tipo de confusión lo llevara a ocasionarle un daño a lo fundamental de la República: el régimen democrático.

—*Detrás del «fiscalete» estaban los notables…*

—También muchos dirigentes de AD resentidos, los primeros culpables. No aceptaban que Pérez gobernara sin ellos y que hubiese buscado otras personas que pudiesen contribuir por prestigio, por conocimiento y por devoción a una obra de gobierno. Fue una venganza personal y una venganza política. Pérez fue víctima de algo que los gobernantes generalmente evitan: cumplir el programa que le había prometido a los electores. El que haga un balance de su figura tendrá que tomar en cuenta rubros de tal magnitud que sus defectos, considerables y reales, quedan subordinados. Fue clave en la formulación del proyecto político de AD, reconocido por el propio Betancourt; fue clave en la represión de los movimientos subversivos de inspiración cubana; conquistó la candidatura a la Presidencia compitiendo con hombres que parecían mucho mejor ubicados que él, incluso desde el punto de vista intelectual; nacionalizó mediante un acto administrativo el petróleo y el hierro, y puso en obra la reforma del Estado, que es la desagregación del poder, que sitúa al presidente de la República dentro de los límites que corresponden al jefe del Estado, no del monarca absoluto. Cuando formula su idea de integrar un gabinete técnico para construir una nueva Venezuela, aquello de que tanto se burlaron, daba un gran paso adelante en el desarrollo de la sociedad venezolana. La liberaba de la tutela de un grupo político lleno de méritos por su actuación, pero que había terminado por enquistarse en la estructura de AD, que privaba a ese partido de legitimidad política, y que terminó confiando la suerte de la organización política y de lo que representaba a un caudillo de oficina, a un burócrata, sin ningún prestigio político real. Las realizaciones que Pérez pueda anotarse en su récord son extraordinarias. Toquemos también el problema de su honestidad administrativa. ¿Dónde están los quinientos millones que se robó Carlos Andrés Pérez? El 4 de febrero de 1992, cuando llega a Venezuela y ocurre el pronunciamiento de los militares, ¿qué hace?, ¿se refugia en una embajada? Una persona que tiene quinientos millones de dólares en el exterior, ¿qué necesidad tenía de ir a una televisora a llamar a luchar contra un golpe? Ya había sido presidente, ¿por qué no se fue a la Embajada de España o a cualquier otra? Lo habrían recibido con alfombra roja. ¿De qué hablamos?, ¿de patriotismo, de heroísmo, de machismo? Estamos colindando con valores muy altos. Él con otra persona fue en un carro a una televisora desafiando todos los peligros. ¿Por qué somos reacios a apreciar esos valores? Por una razón muy importante: contrastan abrumadoramente con la pequeñez y la cobardía disfrazada de tolerancia, la peor, de mucha gente que lo ha combatido. Entonces se convierte en un mal ejemplo. El heroísmo y la lealtad son malos ejemplos, también cumplir las promesas. No desconozco los excesos, errores o equivocaciones. Pérez creyó que cuando perdonaba al adversario, el adversario lo perdonaba a él. En política, eso es un error. Una vez se lo dije. No justifico que los derrotados en la lucha armada de la década de los años sesenta lo insulten, pero lo entiendo. En el momento que reconozcan que Pérez tuvo razón se descalificarían a sí mismos. Cuando Pompeyo Márquez, con la mayor altura dice: «Nos derrotó Betancourt», reconoce que fue uno de los derrotados. Pero detrás de Pompeyo hay una actuación heroica: siete años de clandestinidad en Caracas, perseguido por Pedro Estrada, no es juego de niños. Es un hombre que me merece respeto, estoy en desacuerdo con un montón de cosas, pero me merece respeto, porque demuestra integridad. Pérez es un ejemplo que resulta incómodo. Mucha gente prefiere el silencio y le parece extraño que yo, como historiador, trate de entender la naturaleza de la conciencia pública en una sociedad en la que actos de esa naturaleza no son reconocidos. Pérez, que dio tan singular ejemplo en la historia de Venezuela, alumbra una zona oscura de la conciencia nacional. ¿Cuántos son capaces de reconocerle heroísmo?

—*Le reconocieron heroísmo a Chávez cuando admitió ser responsable del golpe de Estado fallido del 4 de febrero de 1992...*

—Hay una ligera diferencia. Mientras uno estaba ejerciendo legal y legítimamente el poder, hasta el sacrificio, el otro insurgía contra un poder constituido legal y legítimamente por la voluntad popular. ¿Por qué se considera héroe al Che Guevara? ¿Héroe de qué? Si un hombre induce a otro a la lucha, y va con ellos a la lucha, pero todos los que lo siguen son aniquilados y él se deja tomar prisionero, surge una pregunta: ¿Puede el héroe sobrevivir a los que él ha llevado a la muerte? No. Es un héroe falso, inventado. El sistema estadounidense de comercialización convirtió al Che Guevara en un héroe universal. Aquí los tontos hablan del Che Guevara como si fuera el símbolo del heroísmo para la juventud y la pregunta clave es: ¿Por qué se dejó atrapar? ¿Esperaba que lo perdonaran? ¿Qué iba a hacer él prisionero? ¿Qué podría rescatarlo del hecho de que todos sus compañeros, a quienes él había inducido y llevado, murieran mientras él seguía vivo? Eso es incompatible con el concepto de heroísmo. En el acto final, en el que habría podido reivindicarse, le faltó conciencia de heroísmo. El heroísmo del Che fue construido por una maquinaria propagandística. Los héroes se fabrican a veces, y se crean mitos.

—*¿Cuántos héroes verdaderos necesitaremos?*

—Yo aspiro a que la sociedad democrática tenga suficiente lucidez, entereza y serenidad para no responder a la violencia. No hay nada que desconcierte más al Gobierno como ver ante sí una fuerza que demuestre, como lo hicieron los estudiantes, serenidad, lucidez y determinación. Del otro lado, necesariamente, se agudizarán sus características: la prepotencia y la exacerbación del voluntarismo que prescinde de toda consideración de lo real. Un Rigoberto Lanz hecho policía no tiene nada que ver con la realidad. Sería un mono fantasmagórico en el que las ideas alimentan a las ideas, y el detritus de esas ideas alimentadas otra vez alimente las ideas. La nada. Basta con que la población votante se mantenga lúcida, serena y determinada para que los actos de violencia iniciales pierdan eco y se extingan.

—*¿Y si no fuese así?*

—No creo que vayamos a desembocar en una guerra civil, por una razón muy importante: tenemos más de 100 000 kilómetros de carretera.

—*¿Para salir corriendo?*

—Las posibilidades de actuar con cierta seguridad son casi inexistentes. Solo es factible en el sur del estado Bolívar o en el Amazonas, y les pasaría como a las FARC, que están muy presentes en el fondo de la selva mientras el resto del país sigue su rumbo.

—*Si el Gobierno cumple sus amenazas y mete presos a los dirigentes de la oposición, cierra los medios independientes, etc., ¿retrocederán las fuerzas democráticas o habrá un rebrote?*

—Yo confío en que a Chávez lo serenen los cuentahabientes: el Gobierno argentino, el Gobierno boliviano, el Gobierno ecuatoriano, el Gobierno nicaragüense y papá Fidel, que tienen acciones grado A en este negocio que se llama el socialismo del siglo XXI, y mucho que perder. Hay razones para dudar de que tengan éxito en su intento moderador, por la personalidad de ese señor y demás, pero ellos tienen poderosos intereses que cuidar. No hablo de los contratos de armas con Rusia ni de los acuerdos con Irán y China, que también es un contexto importante, sino de estos cuentahabientes directos, accionistas privilegiados. ¿Pueden Cuba, Nicaragua, Ecuador, Argentina y Bolivia dejar de recibir los regalos? La gente cuando piensa en la recesión económica se limita a la crisis financiera, pero ¿qué significa el descenso de la remesa para paisitos como Nicaragua y Ecuador? Debe actuar como una fuerza poderosa. Son intereses concretos. Cuba ya ni sueña con eso que llamó socialismo. Sencillamente, está en un proceso de consolidación de un régimen militar que busca una salida, que coquetea con el capitalismo reformista y que no desea perder el subsidio venezolano. Si este hombre se mete por la vía de la confrontación podría significar perderlo todo. Tampoco descartemos la derecha endógena, el chavismo sin Chávez, que quizás quiera decir un chavismo lúcido y más controlado.

—*Chávez asegura que no hay chavismo ni socialismo sin Chávez...*

—Él podrá creer eso, pero las derrotas que ha sufrido en el escenario internacional afectan seriamente su prestigio y credibilidad. Ir hacia un régimen como el cubano puede estar en la cabeza de más de uno, pero tienen mucho que perder; no solo los cuentahabientes, sino ellos mismos.

—*Nadie dentro del chavismo tiene el arrastre de Chávez...*

—Un amigo me decía que no todo fue una derrota para Chávez en las elecciones regionales. Ganó algo que, dada su personalidad, es importante: eliminó dos posibles delfines: Diosdado Cabello y Aristóbulo Istúriz, que aparecían como los herederos. Eliminados esos dos queda puro ripio. El valetudinario general que preside el partido no funciona y Jorge Rodríguez quedó muy disminuido, es un muchacho de mandados. ¿Quiénes podrían ser los sucesores del chavismo sin Chávez? Acosta Carlez quedó en ridículo y no existe el general Baduel. Quizás surja una figura, en la medida que desarrolle un poder propio. Henri Falcón podría ser, pero el problema de los líderes propios es que se vuelven incómodos y no hay tirano o tiranuelo que soporte un incremento de autonomía en sus subordinados. Eso puede acelerar la pugna interna, porque nadie puede garantizar que Falcón seguirá una línea de fidelidad y que no se le despertará el apetito de ser candidato presidencial. Un terreno de imponderables. Desde la tragedia de Hamlet nadie sabe moverse con propiedad en la intriga palaciega. Son dificilísimas de penetrar. Me parece sensato que los accionistas privilegiados de esta empresa multinacional que ha montado Chávez vean en peligro sus beneficios y le aconsejen serenidad. El mediador entre Raúl Castro y Barack Obama no es Chávez, es Lula, que tiene credibilidad. Algo terrible para el ego de Chávez. Allá abajo, en Argentina, son locos, pero locos que saben vivir del otro y que van camino de una crisis feroz, económica y política, y necesitan el apoyo de Chávez. El paraguayo puso distancia y el uruguayo también. Mientras Alan García se daba el lujo de recibir a los potentados del Pacífico y actuar como el gran anfitrión, Chávez les mandó el avión a tres presidenticos para que vinieran a decir tonterías. El panorama es muy duro para él. Debe estar bajo terribles presiones psicológicas. Se debe sentir como alguien que ha querido salvar a la humanidad y no solo no es comprendido, sino que se siente rodeado de malagradecidos que no responden a su bondad ni a su amor. Es la condición humana sometida a la más feroz de las presiones: contrastar su propósito de bondad con la incomprensión y la maldad de los otros. No puede hacer como aquel en la cruz y gritar: «Señor, señor, ¿por qué me has abandonado?», sino que culpa a quienes tiene alrededor.

—*Podría pensar en la muerte…*

—No me atrevo a llegar hasta allá. Yo me cuido mucho de los psicólogos y de la psicología. Hay quienes explican el suicidio como un acto de cobardía, por eso han inventado el suicidio no doloroso; pero, mal que bien, se necesita un mínimo de valentía aunque no cause dolor. Es muy curioso, generalmente la gente asocia el suicidio con no querer afrontar las consecuencias de la vida, pero lo más alevoso del suicidio es que requiere una última dosis de valor, de valentía. El problema es constatar si subsiste ese residuo de valentía.

—*Lleva al país a una situación que no se compagina con la realidad del mundo actual…*

—No ve la realidad. Podría haber una instancia que me aterra solo pensarla: que haga como Hitler en el último momento, cuando llegó a la conclusión de que Alemania no se lo merecía y debía desaparecer. Ha dicho que si Estados Unidos hace un gesto no habrá petróleo para nadie. ¿Qué quiere decir, que va a volar las instalaciones petroleras como Hussein? Una baladronada. Si las vuela, vienen los tejanos y las ponen a funcionar en dos meses como hicieron en Kuwait. Amenazar con volar los pozos petroleros no es una amenaza. Hitler pensó que había que demoler las fábricas y todo lo demás, pero lo que hizo fue desbrozar el terreno para que se desarrollara la primera economía de Europa y apareciera un país que es modelo de democracia y de desarrollo político. ¿Será que no leen historia? ¿Será que creen que son el fin de la historia realmente? Son estúpidos. No leen la lección de China, que después de la Revolución Cultural y todas esas locuras es un país que decide los destinos del mundo en el orden financiero y el orden económico, no por comunista sino por capitalista. El socialismo ha sido el más eficaz y productivo proveedor de mano de obra barata para el gran capitalismo globalizado. Mano de obra esclava in situ. Trabajadores sin sindicatos que los defiendan fue la principal obra de Mao. Si Chávez toma el camino del socialismo cubano va a un despeñadero. Las fuerzas en contra son demasiado grandes, nacionales e internacionales.

—*Le queda la opción del golpe de Estado.*

—¿Con quién puede darlo? ¿Con los militares? Tendría dos armas estratégicas que han demostrado su eficacia: una, la capacidad de los militares para poner orden; es visible el orden que reina en el país; y otra, la eficiencia militar, que también es patente. ¿Con quiénes gobernaría un golpe militar en Venezuela?

—*Con el pueblo.*

—Vamos a hablar con seriedad. El 23 de enero de 1958 se quiso constituir un gobierno militar sin Pérez Jiménez, pero el pueblo lo evitó. Esa es la realidad. Si ahora intentaran dar un golpe militar, ¿contarían con el apoyo popular?

—*Chávez repite que el 13 de abril lo rescataron siete millones de personas…*

—En su mente, pero en la realidad el autor de su rescate se llamó Raúl Isaías Baduel, que ahora atraviesa un drama horrible. No dudo de que pueda haber suficiente locura como para intentar un golpe militar, pero sería el final de todo esto. Apresuraría no solo su caída, sino también la desaparición de los militares como casta. Su asedio a la democracia es inútil. No queremos ser súbditos ni seguidores, sino ciudadanos, seres capaces de arbitrar su destino.